Psychology of Adult Development and Aging

成人発達と
エイジングの
心理学

西村純一
Junichi Nishimura

ナカニシヤ出版

まえがき

　私のエイジング研究は，1973年職業研究所助手となり，高齢者研究室に配属された時に始まる。日本が高齢化社会に入って間もない頃であった。当時は高齢者の健康・体力問題を担当していた。心理学出身のため，高齢者の身体機能については生理学，医学の諸先生のご指導を受けた。ちなみに私のこの分野の最初の論文は，日野原重明先生が1965年日本老年医学会誌に発表した閉眼片足起立試験に想を得たものである。その後，1985（昭和60）年60歳定年一般化に資する心身機能の調査研究に取り組み，アメリカの年齢差別撤廃法の施行状況について視察する機会を得た。1987年東京家政大学に転じた後も，成人発達とエイジングに関わる研究を続けている。とくにシニアプラン開発機構の生きがい研究会（座長 斉藤茂太）に参加し，1991年から2006年まで5年おきに実施された「サラリーマンの生きがいと生活」に関するデータ分析を行った。気がついてみると私も70歳となり，定年の年となった。そこで，これまでの成人発達とエイジングの研究を振り返り，さらなる老いの研究を創める起点として，本書をナカニシヤ出版から刊行させていただいた。しかし，この仕事は浅学非才の私にとって至難の業であり，何回も挫折しかかった。そのたびに，宍倉由高さんから温かい励ましを受け，なんとか日の目をみるところまできた。心より感謝申し上げる次第である。

　本書は，3部から構成されている。第1部は，成人発達やエイジングの心理学的研究についての基礎的な理解を得ることを目的としている。そのために，成人発達とエイジングの問題に対する心理学的研究の背景と歴史的流れ，基本的な概念や用語について説明した。また，成人発達とエイジングの心理学的研究の方法論について概説した。第2部は，成人発達やエイジングについてどのような事実が明らかになったのかについての基礎理解を得ることを目的としている。成人発達とエイジングの問題に適切に対処していくためには，まずは成人の諸機能の加齢変化の事実について正しい知識を持つ必要がある。成人期の加齢変化については，ともすると心身機能の衰退変化が強調されるきらいがあるが，本書では，機能低下の補償の可能性，不使用や陳腐化による低下の予防可能性，学習・経験による可塑性についてできるかぎり言及した。結晶性知能，知恵，創造性，熟達化，などの成人期の優れた性質の獲得についてはもっと評価されてしかるべきであろう。また，認知機能だけでなく，人間のパーソナリティには性格の力ともいうべき秘めた力があることも強調しておきたい。第3部では，こうした成人発達とエイジングの事実をふまえ

て，幸福な老い（successful aging）について，健康な生活習慣の形成，心身機能の維持，社会関係と社会活動などの観点から検討した。また，幸福な老いはすぐれて個々人の主観によるところが大きい。そうした意味で，QOL，生活満足度，幸福感，生きがいなどの観点からも検討した。

　成人発達とエイジングの研究は1人の研究者にとってはあまりに広く深いテーマであり，本書の完成に際しては，内外の多くの諸先達の研究を引用・参照させていただいた。記して謝意を表する次第である。なお，本書は，成人発達とエイジングの問題のすべてを扱っているわけではない。とくに，多くの高齢者の最大の関心事ともいえる「死」の問題など，重要な問題のうちほとんど取り扱っていないテーマもある。また，取り扱ってはいるが論考が不十分なものも少なくないと思われる。すべて私の力不足によるものである。しかし，けっして諦めているわけではない。機会があれば，それらの問題についても論考してみたいと思っている。

　終わりに，宍倉さんをはじめナカニシヤ出版の皆さんには，多大なお手数とご心配をおかけした。あらためて心よりお礼申し上げる。

2017年の年の瀬　著者

目　　次

まえがき　*i*

第1部　成人発達とエイジングの課題と方法

1章　成人発達とエイジングの研究 …………………… 3
1　成人発達とは何か　3
1）成人発達の研究　3
2）発達の意味　5
2　エイジングとは何か　5
1）エイジングの研究　5
2）エイジングの意味　6
3　成人発達のモデル　7
1）伝統的モデル　7
2）生涯発達モデル　8
4　生涯発達的視点　10
1）全生涯への関心　10
2）多次元性と多方向性　10
3）社会的・環境的・歴史的文脈の重視　10
4）有機体-環境相互作用　11

コラム1　エイジング・クイズ　12

2章　成人発達とエイジングの研究方法 ……………… 19
1　加齢変化に対する3つの効果　19
1）年齢効果　19
2）コホート効果　20
3）測定時期効果　20

- 2　年齢の意味　20
  - 1）生物学的年齢　21
  - 2）心理学的年齢　21
  - 3）社会的年齢　22
  - 4）社会的時間と歴史的時間　22
- 3　対象者と測定尺度の選択　24
  - 1）対象者の選択　24
  - 2）尺度の選択　25
- 4　発達研究のデザイン　26
  - 1）横断的デザイン　27
  - 2）縦断的デザイン　27
  - 3）時代差デザイン　29
  - 4）系列的デザイン　29
- 5　発達研究法　30
  - 1）実　験　法　31
  - 2）行動観察法　31
  - 3）テスト法　32
  - 4）面　接　法　33
  - 5）質問紙法　34
  - 6）事例研究法　34
- コラム2　機能年齢の推定　35

第2部　領域別にみた加齢変化

3章　身体の加齢変化　　41

- 1　老化とは何か　41
  - 1）老化現象の4原則　41
  - 2）3種類の老化のプロセス　42
  - 3）老化学説　43
- 2　外見の加齢変化　43
  - 1）皮膚の加齢変化　43
  - 2）毛髪の加齢変化　43
  - 3）声の加齢変化　44
  - 4）加齢変化の自覚　44

3　体型・運動調節系の加齢変化　45
　　1）体型の加齢変化　45
　　2）運動調節系の加齢変化　45
　4　内臓機能の加齢変化　51
　　1）心臓血管系の加齢変化　51
　　2）呼吸器系の加齢変化　51
　　3）生殖系の加齢変化　52
　5　脳神経系の加齢変化　53
　コラム3　フレイルとは何か　56

4章　感覚・知覚の加齢変化　59

　1　視覚の加齢変化　59
　　1）視力の加齢変化　59
　　2）色覚の加齢変化　61
　　3）眼調節力の加齢変化　62
　　4）明暗順応の加齢変化　63
　　5）視覚情報処理の加齢変化　64
　2　聴覚の加齢変化　65
　　1）純音聴力の加齢変化　65
　　2）語音識別力の加齢変化　66
　　3）老人性難聴　66
　3　味覚の加齢変化　67
　4　嗅覚の加齢変化　69
　5　皮膚感覚の加齢変化　69
　　1）触覚の加齢変化　69
　　2）振動感覚の加齢変化　70
　　3）温度感覚の加齢変化　70
　　4）痛覚の加齢変化　71
　コラム4　高齢者の不慮の事故　72

5章　記憶・学習の加齢変化　77

　1　記憶の情報処理モデル　77

2 記憶の加齢変化　79
　1）感覚記憶の加齢変化　79
　2）短期記憶の加齢変化　80
　3）長期記憶の加齢変化　81
　4）永続的記憶の加齢変化　85
　5）メタ記憶の加齢変化　86

3 学習の加齢変化　89
　1）言語学習の加齢変化　89
　2）技能学習の加齢変化　90

コラム5　高齢者の自伝的記憶　92

6章　知能・知恵・創造性の加齢変化 …………………… 95

1 成人知能の知能テストによる研究　95
　1）知能テスト　95
　2）成人知能の横断的研究　97
　3）成人知能の縦断的研究　98
　4）成人知能の系列的研究　99
　5）成人知能の可塑性に関する研究　101

2 成人知能の認知論的研究　103
　1）ポスト形式的思考　104
　2）成人知能の発達段階的理論　105

3 知　恵　106
　1）文化や社会のなかにある伝統的な知恵のとらえ方　107
　2）日常生活のなかでの知恵のとらえ方　107
　3）認知的理論による知恵のとらえ方　108
　4）統合的理論による知恵のとらえ方　109

4 成人の知能のモデル　109
　1）三層モデル　109
　2）知能の生涯発達モデル　111

5 創造性の加齢変化　113
　1）創造性と知能　114
　2）創造性とパーソナリティ　114
　3）拡散的思考の加齢変化　114
　4）業績の加齢変化　115

    5）仕事の量と質の加齢変化　116
    6）高齢期の創造性　118
  コラム6　フリン現象―世代が進むにつれて知能は高くなっているのか　119

7章　パーソナリティの加齢変化 …………………… 121

  1　特性論的アプローチ　121
    1）成人パーソナリティの特性因子モデル　121
    2）成人のパーソナリティの安定性　124
    3）成人のパーソナリティの変化　126
  2　類型論的アプローチ　128
    1）疾患とパーソナリティ　128
    2）パーソナリティ類型と老年期の適応　130
  3　発達段階論的アプローチ　132
    1）ユングのライフサイクル論　132
    2）エリクソンの心理社会的理論　134
    3）レヴィンソンの人生の四季　142
  4　パーソナリティの性差の加齢変化　145
    1）性に関連した特性　145
    2）両性具有性への移行　146
  コラム7　長寿と性格　147

8章　成人のキャリア発達と生産性の加齢変化 ………… 151

  1　キャリア発達の段階　151
    1）キャリアとは何か　151
    2）組織内キャリア発達の諸段階　152
  2　生産性の加齢変化　156
  3　熟達化　157
    1）熟達化の段階　158
    2）熟達者の特徴　159
    3）熟達を促す要因　160
    4）熟達化の10年ルール　161
  コラム8　陳腐化　162

第3部　幸福な老いの探求

9章　高齢期の健康とライフスタイル …………… 167

1　平均寿命と健康寿命　167
1) 平均寿命の伸長　167
2) 平均寿命と健康寿命の差　167

2　高齢者の疾患の特徴　170

3　成人期の健康とライフスタイル　171
1) 栄　養　172
2) 運　動　173
3) 喫　煙　173
4) 飲　酒　174
5) ストレス　174
6) 睡　眠　178

4　高齢期の身体機能と認知機能の維持　180
1) 高齢期の身体機能の維持　180
2) 高齢期の認知機能の維持　182

コラム9　主要死因別死亡率の推移　185

10章　高齢期の社会関係と社会活動 …………… 187

1　成人期の社会関係の変化　187
1) 社会的コンボイの変化　187
2) 成人期における夫婦関係の変化　190
3) 親子関係　198
4) 祖父母・孫関係　201
5) きょうだい関係　202
6) 友人関係　202
7) 社会的支援　204

2　高齢期の社会活動　205
1) 活動理論　205
2) 離脱理論　206
3) 退職過程　207
4) プロダクティブ・エイジング　208

コラム10　孤立死（孤独死）　210

11章　高齢期のQOL・生活満足度・幸福感・生きがい　213
1　高齢期のQOL　213
1) QOLの概念と構成要素　213
2) 健康関連QOLの構成要素　216
2　高齢期の生活満足度・幸福感　217
1) 生活満足度や幸福感の尺度　217
2) 生活満足度・幸福感の加齢変化とその要因　217
3) パーソナリティと幸福感　220
3　高齢期の生きがい　220
1) 生きがいとは何か　221
2) 生きがい感の構造とその年齢差・性差　221
3) 生きがい対象の構造とその年齢差・性差　225
4) 生きがいのパラドックス　227
コラム11　ポジティブ・エイジング7つの戦略　230

文　献　233
索　引　263

第1部
成人発達とエイジングの課題と方法

　第1部では，成人発達やエイジングの心理学的研究の歴史的な流れを振り返るなかで，「成人発達の視点」や「エイジングの視点」などが生まれた背景，研究の基礎となる概念や用語について説明する。また，成人発達とエイジングの心理学の主要な研究デザイン，それらがかかえる矛盾などについて説明する。

1章 成人発達とエイジングの研究

1 成人発達とは何か

1）成人発達の研究

　成人発達（adult development）の心理学的研究は，ホール（Hall, 1922）の *Senescence: The Second Half of Life*（老年期―人生の後半）に始まる。彼は，「高齢者は若い人が恐れるほど死を恐れていない」という興味深い事実を初めて報告するなど，独自の老年観や宗教・死に関する議論を展開したといわれている（Smolak, 1993）。しかし，その後は，成人発達に関する心理学的研究はなかなか行われなかった。この原因の一つとして，「基本的なパーソナリティはおよそ5歳までに形成される」とするフロイト（S. Freud）の説が影響したという指摘もある（Gould, 1972; Labouvie-Vief, 1982）。

　成人発達の研究に多くの研究者の目が向けられるようになったのは，1945年の老年学（gerontology）の成立以降のことである。橘（1971）によれば，「人間を老いと死から守る考察からエイジング（aging）という新しい概念が発見され，老年学の生誕につながった」という。それまでは，老年期（old age, senescence）の医学的考察，すなわち老年病学（geriatrics）が中心であった。老年期の研究からエイジングのプロセスの研究へと拡大されて初めて，老年病学や老年医学だけでなく，心理学や社会学，法律学，経済学，人口問題，社会福祉など隣接諸科学が幅広く参加するようになってきた。

　いま一つ，成人発達の研究への関心が高まったのは，ユング（Jung, 1933），ビューラー（Bühler, 1935），ハヴィガースト（Havighurst, 1948），エリクソン（Erikson, 1950）らによって，生涯発達論や成人発達論が台頭してきたことによる。ユングは，フロイトとは対照的に，人生後半の発達に注目し，それまでの青少年中心の発達観とは異なる生涯発達観を提示した。人生後半の内面化の過程を衰退としてではなく成長としてとらえたことは画期的なことであったといわれる。それゆえ，ユングを成人発達研究の出発点にあげる研究者も少なくない（Levinson,

1978)。ビューラーは，人生を発達段階という視点から分析した最初の人であるといわれる。彼女は，400名の伝記や自伝にもとづいて人生を5段階に分け，独自の生涯発達論を展開した。ユングやビューラーは1930年代に生涯発達論の礎を築いたわけであるが，今日の生涯発達論により直接的な影響を与えたのは，1940年代以降のハヴィガーストであり，エリクソンであったといわれる（堀，1989）。

　ハヴィガーストは，1948年，その著 *Developmental Task and Education*（『発達課題と教育』）において，発達課題（developmental task）の考え方を提起した。発達課題とは，個人の生涯のいろいろな時期に生じるもので，その課題を成就すれば個人は幸福になり，その後の課題も成功するが，失敗すれば個人は不幸になり，社会で認められず，その後の課題の達成も困難になるというものである（Havighurst, 1972）。彼は，人間の生涯を6つに分け，それぞれの時期の発達課題を提示している。そして，ハヴィガーストの発達課題論をより一般的な形でとりいれ，人間の自我発達の過程としてとらえたのが，エリクソンの生涯発達論である。彼は，名著 *Childhood and Society*（『幼年期と社会』）の中で，フロイトの心理性的発達段階説に変革を加え，独自の心理社会的発達段階説を提起した（Erikson, 1950）。フロイトの発達段階説は青年期で終了するが，エリクソンのそれはユングのライフサイクル論の影響を受け全生涯へと拡大されている。

　こうした老年学や老年心理学の発展，生涯発達や成人発達論の台頭によって，成人発達の研究への関心が急速に高まり，1960年代から1970年代にかけて，成人発達の研究は劇的に進展し始める。この頃に，ニューガーテンのパーソナリティ発達の研究（Neugarten, 1964；1966），シャイエの知能に関する研究（Schaie, 1970）などが続々登場した（Birren & Clayton, 1975）。

　そして，1970年代以降になって，成人発達の心理学的研究はようやく本格化してくることになる。

　成人発達に関する論文は，1970年以前はほとんどなかったのであるが，1970年以降急速に増えていることが分かる。また，PsychINFOの検索結果によれば，成人発達の論文数は，エイジングの論文数に比べて絶対数は少ないが増え方はむしろ急である（西村，1994）。

　このように1970年代以降，アメリカにおいて成人発達の研究が急速に増えた背景には，「人口の高齢化」「高齢化の影響で成人期あるいは老年期に対する理解の必要性が高まったが，それまで成人心理学（adult psychology）の研究がほとんどなかったこと」「高齢者に対する否定的固定観念（negative stereotype）や年齢差別（agism）に対する闘いが組織化され制度化されてきたこと（たとえば，年齢差別撤廃雇用法）」「若さや力強さ，生産性など産業発展期の伝統的価値観が絶対のもの

でなくなり，多様化してきたこと」などが作用したと目されている（堀，1989）。

2) 発達の意味

発達の意味は，結局，発達をどうとらえるか，すなわち発達観にかかっている。そうした発達観は，研究者の立場によって異なるが，およそ次の３つに整理できる（西村，1994）。

①**成長のプロセスとしての発達**：この立場では，子どもが成長して成人になるまでのプロセスを発達とみる。成長とは，英語の growth にあたり，量的に測定できる諸要素が増加あるいは増大していくプロセスをさしている。発達はこうした成長にともなって起こる機能的な変化のプロセスをさしている。この発達観によると，成人到達後のプラトーや加齢による衰退変化は発達とは考えにくい。成熟以降の衰退変化は老化としてとらえようとする。こうした発達観は，身体的成長など生物学的変化を基礎に発達を考える研究者に多い。

②**分化−統合のプロセスとしての発達**：この立場では，体制から体制へと変化する絶えざる再体制化のプロセスを発達とみる。それぞれの体制はそれを支えるそれぞれの構造をもち，より複雑化し，しかもより組織化された構造へと進んでいく。発達とは，人間の精神の機能や構造が分化し統合してより高い機能と安定性を達成するプロセスである（麻生他，1989）。この発達観によると，発達は成人期以降も絶えず続くと考えられる。こうした発達観は，発達の段階性を重視する認知発達論や自我発達論に多い。

③**生涯にわたる変化のプロセスとしての発達**：いま一つの立場は，受精から死に至るまでの生涯にわたる人間の変化のプロセスを発達とみる。したがって，成長や分化−統合のプロセスのような獲得のプロセスばかりではなく，老化のような喪失のプロセスも発達のなかに含まれると考える。そうした発達のとらえ方は，ある意味では，発達（development）という語の本来の意味にもっとも忠実なとらえ方であるということもできる。発達という語には，プラス方向であれマイナス方向であれ，内部に隠れていた個体の本質が環境との相互作用により徐々に表に現れてくるという意味がある。こうした発達観は，生涯発達論や成人発達論に多い。

2 エイジングとは何か

1) エイジングの研究

老年期（old age, senescence）に関する生物学や医学などの近代的研究は19世紀に始まったといわれる。老人病学または老年医学（Geriatrics）として老年期の医学的考察が組織的に行われるようになったのが1920年から1940年ころのことで

あった。

橘（1971）によれば，エイジングという言葉は，1937年アメリカでエイジング研究クラブが結成されたときに初めて現れたのではないかという。この団体は，臨床医学，生物学，心理学における専門家が一堂に会して，老年期に関する研究のみならず，広くagingの過程について科学的に研究することを意図して設立された。そして，この基盤の上に老年学会（Gerontological Society）が1944年に結成された。たんに老年病学または老年医学のみならず，老年学として心理学や社会学，法律学，経済学，人口問題，社会福祉に関する諸社会科学もその研究の一環に参加するようになった。

それとともに，老年病学では老年期や老年病に関心が高かったが，老年学（Gerontology）では老年病に至るプロセスや老年病の予防に対する関心が高まってきた。老年学の成立とともに，老年期や老年病の研究からエイジングの研究へとパラダイムシフトが起きたと考えられる。橘（1971）は，老年学の近代的生誕はこのエイジングの発見にあったとしている。

2）エイジングの意味

堀（1989）によれば，エイジングにはおよそ5通りの意味がある。以下は，堀（1989）をベースにして，若干の修正を加えたものである。

①**加齢**：生涯的視点により，受精から死に至る生涯にわたる変化を意味するときに，エイジングという語が使われる。このエイジングにはプラス方向の変化もマイナス方向の変化も含まれている。そこで，この意味でのエイジングを訳すときには，マイナス方向のニュアンスの強い老化ではなく，ニュートラルなとらえ方で，年齢を重ね加えることを意味している加齢を使う。加齢変化という訳語も同様な意味合いで使用されることが多い。

②**老化**：医学・生物学などの分野では，老化の意味で用いることが多い。しかし，人間の老化を明確にするにはいろいろと困難な状況があり，老化の定義は必ずしも確立されているとはいえない。ここでは，長谷川（1989）により，老化を次のように定義しておく。すなわち，「老化とは，成熟のあとにひきつづいておこる生理現象で個体の機能が次第に衰えてゆく状態である」。

③**高齢化**：マスとして高齢者集団をとらえ，その変化をさすときに用いる。ちなみに，aging societyは高齢化社会，aged societyは高齢社会，very old societyは超高齢社会と訳されている。

④**熟成ないし円熟**：エイジングには衰退方向の変化だけでなく，熟成とか生命を育むという意味もある。たとえば，ワインやウィスキーが年とともにまろやかさが醸し出されてくることをさしてagingという。ホーンとキャッテル（Horn &

Cattell, 1966)の結晶性知能（crystallized intelligence），ビレン（Birren, 1964）の社会的知性（social intelligence）の概念がこれに近いと考えられる。

⑤**老人問題もしくは加齢にともなう社会的問題**：たとえば，老年学がエイジング（aging）を研究する学問であるというとき，そこには，個体の加齢現象のみならず，老人問題，加齢にともなう社会問題という意味が含まれている。

3 成人発達のモデル

成人発達のプロセスは，どのような発達的弾道を描くものとしてとらえることができるのか。スモラク（Smolak, 1993）によれば，これまでに3つの伝統的モデルと生涯発達モデルがある。

1）伝統的モデル

伝統的モデルとしては，安定モデル（stability model），不可逆的減少モデル（irreversible decrement），補償付き減少モデル（decrement with compensation）の3つがある。以下，それぞれの特徴について述べる。

①**安定モデル**：このモデルでは，人間は成熟するまで発達し，青年期ないし成人前期でピークに到達し，その後は高原状態になり，行動が安定する。このモデルの研究者は，発達の最高の時期である児童期に焦点があり，成人発達にはほとんど関心を示さない。例としては，フロイト（S. Freud）やピアジェ（J. Piaget）の理論があげられる。

②**不可逆的減少モデル**：このモデルでは，成人発達は，機能が不可逆的に減少していくプロセス（老化）と考えられている。このモデルの研究者は，減少の程度，時期，原因に関心がある。しかし，成人発達のプロセスは一方的な減少のプロセスではない。また，日常生活のなかで知的技能を使い，練習を積む機会が不足しているために，知能が実際以上に低下してみえるという側面がある。そうした場合には，一見，不可逆的にみえる知能低下も，ちょっとした訓練で劇的に改善を示すことがある（Baltes & Willis, 1982; Hornblum & Overton, 1976）。

③**補償付き減少モデル**：このモデルも，原則的に成人発達を老化にともなう機能の減少ととらえている。しかし，補償付き減少モデルは，環境が損失を補償することを示唆している点で，不可逆的減少モデルと明らかに違う。このモデルの研究者は，不可逆的減少モデルの研究者が見落としがちな機能に対する環境の影響に関心を示す。たとえば，記憶術は記憶の低下を補償し，読唇術は語音聴力の低下を補償する。また，眼鏡や補聴器は視覚や聴覚の低下を補償する。こうした補償によって，実際にはかなり低下していても，生活上はそれほど影響しない。

2) 生涯発達モデル

バルテス（P. B. Baltes）らは，人間発達を規定する潜在的影響要因として生物学的要因と環境的要因，及びそれらの間の相互作用の3つを考える。図1-1は，これらの潜在的影響要因が，具体的に人間発達に及ぼす3つの影響要因，すなわち，標準年齢的要因（normative age-graded influences），標準歴史的要因（normative history-graded influences），非標準的要因（non-normative influences）を示したものである。この3種の影響要因は，各々生物学的要因と，環境的要因を含んでいる。また，図1-2は，これら3種の影響要因の相対的影響度を示したものである（Baltes, 1979; Baltes & Nesselroade, 1979; Baltes, Reese, & Lipsitt, 1980）。

①**標準年齢的要因**：この要因は，歴年齢と密接に関連している生物学的要因や環境要因からなる。生物学的要因は個体発生に由来する要因で，思春期，初潮，更年期などの生物学的要因が含まれている。また，環境的要因は年齢段階にほぼ応じた社会化（socialization）の影響で，教育，初婚年齢，退職年齢のような社会化や文化的習慣が含まれてくる。こうした標準年齢的影響は，児童期初期ないしは胎児期にピークがある。また，老年期に再び小さなピークがくると想定されている。

②**標準歴史的要因**：この要因は，ある文化のなかで大多数の人々が同時に体験するような事件からなる。これらのなかには，疫病のような生物学的な事件，戦争や経済的不況のような環境的事件，人口統計上の着実な変化，性に対する態度変容，育児様式の変化，世代差（コーホート差）などの社会的事件などが含まれる。標準歴史的要因は，しばしばある世代に，団塊の世代とかベビーブーマーとかいった独自のアイデンティティをもたらしている。こうした標準歴史的影響は，青年期にピークがあると想定されている。

③**非標準的要因**：特定の個人にとっては重要であるが，大多数の人々は経験しないような影響は非標準的影響と呼ばれている。人生後半の個々人の多様な人生行路に対する認識が深まり，個人特有の影響が人間発達の重要な規定要因として注目されるようになってきた。これらのなかには，住所の変更（転勤，海外移住など），職場の配置転換，失業，離婚，別居（単身赴任など），大病，傷害，事故，入院，施設入所，大切な人の死，思わぬ僥倖（宝くじに当たるなど）など個人にかかわる生活上の出来事（life event，以下，ライフイベントと呼ぶ）が含まれる。通常は標準歴史的要因として扱われることが多いことも，個人にかなり独自の影響を与えるときには，非標準的影響とみられる。また，一般の人はあまり経験しないような特異な身体的・文化的条件ないし経験も非標準的影響に属する。こうした非標準的影響は，人生後半になるほど大きくなると想定されている。

これまで普遍的な法則定立を目指してきた発達心理学では，非標準的な観点，す

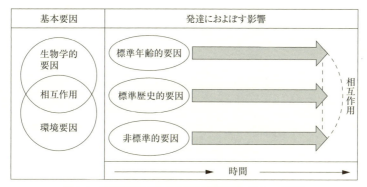

図1-1　生涯発達における主要な影響要因（Baltes, 1983）

出典：Baltes, P. B. (1983). Life-span developmental psychology: Observations on history and theory revisited. In R. M. Lerner (Ed.), *Developmental psychology: Historical and philosophical perspectives.* Hillsdale, NJ: Erlbaum.

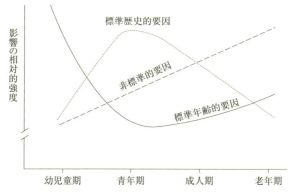

図1-2　生涯発達における主要な影響要因の相対的な影響力の発達的変化（Baltes et al., 1980）

出典：Baltes, P. B., Reese, H. W., & Lipsitt, L. P. (1980). Life-span developmental psychology. *Annual Review of Psychology, 31*, 65-100.

なわち多様な個人差についての個性記述的なアプローチは敬遠ないし無視されてきた。したがって，このように非標準的影響を人間発達に影響を及ぼす要因として認知するということは，発達研究にとっては画期的な事件であったという（村田，1989）。

4　生涯発達的視点

　生涯的視点（life-span perspective）は，成人期の発達を乳幼児期や児童期の発達とリンクさせ，より大きな人間発達の全体的変化の文脈のなかで成人期をとらえる考察から生まれてきた（Baltes, Reese, & Lipsitt, 1980）。発達研究が全生涯に拡張されるにつれて，理論的にも生物学的成長の概念の影響が見直され，個体発達の本質は，成長といった概念よりずっと複雑であることが認識されるようになっていった。そして，この生涯的視点がみいだされたことが，人間の全生涯にわたる発達的変化の解明を目指した学問である生涯発達心理学（life-span developmental psychology）の成立につながった。1970年代以降に登場した生涯的視点は，それまでの伝統的な児童発達の研究の視点とは異なる，次のような基本的な方向づけをもっている（Riley, 1979, 1985; Baltes, 1987）

1）全生涯への関心

　生涯的視点では，児童期の発達とか，老年期の老化といった特定の発達段階の変化ではなく，全生涯にわたる変化に関心がある。そうした全生涯にわたる変化は加齢と呼ばれている。すなわち，加齢とは授精に始まり死によって終了するプロセスで，そこには成長も老化も含まれる。このような生涯的視点からみると，人間のどの発達段階もそれ以前の状態やそれ以後の状態と切り離して考えることはできない。

2）多次元性と多方向性

　生涯的視点では，個体発達の本質が成長といった概念よりずっと複雑であることが認識されるようになり，それにともなって，発達の多次元性（行動は等質な部分の集合ではない）と多方向性（行動をカテゴリー化するのは，個体発達の方向が異なるからである）といった概念が脚光を浴びるようになった（Baltes, 1987）。図1-3は，多次元性と多方向性を取り入れて拡張され，多様化された発達観を示している。上の図は，発達変化には異なる形態があることを示している。また，下の図は，生涯を通じて新しい行動の変化のプロセスが出現しうること，そのいくつかだけが一生続き，積み重なっていくという考え方を表している（Baltes & Reese, 1984）。

3）社会的・環境的・歴史的文脈の重視

　人の一生の生活にみられる規則的な推移をライフサイクル（life cycle）という。森岡・望月（1987）によれば，人生60年の時代には，こうした段階を設定することがライフサイクルの観察を容易にした。しかし，大衆長寿の現代では，後半生に

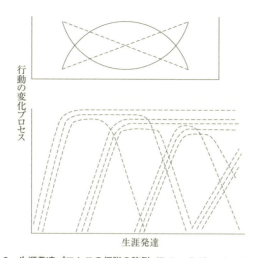

図1-3 生涯発達プロセスの仮説の諸例（Baltes & Nesselroade, 1979）
出典：Baltes, P. B., & Nesselroade, J. R. (1979). History and rationale of longitudinal research. In J. R. Nesselroade, & P. B. Baltes (Eds.), *Longitudinal research in the study of behavior and development* (pp.1-39). New York, NY: Academic Press.

おける個人差が一層拡大してきており，発達段階のようなかたちで規則的な推移を前提とする見方は，特に人生後半の分析には無理のあることが認識されるようになってきた。そこで，多様な個人の人生行路（pathway）をとらえるべく，1970年代にアメリカでライフコース（life course）という概念が登場してきたという。ライフコースとは，諸個人が年齢別に分化した役割と出来事を経てたどる人生行路のことである。

　生涯的視点では，いかなる個人のライフコースのパタンも，社会的・環境的・歴史的変化の影響を受けているとみる。つまり，個々人のライフコースは多様ではあるが，そうした生活パタンの転換はつねに社会的・環境的・歴史的要因の影響下にある。したがって，個人の行動 - 意識の変化は，社会的・環境的・歴史的文脈による検討が必要である。村田（1989）は，これまでの伝統的な児童発達の研究では，歴史の流れから切りとられた歴史の一局面における特定の出生コホートでの発達経路の考察に終始し，社会的・環境的・歴史的文脈による検討はほとんどなされなかった点を指摘している。

4）有機体 - 環境相互作用

　生涯的視点によると，成人期を通じての発達という新しいパタンは，社会的変化の原因となりうると考える。つまり，社会的変化が人々を変えていくだけでなく，

人々が社会を変えていく可能性もあるのである。村田（1989）によれば，生涯的視点では，人間は社会化の受動的対象であるとする社会的鋳型理論（social mold theory）は廃棄され，人間は生活経験を自己の力で役立てていく積極的存在とみられるようになっている。また，人間有機体は環境からの影響をただ受動的に受けとっているだけではなく，環境に対して影響を与えるという意味で，有機体–環境相互作用の立場が支持されるようになっている。

コラム 1　エイジング・クイズ

　我々は，児童期や青年期の加齢変化には前進的変化のイメージをもっているのに対して，成人期の加齢変化にはなんとなく停滞や衰退的変化のイメージをもっている。そのため，確かな事実に裏づけられているわけではないにもかかわらず，成人の加齢変化に関する否定的な固定観念を無批判に受け入れてしまっていることが少なくない。問題は，我々が，知らず知らずのうちに成人の加齢変化に関して抱いている否定的なイメージや知識，態度が，ときとして年齢差別的な見方あるいは高齢者排除的な見方につながっている点である（Butler, 1975; Palmore, 1999）。

　そのために，年をとることを価値の低下とみて，外見の若さを保つことにこだわり続けたり，若さへの願望をいだいたりする人も少なくない。また，「もう年だから新しいことは学習できない」として自ら自分の成長の機会を制限してしまう人も少なくない。こうした成人期の加齢変化に関する誤った否定的なイメージや知識，態度は，個々人が自らの老いに対応していくうえでも，社会がその高齢化に対応していくうえでもマイナスに作用する恐れがある。したがって，社会の高齢化が先鋭化する今日，個人としても社会としても，まず成人期の加齢変化に関する正しい認識をもつことが求められているように思われる。そうした時代の要請に応えていくためには，成人期の加齢変化についての研究と教育が十分に行われなければならない。

　このような研究と教育の観点から，パルモア（Palmore, 1988, 1998）は個々人のもっているエイジングに関する知識を老年学の科学的観点から点検評価するクイズを考案した。ここでは，The Facts on Aging Quiz: Part 1 (The FAQ1) の 25 項目について紹介することにする。

　次のことがらについて真実（true）と思ったら "T" を，誤り（false）と思ったら "F" を，わからない（don't know）と思ったら "?" をつけてください。

1) 大多数の高齢者は，記憶力が落ちたり，ぼけたりする・・・・・・・・・・T　F
2) 高齢者になると耳や目などいわゆる五感がすべて衰えがちである・・・・T　F
3) ほとんどの高齢者は，セックスに対する興味も能力ももっていない・・T　F
4) 高齢者になると，肺活量が落ちる傾向がある・・・・・・・・・・・・・T　F
5) 大多数の高齢者は，多くの時間をみじめな気持ちで過ごしている・・・・T　F
6) 極度の暑さや寒さは高齢者にとって特に危険である・・・・・・・・・・・T　F
7) わが国の認知症の高齢者の数は，まだ400万人には達していない・・・・T　F
8) 大多数の高齢者は防げるような事故でけがをしている・・・・・・・・・T　F
9) ほとんどの高齢者は，若い人ほど効率よく働けない・・・・・・・・・・T　F
10) およそ8割の高齢者は健康で，普通の生活をおくるのにさしつかえない
・・・・・・・・・・・・・・・・・・・・・・・・・・・・・・・・・・T　F
11) ほとんどの高齢者は，自分の型にはまってしまって，なかなかそれを変え
ることができない・・・・・・・・・・・・・・・・・・・・・・・・・T　F
12) 高齢者は，何か新しいことを学ぶのに若い人よりも時間がかかる・・・・T　F
13) 大多数の高齢者にとって，新しいことを学ぶのはほとんど不可能である
・・・・・・・・・・・・・・・・・・・・・・・・・・・・・・・・・・T　F
14) ほとんどの高齢者は，若い人よりも反応時間が長い・・・・・・・・・・T　F
15) 大体，高齢者というものは，みな同じようなものだ・・・・・・・・・・T　F
16) 大多数の高齢者は，めったに退屈しない・・・・・・・・・・・・・・・T　F
17) わが国では高齢者の単独世帯は高齢者のいる世帯の2割に満たない
・・・・・・・・・・・・・・・・・・・・・・・・・・・・・・・・・・T　F
18) 高齢者は，若い人よりも職場で事故にあうことが少ない・・・・・・・・T　F
19) 知能は年齢とともに低下する・・・・・・・・・・・・・・・・・・・・T　F
20) わが国の女性は男性よりも平均で約6年長生きである・・・・・・・・・T　F
21) 一人暮らしの高齢者の半分以上は，貧困世帯である・・・・・・・・・・T　F
22) わが国では，定年退職後は半数以上の人がなんらかのかたちの就業を望ん
でいる・・・・・・・・・・・・・・・・・・・・・・・・・・・・・・T　F
23) 高齢者はあまり運動せずに休養する方がよい・・・・・・・・・・・・・T　F
24) 抑うつは高齢者にとっての重要な問題である・・・・・・・・・・・・・T　F
25) パーソナリティは，髪の毛や肌と同様，年とともに変わるものである
・・・・・・・・・・・・・・・・・・・・・・・・・・・・・・・・・・T　F

正解
　パルモア（Palmore）のエイジング・クイズにならって奇数項目を偽，偶数項目を真として構成した。項目1-5，9-16，18の正解はパルモア（1988）から引用した。また，項目6，8，19，23-25の正解はキャヴァノー（1990）から引用した。なお，項目7，17，20-22の正解はわが国の現状をふまえ新たに作成したものである。

1) 偽。65歳以上の大多数の人々は記憶力が落ちたりぼけたりしない。精神疾患の診断で入院している65歳以上の人は約2％にすぎない（George, 1984）。短期記憶に関する多くの研究によれば，正常に老化している成人の日常の短期記憶は，まったく低下しないか，ほとんど低下しない（Kausler, 1987）。また，長期記憶については，過去の米国の大統領，自分の年齢や誕生日，母親の旧姓，住所，日常用語の意味などを思い出せない人は20％以下である（Botwinick, 1967; Pfeiffer, 1975）。

2) 真。五感はすべて低下する。味や香りの感覚の低下は病気や薬物，喫煙などの原因も含まれるが，年齢とともに低下する（Schiffman, 1987）。触覚，聴覚，視覚も老年期には低下する（Birren & Schaie, 1977; Corso, 1987; Hoyer, 1987）。

3) 偽。65歳以上の大多数が性的関係に興味と能力をもっている。マスターとジョンソン（Masters & Johnson, 1966）によれば，健康な夫婦の場合には70代，80代まで性的満足を得ることができる。デューク縦断研究（Palmore, 1981）によると，70代の男女の生活において性交渉は重要な役割を演じている。また，60歳以降の性交渉は若い頃よりも満足が大きいことを示す調査結果もある（Starr & Weiner, 1981）。

4) 真。肺活量は高齢になると低下する。縦断的研究，横断的研究を問わず，10年に3ないし4デシリットル低下する（Kannel & Hubert, 1982）。この低下は喫煙者の方が大きい。

5) 偽。大多数の高齢者は，多くの時間をみじめな気持ちで過ごしてはいない。幸福感，モラール，生活満足感の研究はいずれも年齢差がない。これらの尺度で低い得点をとる高齢者は，5分の1から3分の1程度である

（Larson, 1978; Palmore, 1981）。ハリス（Harris, 1981）によると，65歳以上の4分の1が「今が人生のもっともわびしい時期である」と答えたが，一方，約半数が「若い頃と同様幸福である」と答え，3分の1が「今が人生最良の時である」と答えている。

6) 真。高齢者は，環境の温度変化に対する順応力が低下している。そのため，寒冷あるいは暑熱環境で核心温度（生体内部の温度）の異常な低下（偶発的低体温症）あるいは異常な上昇（熱射病）をきたしやすい（入来，1988）。

7) 偽。厚生労働省によると，わが国の高齢者（65歳以上）の認知症患者数は，2012年時点ですでに462万人，高齢者の約7人に1人に達している。2025年には700万人，高齢者の約5人に1人になると予想されている。

8) 真。転倒は老人のけがの最大の原因となっている。これらのけがは，適度の照明，滑らない絨毯，居住空間の障害物を除去することなどの安全対策により防止できる。

9) 偽。高齢労働者の大多数は若年労働者と同様に生産的に働ける。一般的高齢者を対象とした実験室的条件の下では知覚や反応速度が低下するが，雇用されている高齢労働者（65歳以上の約12％）は，実際の労働条件の下では，

おおむね若い労働者と変わらない（Krauss, 1987; Riley & Foner, 1968）。たしかに，その職務にとってスピードと正確さが重要な場合には，年齢による低下がみられる（Rhodes, 1983）。

　しかし，労働能力の大部分が依存している知的能力は，70代までは大多数の人が本質的に低下することはない（Labouvie-Vief, 1985）。生産性の一貫性は年齢とともに増加し，高齢労働者は若年労働者に比べて転職や事故，欠勤は少ない（Riley & Foner, 1968）。

　10）真。高齢者の約78％は，ふつうの活動を行うのに十分な健康を保持している。65歳以上の約5％が施設に入っており，施設に入っていない人の17％は，慢性的状態により労働や家事のような主要な活動はできない（National Center for Health Statistics, 1981）。施設に入っている高齢者の81％は，食事，入浴，衣服の着脱，排泄など日常生活の活動には支障がない（Soldo & Manton, 1985）。

　11）偽。大多数の高齢者は，退職，子供達の巣立ち，寡婦，新しい住居，重大な病気などの老年期の多くの変化に順応していっている。彼らの政治的・社会的態度も社会の他の人々の態度に合わせて，同じように変化していく傾向がある（Cutler, 1987）。

　12）真。老人は何か新しいことを学ぶときは，通常，自分達の若いときと比べたり，若い世代と比べるとより時間がかかる（Poon, 1987）。しかし，これらの差異の大部分は，病気や動機づけ，学習スタイル，練習不足など年齢以外の変数によるものである。これらの変数の影響を考慮に入れると，暦年齢は学習能力に重大な影響を及ぼすとはいえない。

　13）偽。プーン（Poon, 1987）によれば，大多数の老人は，十分な時間と反復があれば，若者と同様に新しいことを学習できる。

　14）真。測定された反応の種類を問わず，大多数の老人の反応時間は若者に比べて遅くなる（Krauss, 1987）。しかし，通常の実験的な反応時間の増加はわずか1秒の何分の1というもので，日常の活動には支障ない。

　15）偽。高齢者同士はあまり似ていない。経済力，幸福感，知能などみても，少なくとも他の世代と同じ程度の個人間変動は存在する。また，年をとるほど集団の均質性はなくなり，多くの次元で異質性が増加することが示されている（Maddox & Douglas, 1974）。

　16）真。大多数の高齢者はめったに退屈しない。退屈とか単調とかいう人はわずか21％にすぎない（Harris, 1981）。また，暇をもてあましている人はわずか17％である（Harris, 1975）。

　17）偽。厚生労働省の平成28年度の国民生活基礎調査によれば，平成元（1989）年から平成28（2016）年にかけて高齢者のいる世帯構造が変化し，三世代が40.7％から11.1％と約4分の1に減少したのに対して，高齢者の単独世帯は14.8％から27.1％と倍近くに増え，高齢夫婦世帯20.9％から31.1％へ，親と未婚の子の世帯が11.7％から20.7％へそれぞれ約1割程度増加して

いる。

　18）真。高齢労働者は若年労働者に比べて事故は少ない（Root, 1981）。これは，彼らが危険な場所や職務を避ける傾向があるためとみられる（Krauss, 1987）。

　19）偽。知能自体は，原因なしに低下することはない。大多数の人は年をとっても知能を維持しているか，あるいは改善している。

　20）真。2016 年現在，日本人の平均寿命は，女性 87.14 歳，男性 80.98 歳で，女性が男性よりも約 6 年長い。この性差傾向は諸外国でも同様であり，さらに人間以外の動物においても雌の方が雄よりも長生きの傾向が認められている。

　21）偽。平成 25 年国民生活基礎調査によると，高齢者の単独世帯の貧困率は，男性は 60-64 歳で 29.2%，70-79 歳で 27.8%であるのに対して，女性は 60-64 歳で 41.8%，70-79 歳で 46.3%である。したがって，高齢者の単独世帯の貧困率は高く，とくに女性の単独世帯の貧困率が高い。やや改善されて 50%は超えていないが，高齢女性の単独世帯の貧困は深刻である。

　22）真。「サラリーマンの生活と生きがいに関する調査」（シニアプラン開発機構，1992）によると定年後の就業率は 54.6%（男性 58.6%，女性 35.4%）で，半数以上のサラリーマン OB はなんらかのかたちで就業している。年齢別にみると，60 代前半より後半，70 代前半となるにしたがってそれぞれ 10 ポイント以上低下する。また，「定年到達者等の 60 歳代前半期における就業と生活」（高年齢者雇用開発協会，1988）によると，4 人に 3 人までは定年後 1 年以内に再就職している。また，生活に困らなくても働きたいが 6 割，体の続く限り働き続けるのが当然が 6 割と就労意欲が高く，何歳で引退したいかに対し，ずっと働くつもりが 4 割もおり，引退志向は少ないと推測される。

　23）偽。大多数の高齢者は，歩行運動，水泳，自転車などの運動を享受する体力を保持している。運動は，どの年齢においても心肺機能を強化し，血圧を下げる効果をもっている。ただし，新しい運動プログラムを始める場合には，メディカルチェックを受けた方がよい。

　24）真。抑うつや自尊心の喪失，孤独，不安などは，高齢者が退職，親戚や友人の死などの危機に直面したときによくみられることである。幸い，抑うつは治療可能である。

　25）偽。パーソナリティは年齢によって変化するものではない。したがって，すべての高齢者が頑固になったりということはない。あなたは生きている限り，現在のままでいることができよう。また，あなた次第でより健康なパーソナリティに変身することも可能である。

　なお，このクイズの回答には，加齢変化や高齢者に対する知識の有無や正確さだけでなく，加齢変化や高齢者に対して肯定的か否定的かという態度的側面

が大きく影響している（西村・平沢，1993）。

2章 成人発達とエイジングの研究方法

　成人発達の研究の最大の関心は，成人の加齢変化を明らかにすることにある。しかし，成人の加齢変化を明らかにするためには，方法論的にいろいろと困難がある。それまでの児童や青年の発達研究でためらいなく使われてきた研究方法を，そのまま成人の発達研究に適用すればよいというものではない。

　本章では，まず，成人の発達研究のデータ収集や解釈を困難にしている原因はどこにあるのか，そして，研究目的に応じて対象者を選定したり，測定尺度を選択したりする際には，どのような点に留意する必要があるかについて述べる。次に，成人の加齢変化を的確にとらえるために考案されてきたいくつかの研究デザインの特徴とその問題点について述べる。また，成人の加齢変化を明らかにするには，多面的なアプローチが必要になるが，主要な発達研究法の特徴とその問題点について述べることにしたい。これら成人発達の研究における方法論は，児童や青年の発達研究においても有効であると考えられる。

1　加齢変化に対する3つの効果

　成人発達の研究では，加齢変化のデータに対する年齢効果（age effect），コホート効果（cohort effect）および測定時期効果（time-of-measurement effect）という3つの効果の組み合わせにもとづいてデータの収集や解釈を考える必要がある。しかし，成人発達の研究の初期においては，これらの基本的効果の概念が明確になっていなかったために，しばしばデータの収集や解釈に誤りがあった。ここでは，まず，こうした3つの基本的効果の概念を明らかにしておこう。

1）年齢効果

　年齢効果は，加齢変化の根底にある時間依存的プロセス，すなわち生物学的プロセス，心理学的プロセス，社会的プロセスによる人間の差異を反映している。年齢効果は，通常，研究のなかでは生活年齢によって表されている。しかし，年齢効果は個体内部の固有のプロセスによるものであり，たんなる物理的な時間自体の経過によるものではない。そうした個体内部の固有のプロセスを反映する年齢にはいく

つかの意味が含まれている。それについては，煩雑になるので，別途考察することにする。

2）コホート効果

コホート効果は，その人が属している特定の世代に特有の経験や環境による差異である。コホートはある特定の出生年で定義されるか，あるいは，団塊の世代のように一般的なかたちで表される。どの世代も異なった歴史的・個人的事件を経験しており，こうした経験が深遠なかたちで行動に影響してくると考えられる。

3）測定時期効果

測定時期効果は，参加者からデータが収集された時期における社会的事件，環境的事件，歴史的事件あるいはその他の事件による差異である。たとえば，ある特定の時代の消費の動向は，その時代の経済状態によるとみられる。

成人発達の研究を行う場合，研究者はこうした3つの効果を特定し，分離しようとする。しかし，これらは相互に関係しているため分離は容易ではない。たとえば，研究者が50歳の人間の研究に関心があるとすると，必然的に50年前に生まれたコホートを対象とする。しかし，この場合には，観察された行動は参加者が50歳であるためなのか，ある歴史的時代に生まれた結果による特殊な人生経験によるかは分からない。このように2つないしはそれ以上の基本的効果が混ぜ合わさって分離できない状態を交絡（confound）といい，こうした基本的効果の交絡をいかにクリアするかが，成人発達の研究の大きな課題となっている。

2　年齢の意味

通常，年齢というと，誕生してからどのくらいの時間が経過したかを意味する。このような誕生を起点として物理的に経過した時間を意味する年齢は，生活年齢（chronological age）と呼ばれる。生活年齢は，暦の時間を使って事象や資料を整理する一つの簡便な方法である。しかし，生活年齢が，発達の唯一の指標というわけではない。

いかなる発達の指標も，それ自体が発達の原因となることはない。年齢という指標も，年齢に応じて生じる変化を特徴づけているのであって，年齢によって生じる変化を示しているのではない。しかし，年齢という指標はあまりに当然のこととして広範に活用されているため，時折そのことが忘れられがちである。キャヴァノー（Cavanaugh, 1990）は，こうした年齢と発達との関係を次のように説明している。「雨ざらしにされた鉄は錆びるが，錆は単純に時間が原因というわけではな

い。錆というのは,時間が錆の生まれる速さの測度となるような酸化が関与している時間依存的プロセス（time-dependent process）である。ここで重要なことは,人間の行動は時間それ自身ではなく,時間経過にともなって生じる経験によって影響を受けるということである」。

生活年齢というのは,人間に対する高度に複雑に絡み合った時間経過による影響を表す代理変数（surrogate variable）である（Birren & Cunningham, 1985）。しかし,代理変数としての年齢は非常に多くの異なる事象を反映するため,研究者は年齢を使って正確に行動の原因となる事象を記述することは困難である。たとえば,ある種の記憶の年齢的な低下が,生物学的プロセスからきているのか,心理学的プロセスからきているのか,社会学的プロセスからきているのか,あるいはこれらのプロセスのいくつかが組み合わされているのか分からない。

生涯的視点では,加齢を生物学的プロセス,心理学的プロセスおよび社会学的プロセスの3つからなり,同時に相互に作用し合っているとみるわけであるが,生活年齢を用いる限り,こうした相互作用の分析は困難である。それゆえ,ビレンとレンナー（Birren & Renner, 1977）は,生活年齢という代理変数のなかに織り込まれている生物学的プロセスや心理学的プロセス,社会学的プロセスを分離する必要性を論ずる。また,そのために生活年齢に代わって,生物学的プロセスや心理学的プロセス,社会学的プロセスをより正確に記述する指標として,生物学的年齢（biological age）,心理学的年齢（psychological age）,社会的年齢（social age）という3つの新たな年齢的指標を提唱している（Birren & Cunningham, 1985; 西村, 1984）。

1) 生物学的年齢

生物学的年齢は,個人が与えられた生涯のなかで現在どのくらいの位置にきているのかを示す指標である。換言すれば,あとどのくらい生き残れる能力があるのかを示す指標である。その意味では,たんなる生活年齢よりも死への距離をより正確に示していると考えられる（Nuttall, 1972）。生物学的年齢は,心臓血管系のような種々の活力や寿命のもとになる臓器系の機能の測定により測定評価される。年齢が高くなるにつれて,活力のもとになる臓器系は自己統制や順応の能力を失い,その結果,死の確率が増大する。生物学的年齢としては,生活年齢よりも余命の予測誤差の小さいものでなければ意味がない。生物学的年齢の分析の基準としては,寿命がもっとも信頼性のあるものだが,健康な人間の1次的老化の場合には,生活年齢がその代理として活用できると考えられている。

2) 心理学的年齢

心理学的年齢は,人間が変化する環境に適応するための行動的能力を意味する。

こうした能力には，自尊心や個人的統制を育て維持するうえでの記憶，知能，感情，動機づけおよびその他の技能が含まれる。ただし，心理学的年齢の場合には，生物学的年齢の寿命に相当するような具体的な信頼のおける基準がないため，生物学的年齢に比べると抽象的にならざるをえない。たとえば，MIT で物理学を専攻している 15 歳の A さんは，級友の大多数が 17 歳以上であるので知的領域では心理学的にみて成熟しているとみなされる。一方，60 歳で英語を専攻する B 氏は，級友の大多数が 17 歳から 25 歳なので知的領域では心理学的にみて若いと判断されることになる（Cavanaugh, 1990）。

3) 社会的年齢

社会的年齢は，個人がどの程度社会的習慣や地位を獲得したか，換言すれば，個人が所属する文化や社会的集団のなかで同年齢の人間に対して求められている多くの社会的役割や期待をどの程度充足しているかを示す指標である。たとえば，14 歳で結婚した A 子さんは，その社会の一般的な結婚年齢が 22 歳であるとすると，基準に照らして社会的には成熟していると考えられる。対照的に中年になって第 1 子を産んだ B 子さんは，大多数の女性は第 1 子を 20 歳代で産むので，社会的には若いと判断される（Cavanaugh, 1990）。社会的年齢は，服装のスタイル，言語，対人的スタイルのような多くの行動や習慣に基づいて測定評価される。社会的年齢は心理学的年齢とオーバーラップしている面があるが，心理学的年齢は主として情報的・物理的環境への適応能力が中心であるのに対して，社会的年齢は他者との関係のなかでの社会的適応能力を中心にしており，その点が異なっていると考えられる。

数理的にはこれらの生活年齢，生物学的年齢，心理学的年齢，社会的年齢は，それぞれ多次元空間上の位置を集約した指標と考えられているが，同時に，これらの指標の間には相互に相関があると想定されている。生物学的年齢が生活年齢と高い相関があることについては前述したが，心理学的年齢も生活年齢と高い相関がある。また，それよりは低いが，心理学的年齢は生物学的年齢とも相関があると想定されている。社会的年齢は生活年齢と相関があり，それよりは低いが心理学的年齢とも相関があり，さらにそれよりは低いが生物学的年齢とも相関があると想定されている。

4) 社会的時間と歴史的時間

一方，これまでの伝統的な児童発達の研究は，歴史の流れから隔離されたところで，歴史の一局面における特定の出生コホートの生活年齢に応じた発達変化の考察に終始してきた。こうした特定の出生コホートの生活年齢にもとづく分析では，生涯的視点でいうところの社会的・環境的・歴史的文脈によるライフコースの検討，

あるいは，人間発達を社会との相互作用という文脈で検討することは困難である。そこで，ニューガーテンらは，生活年齢のなかから生活時間（life time），社会的時間（social time），歴史的時間（historical time）の3種類の時間を分離し，社会的時間や歴史的時間による検討の必要性を論じた（Neugarten & Datan, 1973）。

生活時間というのは，生物学的年齢と心理学的年齢を合わせたような概念で，身体的および心理的な次元上での個人の位置のおおまかな指標にすぎない。彼女は，社会学的ないし人類学的な視点から，人間発達におけるより現実的な重要な時間軸として社会的時間や歴史的時間を提起する。

社会的時間は，年齢段階（age grading）や年齢 - 地位（age-status），年齢規範（age norms）などと密接に関連した年齢関連の期待（たとえば，結婚適齢期や退職年齢など）を意味している。年齢段階とは，たとえば幼児期，青年期，中年期などといった年齢集団（age groupings）の分け方で，彼女自身，55-74歳を前期老年期（young old），75歳以上を後期老年期（old old）と分けることを提唱している（Neugarten, 1974）。また，年齢 - 地位は，年齢によって獲得される社会的地位や立場，たとえば，選挙権獲得年齢，喫煙の認められる年齢などを意味している。さらに，年齢規範は，その年齢にふさわしい行動として確立されたとき社会的規範となることを意味している。

そうした年齢関連の期待（age-expectation）や拘束（age-constraints）は，社会的・文化的文脈から個人のライフコースを考えるうえでの重要な時間的次元である。我々は，自分がそうした年齢規範（age norms）に照らして標準的あるいは時間通り（on time）であるか，ふさわしい年齢段階からはずれているか（off time）意識している。ニューガーテンは，時間通りと感ずれば危機には至らないが，早すぎると感じたり，遅すぎると感じたりする場合には深刻な危機が訪れる可能性があるとしている（Neugarten, 1968, 1976）。

歴史的時間は，個人が生きていくうえで主要な社会的，政治的，経済的，環境的な事件がどの時点で生起し，どのような性格の影響をもったかということに関連するする概念である。我々の生活の一コマ一コマが特定の歴史的な時期の主要な事件とつながっているが，これらの事件は，その人の年齢や社会的地位に応じて人々に異なった影響を及ぼしていると考えられる。ただし，これらの異なる時間は，個々人のなかでは社会的な時計（social clock）として一つになって作用すると考えられている（Hagestad & Neugarten, 1985; Neugarten & Hagestad, 1976）。社会的時計（social clock）とは，ライフイベントによって刻まれる社会的時間表（social timetable）のようなもので，我々の行動を内面から規定していると考えられる。

3　対象者と測定尺度の選択

　いかなる研究も，そこで得られた結果を一般化できるかどうかが問題である。その研究結果が一般化できるかどうかは，その研究における対象者と測定尺度の選択によるところが大きい。

1) 対象者の選択

　結果を一般化したい集団を代表する対象者をいかにして選定するかが課題である。パールムッターら（Perlmutter et al., 1992）によれば，対象者の選択に際しては，次の点が重要である。

　①研究目的による対象者の選定：たとえば，高齢者の社会的相互作用の解明を目的とした調査研究を行うに当たっては，養護老人ホームの入所者を対象とするのは適当ではない。なぜなら，養護老人ホームに入所している高齢者はきわめて少なく，高齢者の典型とはいえないからである。しかし，養護老人ホームの生活がその入所者の社会的相互作用にどのように影響しているかを明らかにする目的の場合には，養護老人ホームの入所者は理想的な対象者であるということになる。

　②年齢差の記述が目的の場合：年齢差の記述が目的であれば，すべての年齢階層の対象者の抽出はランダムでなければならない。たとえば，高齢者の経済状態の調査が目的である場合には，特定の地域の対象者に限定すると，その地域の経済的特徴によってバイアスがかかる恐れがある。

　③年齢差の予測が目的の場合：将来を予測したいのであれば，ランダムな抽出は必ずしも適切とはいえない。将来予測の場合には対象者の抽出の前に，将来の集団の特徴についての仮説が必要である。たとえば，2030年の高齢労働者の職業意識を予測したい場合，今日の労働者のランダムな抽出は危ない。なぜならば，経済のソフト化・サービス化あるいは産業の空洞化などによって工場労働者は減少すると予測されるし，女性の進出によって，女性の雇用者が増加すると予測されるからである。したがって，そうした仮説にもとづいて，対象者の構成を適当な割合にすることが必要となる。

　④年齢差の説明が目的の場合：年齢差を説明したい場合には，コホート効果を統制することが課題となる。たとえば，教育，健康，社会経済的状態が関連することがあらかじめ分かっている場合は，ランダムな抽出にすべきではない。コホート差のために，年齢差を説明できなくなるからである。たとえば，記憶の年齢差を説明しようとするなら，学歴を統制し教育上のコホート差が生じないようにすべきである。そうすることで対象者はコホートの代表者にはならないが，教育に関係しない

かたちで年齢差に焦点を当てることができるのである。

2) 尺度の選択

対象者の選択とならんで，対象者個人の特徴や行動を測定する尺度の選択も重要である。尺度が測定すべき課題からみて適当で，しかもすべての年齢階層にとって適当でないと，加齢変化が分かったことにならない。尺度が適当であるかどうかは，その尺度の信頼性（reliability）と妥当性（validity）にかかっている。

①**尺度の信頼性**：信頼性がある尺度とは，スコアがどこで測定しても，だれを測定しても，何回測定しても変わらないものをいう。同じ尺度による個人のスコアが一貫しているかどうかは，再テスト法により知ることができる。尺度の信頼性があれば，個人差は，実際の個人の間の差を反映するものとしてみることができる。また，病気や疲労，心配，散漫な態度などがテスト状況に影響を与えても個人のスコアの一貫性の減少を最小限にすることができる（Perlmutter et al., 1992）。

②**尺度の妥当性**：研究計画の妥当性は，尺度の妥当性にかかっている。スモラク（Smolak, 1993）によれば，発達測定では，次のような内部妥当性（internal validity），外部妥当性（external validity），生態学的妥当性（ecological validity）という3種類の妥当性が問題である。

(1)**内部妥当性**：内部妥当性は，加齢変化の原因と結果を検証する概念である。つまり，その要因が実際に結果をもたらした原因か，研究計画の他の要因が結果に影響してはいないかどうかをチェックする概念である。たとえば，横断的デザインの場合には，年齢効果によるものかコホート効果によるものか，両者を分離することができない。あるいは，社会的望ましさの効果（social desirability effect）によって，実験参加者はしばしば実験者の期待を察知し，実験者の期待する方向に反応する傾向がある。実験者もまた，意図したわけではないが期待通りの結果を得る確率が高まるように，一定の行動を強化してしまうということがある。ここに二重盲目試験が必要な理由がある。内的妥当性を強めるには，たとえば，統制群を使ったり，対象者の属性を統制したり，潜在的な交絡変数を統制することが必要である。

(2)**外部妥当性**：外部妥当性は，そこで得られた結果がその研究を越えて一般化できるかということに関する妥当性で，他の対象者にも同様の影響をもつかということによって評価される。対象者を選択すること，あるいは縦断デザインにおける対象者の脱落は，必然的に対象者の代表性を限定的なものとする。また，内的妥当性を追求することも，しばしば対象者を特定のタイプに限定してしまうことになる。たとえば，児童や若い成人を対象に開発された一部のテストは，高齢者の同様の行動を測定できているか疑問である。また，男性と女性の発達では，社会化，キャリアの機会，出産や性役割など多数の男女差の要因が複合して本質的な違いを作り出

しているため，必ずしも判定できない側面がある。

(3)生態学的妥当性：生態学的妥当性は，発達の研究や理論は研究のためだけでなく，究極的には実際の生活に対する一般化を含む必要があるという認識から生まれてきている。この観点からすると，たとえば，記憶が低下することを明らかにしたり，なぜ記憶が低下するかを明らかにするだけでは不十分であり，そうした低下が日常生活に影響するのかどうか，否定的な影響はなんらかの介入が可能かどうかを明らかにする必要がある。そうした実践的な示唆を得るためには，実験室的な研究だけでなく，実際の生活状況のなかで実際の生活行動を観察する必要がある。行動がふつうに起きる環境に近いほど，生態学的妥当性の高い研究ができる。

しかも，生態学的妥当性は，研究結果に重大な影響を及ぼす可能性があることも知られるようになってきている。たとえば，高齢者は人工的な実験室の課題よりも実際的な課題の方が成績が高く，無意味綴りのリストを覚えるよりも食料雑貨のリストを覚える方が動機づけられる。こうした結果から，成人期の認知発達は，注意や関心がおおまかになり，実際的になるという指摘もある（Labouvie-Vief & Schell, 1982; Schaie, 1977-1978）。

これまでは，行動が生起する社会的・環境的・歴史的文脈を重視し，個人と環境の両面から発達を考えた理論的研究は少なかった。しかし，多くの発達研究者が，生態学的妥当性をもつ研究が今後の生涯発達心理学の進むべき方向であると考えている（Smolak, 1993）。

4　発達研究のデザイン

発達研究の基本的な関心は，人間が時間経過のなかでいかに変化するかということにある。そうした変化をみる観点からは，年齢変化（age change）と年齢差（age difference）の区別を明確にする必要がある。年齢変化というのは個人の行動の時間的経過のなかで生起する。したがって，年齢変化は真の時間依存的プロセスによる個人内の差異を意味している。たとえば，ある個人の記憶力が30歳のときに比べ60歳では低下しているというのは，年齢変化である。それに対し，年齢差は，年齢の異なる少なくとも2人の個人を比較したときに得られるものである。たとえば，60歳のある個人の記憶力が，30歳の他の個人の記憶力に比べて少ないというのは，年齢差である。年齢差は，年齢効果，コホート効果あるいは測定時期効果による個人間の差異で，時間に依存しているかもしれないし，時間に依存していないかもしれない。

これまでに年齢変化や年齢差に関するもっとも一般的なデータ収集法として，横

断的デザイン (cross-sectional design), 縦断的デザイン (longitudinal design), 時代差デザイン (time-lag design), 系列的デザイン (sequential design) が検討されてきた。これらの異なる発達研究のデザインの構成は, 図 2-1 のマトリックスをどうみるかによる。この図では, コホート (出生年) は, 左側に表されている。年齢は, 上側に表されている。測定時期は, マトリックスのセルのなかの数値によって表されている。

1) 横断的デザイン

横断的デザインは, ある時点で年齢やコホートの異なる人間集団を比較する方法である。図 2-1 の上図の任意の左の下から右の上にかけての対角の位置にある斜めの枠が横断的デザインを表している。すべての参加者が同時に測定されているので, 測定時期効果によるグループ間の差はない。グループ間の差は, 年齢変化とコホートの差という 2 つの可能性を含んでいる。しかし, このグループ差が, 固有の発達的プロセスによるものか, コホートに特有の経験によるものかは区別できない。こうした年齢とコホートの交絡が, 横断的デザインの最大の問題点である。

横断的デザインによる研究では, しばしば老化による低下を印象づける結果が得られる。たとえば, 知能に関する初期の横断的研究では, 成人の知能が年齢に応じて大きく低下するかのような印象を与えた (第 6 章の図 6-1 を参照されたい)。しかし, この結果は年齢変化を示しているのではない。すなわち, 年齢差を示しているにすぎず, 年齢とコホートの交絡があることに注意しなければならない。このように横断的デザインは, 年齢変化を明らかにするうえで弱点がある。しかし, それにもかかわらず, 従来, 老年学的研究や成人発達研究のなかでよく使われてきている。これは, 横断的デザインが一時に測定でき, 他のデザインに比べて相対的に早くて安上がりであるという実用的な理由が大きい。横断的デザインは年齢変化により敏感なデザインで追跡研究する必要はあるが, その限界を認識して使えば, 手っとり早く年齢変化についての洞察を得るうえではそれなりに意味があると考えられている。

2) 縦断的デザイン

縦断的デザインは, 年齢変化についての情報を提供してくれる。縦断的デザインは, 図 2-1 の上図の水平の行で表され, 1 つのコホートを何回かの測定時期にわたって検証するものである。この方法の最大の利点は, 同じ人間を時間経過に沿って研究するので, 年齢変化を判定できるという点にある。

1 つのコホートを研究しているのでコホート効果は除外されている。しかし, 年齢と測定時期の交絡はなお残っている。たとえば, 2000 年生まれのコホートを追跡し, 60 歳の個人を検証しようとすると 2060 年に検証する必要がある。結果的

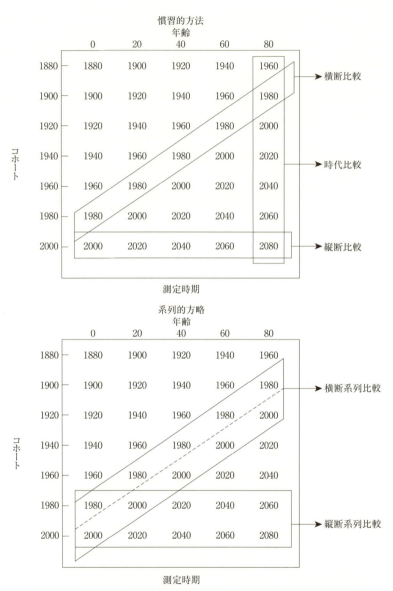

図 2-1　横断比較・縦断比較・時代比較（上図）および横断系列比較・縦断系列比較（下図）（Baltes et al., 1988）
出典：Baltes, P. B., Reese, H. W., & Nesselroade, J. R. (1988). *Life-span developmental psychology: Introduction to research methods* (2nd ed.). Hillsdale, NJ: Erlbaum.

に，内的プロセスによる変化か，測定時期に関連する要因による変化か区別できない。さらに，キャヴァノー（Cavanaugh, 1990）によれば，縦断的研究にはいくつかの付随的問題がある。

①練習効果（practice effect）：縦断的研究の参加者の遂行能力の時間的な改善は，たんに人間が同じ測定法でテストされたり再テストされたりするくりかえしの効果から生じている可能性がある。

②参加者の脱落（participant dropout）：参加者が移動したり，関心を失ったり，亡くなったりすることによって，縦断的研究のコースを通じて参加者のグループを維持することが困難である。老年期まで含めた縦断的研究では，死亡した人や病弱な人などが除外され，結果として適応のよい優秀者のみが残り（正の選択的な生き残り，positive selective survival），くりかえしテストされる結果，加齢とともにテストのスコアが上昇する可能性が高くなる。

③環境要因と成熟要因との分離の難しさ：測定される対象は，まさに環境のなかで成熟するため，そこで得られた変化が環境要因によるのか，成熟要因によるのか区別できない。

④一般化の難しさ：1つのコホートしか使っていないため，そのコホートの年齢変化が他のコホートにも適用できるかは疑問である。そのコホートに特有の未発見の発達プロセスが存在する可能性があることに留意しなければならない。

縦断的研究は時間と費用がかかるためこれまであまり行われていない。しかし，加齢のプロセスのさらなる検証のためには個人の追跡が重要であることはいうまでもない。

3）時代差デザイン

時代差デザイン（time-lag design）は，異なる時期に異なるコホートの人間を同じ年齢で測定する方法である。図2-1の上図では，任意の縦の列に表される。1つの年齢が研究されるので，年齢差は問題にされていない。また，コホートはそれぞれ別々に測定時期と結びついているため，この2つの効果は交絡している。時代差デザインによる研究はある特定の年齢の特徴を記述するために使われるが，年齢差や年齢変化についての情報は得られないのであまり行われていない。

4）系列的デザイン

これまでみてきた研究デザインはいずれも2つの効果の交絡を含んでいる。横断的デザインの場合は，年齢とコホートの交絡があった。縦断的デザインの場合には，年齢と測定時期の交絡があった。時代差デザインの場合には，コホートと測定時期の交絡があった。こうした解釈上のディレンマは，シャイエ（Schaie, 1965）によって提唱された系列的デザインによって緩和することができる（Baltes,

Reese, & Nesselroade, 1988; Schaie & Hertzog, 1982)。

　図2-1の下図に示されているように，横断系列デザイン（cross-sectional sequences design）は同じ年齢範囲をカバーしながら異なる2つ以上の測定時期に実施された複数の横断比較からなる。この多重横断的デザインは，年齢に関連する差異に加えて測定時期の効果を調べることができるという点が特徴である。たとえば，1980年と2000年のテスト成績の違いを検証することができ，これは測定時期の効果を直接示している。また，測定時期とは独立に年齢差を比較することもできる。

　また，図2-1の下図に示されているように，縦断系列デザイン（longitudinal sequences design）は2つ以上のコホートを使った複数の縦断的研究からなる。それぞれの縦断研究は同じ年齢範囲で開始し，同じ期間追跡している。縦断系列デザインの特徴は，年齢効果に加えてコホート効果を実際に測定できる点にある。これによって，コホートとは独立した年齢の尺度への影響を検討することができる。さらに，このデザインはコホートと年齢との交互作用を調べることも可能にする。すなわち，年齢効果がコホート間で一定であるか，変化するかどうかが分かる。

　横断系列デザインや縦断系列デザインは，それぞれ横断的デザインや縦断的デザインを発展拡張したものである。しかし，これらの系列的デザインは，もととなった単純なデザインがもっていた困難を解消していない。横断系列デザインの場合には年齢効果とコホート効果の交絡があるし，縦断系列デザインの場合には年齢効果と測定時期効果の交絡がある。

　バルテスらは，発達研究のなかでは横断的デザインないしは縦断系列デザインのいずれかが使われていくことを示唆している（Baltes, Reese, & Nesselroade, 1988）。

5　発達研究法

　心理学は実証性，客観性，論理性などを重視し，科学的な研究方法を発展させてきた。そうした科学的研究方法は，人間の行動や発達を理解するうえで強力な武器となる。しかし，そうした科学的研究法にもそれぞれ長所と短所があり，研究目的との関連で柔軟に使い分けていく必要がある。また，成人発達はいろいろな要素が複雑に絡み合っており，一つの方法ですべての研究目的を達成することは難しい。したがって，いくつかの研究方法を併用して多面的にアプローチすることが必要である。

　なお，これらの研究方法を実施するに際しては，対象者に対して，その危険性，

利益，手続き，時間などを周知するとともに（informed consent），その結果は個人の許可なく研究目的以外で使用してはならないこと（confidentiality）を保証しなければならない（American Psychological Association, 1973）。また，統計的有意性には，対象者の数を含めて多くの要因が関与しており，統計的に有意であるからといって，日常生活にとって実質的に意味のあることであるとは一概にいえないということにも十分，留意しておく必要がある（Smolak, 1993）。

以下，実際的なアプローチの方法として，実験法，行動観察法，テスト法，質問紙法，面接法，ケース研究法の特徴と問題点について説明する。

1）実 験 法

研究に科学性をもたせるということをもっともよく具体化した方法が実験であり，その限りでは，実験法について問題はない。実験の規模は知覚実験からホーソン実験までいろいろあるが，その特徴は，実験条件を設定し操作によって，行動の原因を明らかにするところにある。こうした行動には言語報告も含まれるが，実験では言語報告にたよらずに行動の生起を問題にする。行動をひき起こす効果的原因を特定し，その原因の程度と行動の程度との関数関係を明らかにするというときには，実験は最適の方法である。

しかし，行動にはいろいろな要因が影響する。そのため，どの要因が行動に影響するか明らかにする場合には，要因の統制ということが必要になる。そうした，要因を統制することは，日常的な自然の状況ではほとんど不可能である。したがって，そうした要因を統制して行動を観察するうえで実験室が選ばれる。しかし，実験室は不自然さを拭いきれない。実験データというのは，日常生活と同じ条件の下で得られたデータではない。実験室という非日常的空間でふだんとは異なる構え，反応性が出てしまうという懸念もある。また，ある種の社会現象を実験室で生じさせることは不可能である。したがって，何を実験するか，実験によって何を明らかにできるかという点になるといろいろと限界が出てくる。特に，実験で得られた結果を日常の行動に一般化できるかが問題である。日常の行動には，はるかにいろいろな要素がかかわってくるために必ずしも実験結果の通りにはならないのである。

2）行動観察法

実験はある人為的な操作の下での行動を観察するわけであるが，行動観察は，より自然な状況のもとでの行動を観察することを目的としている。したがって，実験が実験室的研究であるのに対し，行動観察はより現実的なセッティングの下でのフィールド研究を指向している。自然な状況設定で，実験室で観察することの難しい興味深い現象を観察し，記録し，測定して，行動が生起する文脈を理解しようとする。ただし，自然観察による事実は，条件が統制されていないために，それがい

かなる条件によるものかは憶測を許すにとどまる。せいぜい共変関係ないし相関関係を認めるにとどまる。なぜ，そうした行動が生起したか，という因果関係を解明するには実験によらなければならない。この弱点を補うために模擬事態（simulated situation）を用いることもある。しかし，あまり統制を強めていくと，行動観察の特徴を失うことにもなる。したがって，行動観察は法則定立的（nomothetic）研究というよりは，個別認識的（idiographic）な研究に役立つと考えられる。

観察の方法は，ウオッチング，ヒヤリング，ルポ，あるいは潜入してグループの一員となって観察するといったものから，観察行動の単位を決めて系統的に観察するといったものまでいろいろとある。なお，実験では個体差にはあまり関心がないので，対象者の選定はあまり問題とならないが，観察では，対象者の選定の要素が大きい。たとえば，高齢者の行動観察では，しばしば施設の高齢者が対象とされてきたが，高齢者全体からみれば施設の高齢者はむしろ少数派であり，こうした特殊な環境条件での観察からどの程度，一般化がはかれるかといった問題がでてくる。実施が容易で倫理的に承認される観察の場を得ることはなかなか困難である。

3）テスト法

行動観察の弱点を補う方法の一つとして模擬事態が考えられたが，こうした模擬事態による測定の考えを押し進めていくとテストに至る。ただし，テストはただ観察するというのではなく，そのようにして組織的・系統的に得られた個人の情報を，その個人と類似した側面をもつ大集団との相対的な比較においてとらえるところに最大の特徴がある。したがって，ある集団における，何らかの特質の個人差をみたいというときは，テスト法があるということになる。

テスト法は，その測定内容，測定目的，被測定体，測定人数，測定用具，測定行動の質，回答形式，回答の量・質，作成手続き等によって，さまざまに分類されている（池田，1971）。よいテストにはいくつかの条件が必要である。まず，よいテストは妥当性を高めるために，測るべき内容を測定していなければならない。また，信頼性を最大にするために，よいテストでは相当の項目を使う必要がある。また，よいテストは客観的で標準化された手続きで実施されなければならない。このテストの標準化は次の2つのことから成り立っている。第1は，標準的な実施手続きや得点化の方法が確立されていることである。第2に，年齢や学年，人種，性などの基準（norm）が確立されていることである。さらに，よいテストは実施時間がほどほどに短く，得点化も容易にできている必要がある。

これまでに作成されてきたテストのなかでも，知能テストはもっとも高い信頼性を示すテストのひとつである。しかし，多くの他のテストと同様，最大の問題点

は，何を測っているかは必ずしもよく分かっていないという点である。はたして知能テストは，知能を測定しているといえるのか，それが問題である。かりに，操作的に知能テストで測定されたものを知能とよぶことにするとしても，若年群と高齢群で尺度が同じ意味をもっているかが大きな問題である（Santrock, 1985）。同じ条件で実施されたときに，はじめて比較できるわけであるが，遂行態度が変わっている可能性も否定できない。かりにそうであるとすると，知能が変化したというよりもパーソナリティ全体が変化してきていると考える必要があるかもしれない。

また，もっともユニークな心理学的測定法である投影法は，質問紙法などのような表層的な意識のもとでは分からない，深層の意識をみる一つの手段であるとみられているが，それが何を反映しているかは必ずしも明かではない。したがって，単独のテストだけで結論づけるのは少なからず無理があり，その他のテストやその他の諸々の情報と関連づけて解釈していくことが重要である。

4）面接法

成人発達に焦点を当てた科学的探求の多くは，面接と質問紙という技法にもとづいている（Santrock, 1985）。面接とは，誰かに対して投げかけられる一連の質問とその被面接者の行う一連の反応からなる。面接にはよく構造化されたものから非構造的なものまで多様な範囲がある。

非構造的な面接では，回答者は自由に回答する。こうした自由な面接では，表面的でない深い意味や理由が分かるとか，臨機応変に柔軟性に富んでいるとか，個人の特殊性に関する問題が分かるとか，といった利点がある。しかし，自由記述式の面接は非常に多様な反応を引き出すために，データの分類や分析は困難であるという欠点がある。

それに対して，標準化された面接では，回答者はあらかじめ用意された回答のなかから選ぶよう求められる。こうした標準化された面接では，互いに他と比較可能なデータが集められるとか，聞きもらしや偶発的な失敗がないとか，質問の違いからくる回答差を小さくできるとかいった利点がある。

また，面接では，しばしば面接者との相互作用が問題になる。こうした対人的な状況のもとでの行動観察が面接のもう一つの特徴である。対話的な質問により，相手の心理的な微妙な心のひだのようなものを直感的に感じとることができる。とりわけ，個人の内面生活に立ち入った質問では，たんなる言語的な反応だけでなく，そうした状況で示す個人の反応の全体が重要な意味を含んでいると考えられる。

ただし，面接では，対人的状況であるがゆえに，相手から好意を得たいために反応することが，ままあるという点に留意する必要がある。面接において正確な情報を得るためには，このような防衛反応を防ぐための熟練した面接技術が必要であ

る。また，回顧的な面接の問題がある。成人後期の人に幼児期，青年期，成人前期に経験したことについて聞く場合には，記憶のゆがみによって大きく影響される。言語報告から過去についての正確な情報を集めることはきわめて困難である。

5）質問紙法

成人に対する質問を行うに当たっては，質問紙法や調査という方法を用いることが可能である。ある意味で面接の代用である。しかし，質問紙法ではあまり深いことは聞けない。また，対話的に聞くこともできないので，答えるときの反応などはみることはできない。そこで，より深い内面的な話やすぐれて個性的な側面については面接で直接聞くことが有効である。しかし，表面的なことは敢えて面接するよりも質問紙法の方が気楽に回答できるということもある。

質問紙法は，手軽で簡便であるところが最大の利点である。面接調査員の高い技術を必要としない。そのため，多数調査が可能になる。質問を全員に一定にでき，互いに比較可能なデータがとれる。したがって，共変関係や相関関係を統計的に相関分析するうえでは便利である。しかし，匿名性の保たれない状況では，社会的望ましさを反映している可能性が少なくない。したがって，記名にするか，無記名にするかは問題であり，無記名回答にすることもできる。

6）事例研究法

独自の存在としての個人の内的世界を，その個人の精神発達や生活状況との関連において理解する方法として，事例研究（case study）がある。しかし，これまでの事例研究は，こうした理念にもかかわらず，方法としては，個別事例の理解に一般法則を適用したり，法則定立的方法で得られたテストをしたりするきらいがあった（星野，1989）。生涯的視点からは，もっと自然なかたちで独自の個性と世界にアプローチできる事例研究法が求められている。

そうした科学的な操作を加えない自然なかたちで個人の独自の個性や世界を探る方法としては，たとえば，個人の日記，自叙伝的記憶，自分史などを用いる方法が考えられる。また，構造化されない自由な面接のなかで，本人があるがままに自己の内面を語ってくれた場合には，資料として使えるかもしれない。こうした事例研究法は従来，科学的研究からは無視され敬遠されてきたが，人間の内面の精神世界を理解するうえでは，他の科学的アプローチの及ばない貴重な資料を提供していると考えられる。たとえば，人間の生きがいといった内面的な意識の問題は，端からはうかがい知ることのできない側面がある。端からみているとなぜそんなことに一生懸命になるかわからないというようなことが，本人にしてみると大きな生きがいになっているということがある。こうした端からは分からないような生きがいがどのようにして形成されていったのかといったことは，科学的な客観性重視のアプ

ローチよりも，その本人のあるがままの記述の方が内面の世界をよりリアルに生き生きと描き出すことができるのである。

こうした内面的な意識の記述が意味をもつためには，あるがままに記述されているということが重要である。しかし，あるがままに記述するということは，意外と困難で，知らず知らずのうちに虚構や誇張が入り込む可能性がないとはいえない。自分の記憶について知っている内容を述べる際に，意図せず，自分の記憶はこうあるべきだと本人が感じていることを反映している場合もある（Cavanaugh & Perlmutter, 1982; Gregg, 1986）。したがって，こうした記述の根底に潜んでいる真実をつかみ出すうえでは，これらの記述を個人の精神発達や生活状況との関連で，社会的・環境的・歴史的文脈から解釈することが重要になってくる。

コラム2 機能年齢の推定

人間の発達や老化は個人差が大きく，暦年齢で人間の発達度や老化度を判断することは危険である。そこで，暦年齢に代わり，個々人の発達度や老化度をとらえる指標として，機能年齢（functional age）が研究されるようになってきた。成人の機能年齢の概念について最初に公式に述べたのは，ビレン（Birren, 1959）であるといわれる（Schaie & Gribbin, 1975）。

発達現象や老化現象のデータから発達度や老化度の指標を設定するに当たっては，直接，測定単位を用いてもよいわけであるが，そうせずに機能年齢という一種の年齢概念として尺度を作成しようとしたのは，我々のなかに年齢を基準として発達度や老化度を考える思考様式が定着しており，その方が発達度や老化度の基準としてより説得力をもつためとみられている（古川，1976; 中村他，1982）。

成人の老化度や発達度に関する研究はあまり進んでいない（Borkan & Norris, 1980a,b）。これは，児童期の開始は受精もしくは誕生により明確に区別されるのに対して，老化の開始は定かでないこと，児童期の終了は成人期の高原期とみなされるのに対して，老化は真に終了することなく，死によって妨害されてしまうこと，児童は骨格，歯，性成熟などからその発達段階を比較的明瞭に区別できるのに対して，成人の機能低下はすべてゆるやかに連続的に進行するためその老化段階を区別しにくいこと，大部分の児童は慢性病をもたないのに対して，高齢者の場合はなんらかの慢性病をもっていること，さらに児童期は20年間ほどだが，成人期ははるかに長く続き，縦断的研究が難しいことなど，いろいろな理由がある（Borkan et al., 1982）。

従来，機能年齢評価システムの研究のなかでもっとも関心の高かったのは，重回帰方程式による生物学的年齢の推定であった。ビレン（Birren, 1959）の

生物学的年齢の概念に沿って，寿命や健康者の暦年齢を外的基準とし，種々の生物学的変数を予測変数とする重回帰分析が多数行われてきた（Damon, 1972; Furukawa et al., 1976 など）。しかし，こうした重回帰方程式による機能年齢の推定には，いくつか問題のあることが指摘されている（Costa & McCrae, 1980）。

　1）各機能の加齢変化が必ずしも直線的でなく，広い年齢範囲にわたって1つの重回帰式で示すことにはむりがあるかもしれない。

　2）暦年齢を予測するのではなく，機能年齢を予測したいわけであるが，実際には，暦年齢をもっともよく予測できるような重みを変数に与えている。

　3）この方法では推定年齢の誤差が個人の機能年齢を表すことになるわけであるが，推定された年齢の範囲は，説明変数と年齢との相関の水準で左右されるところが大きい。

　4）重回帰式の構造上，年齢の低い人は年の割に老けていると推定されやすいのに対して，年齢の高い人は年の割に若いと推定される傾向がある。

　5）老化度の指標としての価値は，それぞれの特質の違いを明らかにすることではなく，実質的な老化度をどの程度反映しているかであるが，この方法ではその点が曖昧である。

　6）重回帰分析では，重回帰式で老化の諸側面を結合して老化を一元的に評価するわけだが，実際の老化の原因は多元的であり，老化速度は多方向的であるため，一元的な評価には問題がある。

　コスタとマクレー（Costa & McCrae, 1980a）は，生物学的年齢を縦断的変化の予測に使ったがほとんど成功しなかったといい，ブラウンとフォーブズ（Brown & Forbes, 1976）は，生物学的年齢は死の可能性を予測すべきであるが，それを裏づけるデータは何1つなかったという。

　そのため，最近は，生物学的年齢は，寿命や健康者の暦年齢を基準とするのでなく，本来の生物学的な衰退のプロセスないし老化速度に関連づけて定義されるべきであるとの考え方が強まっている（Schroots & Birren, 1990）。また，そうした観点から，暦年齢に代わり，本来の生物学的プロセスや生物学的時間を反映する指標として，生涯にわたる有機体の新陳代謝に関連づけた代謝年齢（metabolic age）が注目されている（Hershey & Wang, 1980; Yates, 1982; Boxenbaum, 1986）。

　心理学的年齢においても，暦年齢に代わり，本来の心理学的なプロセスや心理学的時間を反映する指標が求められている。ビレン（Birren, 1959）の心理学的年齢は知覚，学習，記憶などの情報処理能力の若さに関連づけたものであるが，心理学的プロセスにはもっと多様なプロセスが含まれると考えられ，新たな指標の開発が望まれる。たとえば，人生の進み具合や死への接近の意識なども心理学的には重要なプロセスを反映していると考えられる。そうした意味では，年齢の自己概念に関連づけた主観的年齢（subjective age）の試みなども注目に値する（Montepare & Lachman, 1989; Barnes-Farrell &

Pitrowski, 1989)。

　社会的年齢においても，暦年齢に代わり，本来の社会的なプロセスや社会的時間を反映する指標が求められている。ビレン（Birren, 1959）の社会的年齢は，個人が所属する文化や社会的集団のなかで求められている多くの年齢的な役割や期待をどこまで充足できたかということに関連づけたものであった。最近，ビレンらは，経験を積んだ成熟した高齢者へ向かっての社会的役割変化のプロセスを老成化（eldering）ないし社会的加齢（social aging）と呼び，社会的年齢をこのダイナミックな老成化のプロセスに関連づけている（Birren & Schroots, 1980; 1984; Schroots & Birren, 1990）。

第2部
領域別にみた加齢変化

　第2部では，各論として，成人発達やエイジングの心理学的研究がどのような事実や理論を明らかにしてきたかについて述べる。すなわち，成人期の身体機能，感覚・知覚，記憶・学習，知能・知恵・創造性，パーソナリティ，生産性などの加齢変化，ならびに自我発達やキャリア発達の段階について説明した。また，不使用による心身機能の低下，知能の可塑性，性格の適応的変化，生産性の熟達化などの現象について説明を加える。

3章 身体の加齢変化

　生物学的・身体的変化は，具体的かつ明瞭に示されるため，老化の程度や段階を知るうえでのもっとも直接的な目安となるものである。また，身体面の加齢変化は，精神面の加齢変化と密接な関わりをもっている。たとえば，記憶・学習などの知的活動は脳神経系の働きを基盤としており，脳神経系の加齢変化の影響を受けることになる。あるいは，中年から老年へかけての身体的変化は，老いの自覚をもちはじめる契機となったり，いろいろなとまどいや悩みの原因になったりもする。そこで，本章では，成人発達の心理学的側面の理解にとっての基礎となる生物学的老化や身体の加齢変化について述べることとする。

1　老化とは何か

1) 老化現象の4原則

　ストレーラー（Strehler, 1962）は老化現象に共通する原則として，次の4点をあげている。
　①**普遍性**（universality）：生あるものすべてに共通して起こり，遅速の差はあっても不可避のものとして必ず起こる。
　②**内在性**（intrinsicality）：老化は，誕生や成長や死と同じように，個体に内在するものによってもたらされる。
　③**有害性**（deleteriousness）：老化現象のもっとも特徴的なものとして機能の低下がある。普遍性や内在性，進行性は成長期にも当てはまるが，有害性は当てはまらない。なお，機能低下が進み，予備能力が減退し，ついに環境変化に対して個体の恒常性を保てなくなる時が訪れる。これが死である（長谷川，1989）。
　④**進行性**（progressiveness）：老化現象は突発性に起こるというよりは，通常のプロセスとして起こる。そして一度起こると元には戻らない（不可逆性）。
　ただし，これらの変化は，その変化の速度や程度においてきわめて個人差および機能差が大きい点に留意しておきたい。

2）3種類の老化のプロセス

ビレンとカニンガム（Birren & Cunningham, 1985）によれば，老化は単一のプロセスではなく，次の3つのプロセスからなるという。

① 1次的老化（primary aging）：正常老化（normal aging）ともいう。避けられない発達プロセスの一部として現れてくるもので，更年期，反応時間の遅延，家族

表3-1 老化学説の概要（長谷川・那須，1975）

老化現象	提唱者	年代	概要
消耗説 （wear and tear theory）			古くから提唱されている説。 生体の機能や形態が物質が擦り減らされていくように消耗されていくという考えに基づく。
レイト・オブ・リビング説 （rate of living theory）	Pearl	1928	老化とは，発育初期に与えられる「生活物質」を代謝過程において徐々に消費することである。
ストレス説 （stress theory）			老化とは，生来もっている適応作用を営むエネルギーをストレスにより消耗する過程である。
プログラム説 （program theory）			老化は細胞内の遺伝子の組み合わせによってあらかじめプログラムされている。
代謝産物原因説 （the waste product theory）	Möhlmann	1900	細胞代謝の結果，発生した産物が細胞内に沈着し，蓄積されて細胞の機能が障害されて老化をきたす。代表的なものとしてリポフスチン。
遊離基説 （free radical theory）	Harman	1956	遊離基は分子の中で不安定な一部を形成して核酸や核蛋白などと反応して過酸体に変化し，その結果，細胞障害をきたし老化を起こす。
架橋結合説 （cross-linking theory）	Björksten	1962	コラーゲンその他の蛋白分子間の架橋結合が増加，代謝の低下をきたし老化を起こす。
体細胞変異説 （somatic mutation theory）	Curtis	1963	体細胞が内的，外的原因で染色体異常や突然変異を起こし，これが正常な機能を阻害して老化を起こす。放射線による染色体増加と寿命の短縮はその根拠。
誤り説 （error theory）	Medvedev	1966	DNA，m-RNA，蛋白などの複製の際に，ある率で誤りを生じ，その蓄積が老化を招く。
自己免疫説 （auto immune theory）	Walford	1962	体内の蛋白が何らかの原因で異種となったり，あるいは自己蛋白に対し誤って抗体ができることにより老化をきたす。 老年期に入るとγ-グロブリンが増したり，アミロイドーシズが老人に多いことなどが根拠。

出典：長谷川 和夫・那須 宗一（編）（1975）．ハンドブック老年学（pp.19-22） 岩崎学術出版社

や友人の喪失などが含まれる。
　②2次的老化（secondary aging）：異常老化（abnormal aging）ともいう。病気に起因するとみられる変化（アルツハイマー病など）。
　②3次的老化（tertiary aging）：死の直前の急速な喪失。死の2,3年前に知能が著しく低下する終末低下現象（terminal drop）など。
　3）老化学説
　老化現象は，大きく遺伝的要因と環境要因の影響を受けるとみられる。遺伝要因については，老化現象の発現はあらかじめ遺伝的にプログラムされていて，種を維持する役割の終了とともに解発されるという説と，老化現象は遺伝情報が不正確になり，できそこないの蛋白の蓄積が原因であるとする2つの説が考えられている。環境要因については，放射線，食事，同一または異種生物との競合，さらには疾病や災害などの要因によって老化が促進されると考えられている。また，これまでに老化現象の生起するメカニズムについていろいろな観点から仮説が提起されている。表3-1は，これまでの主要な老化学説をまとめたものである。

2　外見の加齢変化

1）皮膚の加齢変化
　皮膚の変化は，目のまわりや上唇，首や手などに皺やたるみが増えることである。ただし，皺は年齢だけではなく，化学的，物理的あるいはその他の外傷によって起きてくる点に留意する必要がある。特に，皮膚を衰退させる第1の原因は，長時間，日光にさらすことである。太陽光線が強ければ強いほど，浴びる時間が長ければ長いほど皮膚のダメージは大きくなる。なお，日焼けを避ける適切な処置をしたり，ふだんの手入れをすることにより，ひどくならないようにすることは可能である（Klingman, Grove, & Balin, 1985）。

2）毛髪の加齢変化
　男女とも髪の毛が少なくなったり，白髪になったりしてくる。頭部の禿はアンドロゲンに依存している。思春期前に去勢された宦官は禿げることがない。女性の場合，甲状腺に欠陥がなければ，頭髪が禿げることはめったにない。男性の場合は，遺伝によるが，成人期の始めか，終わりに禿になる。頭髪が35から40％に減ってしまうと頭髪は一般に薄くみえる。男性の禿は前頭部のはえぎわと頭頂部から始まり，最初にまばらな細かい毛が生え始める。頭部の他の部位は正常のままである。女性の禿げる場合は，頭頂部の毛がまばらになる傾向があり，前頭部のはえぎわは維持されている。いろいろな手段が宣伝されているが，禿を防止することは難し

い。毛髪を移植することも可能だが，長持ちすることはまれである。ただ，鬘により外見上装うことは可能である。

一方，白髪は色素細胞の減少により起きてくる。一般にひげや体毛の白髪化は頭髪よりも遅く始まり，脇毛や陰毛が最後に起こる。白髪化は女性よりも男性の方が早く多く起こる。白髪になるのがいやであれば，皮膚が染料に負けなければ，最新の調髪技術を利用できる。なお，男性は通常，老化しても顔の毛は減らない。それに対して，女性はしばしば老化によって顔に毛の生える部分が増えてくる。特に顎の辺りに多い。これは，閉経後のホルモンの変化によるとみられている（Kenney, 1982）。

3）声の加齢変化

若い成人の声は，十分に響くが，高齢者の声はかぼそく弱い。これは，喉頭の共鳴ボックス，呼吸器系，音声を統制する筋などの変化が影響している（Benjamin, 1982）。また，声の高さが低くなるとか，息が切れたり，ふるえ声になったり，発音が遅く不明瞭になったりということもしばしばある。しかし，こうした，声の変化はなんらかの病気に起因する場合もあり一概に老化のせいといえない場合もある。

4）加齢変化の自覚

成人期の身体的変化は，児童期の身体的変化のおよそ5倍の年数をかけてゆるやかに進行する。したがって，最初のうちは，なかなか老いには気がつかない。しかし，40歳代，50歳代となると，個人差はあるが，否応なく外見の変化に気づくことになる。鏡にみる禿頭，白髪，皮膚の皺，だぶついた脂肪，前かがみの姿勢など外見的変化はもっとも明瞭な老化の兆候となる。そして，いったん老いに気づくと，意外とそれが早く訪れることを実感したりもする。

正常な老いはゆるやかに進行するにもかかわらず，主観的には意外と早く感じられるという知覚メカニズムは，かなり昔から心理学者の興味を引く問題であった。アメリカの哲学者，心理学者であるジェームズ（W. James）も，人は老年になるにつれて，時間を短く感じるようになると指摘している。彼は，高齢者に時間が短く感じられるのは，生活上の出来事が個別化された想起とならないほどに平凡化するという事実に帰して説明している。また，19世紀のフランスの哲学者ジャネ（P. Janet）は，時間の一定部分の見えの持続は生活全体の持続に相対的であると考えた（ジャネの法則）。すなわち，20歳での1年は20分の1であり，60歳での1年は60分の1である。我々の生涯にわたる時間の評価にも，広義のウェーバーの法則が作用している可能性があり興味深い。

老化による外見的変化は，自尊心や自己概念に少なからず影響を与える。若年か

ら老年への移行期にある中年は，自分達をできるかぎり若年と位置づけ，老年とは距離を置こうとする傾向がある。また，外見から他人と自分の若さを比較するときには，自分より若い人達とは比較しようとしない。自分と同年輩の人と比較して，若いか，年相応か，更けているか判断する傾向がある。

　我々の社会は，男性は若くたくましいこと，女性は若く美しいことに価値を置く傾向があるため，中年や老年は，特に女性は，老化による身体的変化を望ましくないこととみる傾向が強い。したがって，そうした老いを拒否し，外見を若々しく保とうとする人もいる。たしかに，ある程度，顔の外見の変化を化粧で隠し，髪の毛を染めたり，鬘をつけたりすることはできる。また，手術で顔のたるみや皺を延ばすこともできる。しかし，所詮，不可避のことを先延ばしにするにすぎない。もとより，すべての人が老いを隠そうとするわけではない。多くの人々は自尊心を傷つけることなく，外見的変化を受け入れている（Cavanaugh, 1990）。

3　体型・運動調節系の加齢変化

1）体型の加齢変化

　身長は50歳くらいまでは変わらないが，その後，70歳にかけて減少する。これは，骨の強度の損失による背骨の圧縮，椎間板の円板の変化，姿勢の変化からくる。中年太りは一般的にみられる。20歳代から50歳代にかけて太る傾向があるが，その後は減少する。老年の体重減少は筋肉と骨の損失による。それによって，いくらか脂肪太りきみになる。我々の社会では，女性は男性よりも体重に大きな関心を寄せる傾向がある（Santrock, 1985）。

2）運動調節系の加齢変化

　①身体の加齢変化の勾配：児童の身体・運動調節系の発達には，頭から足の方向へ進む頭部－尾部勾配（cephalo-caudal gradient）のあることが知られている。新生児期は身体に占める頭部の比率が大きく，約4頭身である。この比率は6歳児で6頭身，成人で8頭身に近づく。運動調節系の発達の第1歩は，顎の筋肉を含めた頭の制御の獲得である。さらに，脊椎筋の協調運動が発達して，いままで丸くしていた背中をまっすぐに伸ばして座ることができるようになる。そして，子どもは手を十分に使うことができるようになってから足を使うことができるようになる。この他，身体の中央線部分から周辺の方向に進む中心－末梢勾配（proximo-distal gradient）がある。たとえば，手の運動の発達についてみると，肩関節のレベルの粗大な制御から，肘，手首，指の関節のレベルの細かな複雑な制御へと進むことが観察されている。

表 3-2 体動揺の加齢変化（西村, 1985）

年齢	重心動揺面積（cm²）				重心動揺距離（mm）			
	男性		女性		男性		女性	
	平均	標準偏差	平均	標準偏差	平均	標準偏差	平均	標準偏差
20歳代	3.6	2.2	3.5	2.0	240.1	90.6	233.1	68.1
30歳代	3.5	2.1	3.1	1.4	240.9	88.4	206.4	52.9
40歳代	3.7	1.6	2.7	0.8	233.8	61.6	197.7	31.3
50歳代	4.8	2.4	3.8	2.2	297.2	90.7	196.8	46.9
60歳代	5.4	3.9	6.8	2.4	288.1	96.2	319.2	117.8
70歳代	6.0	2.8	—	—	332.7	111.3	—	—

注）70歳代女性はサンプル数不足により計算されていない。
出典：西村 純一（1985）．成人の直立時動揺における年齢差と性差　老年社会科学, 7, 109-120.

一方，高齢になると，よく足から衰えてくるといわれるように，児童の発達とは逆方向の勾配がしばしば観察される。児童の発達では，単純な粗大な動作から細かで複雑な動作が速く行えるようになり，筋力も増してくるが，老年になると微妙な協調運動が障害され，動作も遅くなる。このように老化にともなう運動機能の変化は，発達プロセスを逆にたどるかのようである。これらは"Last in, first out"原理といわれる。老化にともなう変化は，遅れて発達してくる，多くの筋の協調的活動やバランス，筋力が必要な高位のものほど強く現れてくる（神田，1989）。

②バランス保持反応の加齢変化：バランスを維持するための自然な体の動揺は，20-40歳代がもっとも安定しており，50歳を過ぎると動揺が大きくなり，比較的早期から低下しはじめる。表3-2は，両足を揃えて直立させ，前方1.5mのところの指標を注視させ，体の重心の動揺を20秒間測定した結果を示したものである（西村，1985）。こうしたバランス保持反応の低下は，筋力低下と相まって高齢者の歩行パターンに変化を起こすのみでなく，転倒の主要な原因と考えられている。転倒は加齢とともに増加し，特に75歳以上で多い（Ochs et al., 1985）。転倒の原因でもっとも多いのが躓きで，次に多いのが，急に振り返る動作である（Comfort, 1977）。高齢者の転倒は骨折を招きやすいので重要な問題である。

バランス保持反応には筋，関節，皮膚などからの体性感覚情報や前庭器，視覚系からの情報が関与しているが，これらの感覚はいずれも老化にともなって低下するため，高齢者では，体動揺の十分な感覚情報を中枢に送れなかったり，どれかの系の不適当な反応を補正することが困難になっているとみられる（神田，1989）。ウーラコットら（Woollacott et al., 1982）によると，高齢者では体性感覚によって

引き起こされる反応に頼る度合いが増し、視覚によるものの度合いが軽くなるという。また、体のバランスを保持するには多くの筋の協調が必要であるが、老化にともなって拮抗関係にある筋の活動のタイミングのずれが影響するとしている。

③動作スピード・反応時間の加齢変化：高齢者では、歩行のテンポが遅くなるなど動作スピードが低下する。図3-2に示されるように、こうした動作スピードの低下は、数十cm離れた2つの標的を交互に鉛筆などでたたくタッピングのような単純な反復動作の場合にはさほどではないが、書字などのように動作が複雑になるにしたがって顕著になる（Welford, 1982, 図3-1）。加齢による動作スピードの遅延をもっとも単純化したかたちで示しているのが、反応時間の測定である。反応時間の課題は、基本的には、生起事象の知覚、それに対する行動の意思決定、決定した行動の実行、という3つのプロセスからなる（Welford, 1977）。反応時間の遅延は、これらのプロセスのいずれかに起因していると考えられる。単純反応時間は通常、意思決定の時間と運動時間に分けられるが、加齢による遅延は両方の時間に現れる。また、反応時間の遅延は、意思決定時間の違いによるところが大きい（Salthouse, 1985）。刺激が複数になったときの反応時間は選択反応時間と呼ばれる。単純反応時間よりも選択反応時間で課題が複雑になるほど、加齢による反応時間の遅延は著明になってくる。これは、日常の課題遂行で、多数の刺激と多数の反応からなる課題遂行では、加齢により時間がかかることを示唆している。

　加齢による反応時間の遅延は、練習経験によって改善されることが知られている（Salthouse & Somberg, 1982）。ただし、改善されてもなお年齢差はめったになくならない。しかし、通常の反応時間の測定では、経験による差を統制するうえから非日常的課題が使われるが、日常的課題を使った場合には、年齢差がみられないことが示されている。たとえば、ソルトハウス（Salthouse, 1984）の実験によると、非日常的なタイピングの課題では、選択反応時間が複雑になるほど、反応時間が加齢により増加した。しかし、日常的なタイピングの課題では、反応時間の年齢差は現れなかった。これは、熟練によって文字を先まで読めることが反応時間の遅延を補償していると考えられる。このことは、日常的な課題では、経験や熟練を生かすことによって、反応時間の遅延をかなり補償できることを示唆している。ただし、逆に言えば、経験や熟練が生かせないような新しい課題では、加齢による反応時間の遅延が表面化しやすいということでもある。

　また、運動習慣のある人の方が、運動習慣のない人よりも反応時間は改善されるという結果もある（Baylor & Spirduso, 1988）。しかし、運動習慣がすべての反応時間の課題遂行に等しく有効というわけではない。さらに、反応時間は注意を集中するほど改善される。また、刺激の方に注意を集中するよりも、運動反応の準備の

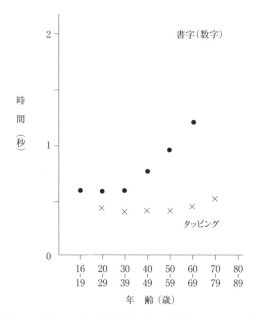

図 3-1 動作のスピードの年齢による変化（Welford, 1982）
出典：Welford, A. F. (1982). Motor skills and aging. In J. A. Mortimer, F. J. Pirozzolo, & G. J. Malletta (Eds.), *Advances in neurogerontology, Vol.3, The aging motor system* (pp.152-187). New York, NY: Praeger.

方に注意を集中した方が効果は大きいといわれている（長嶋，1990）。

　④**筋力・骨格筋の加齢変化**：握力や背筋力の年齢差をみると少なくも 40 歳までは筋力の低下は表れない（Kohn, 1978）。しかし，70 歳では，3 割から 4 割近く低下している（東京都立大学体育学研究室，1989）。図 3-2 は，上腕屈筋群および大腿伸筋群の筋量の加齢変化をみたものである。超音波法により推定した上腕屈筋群の筋量は，男女とも若者でも高齢者でも大きな差はみられない。一方，大腿伸筋群では，男女とも加齢とともに減少する傾向がみられる。そして，男女ともに 70 歳代では 20 歳代の約 60％にまで減少する傾向がみられる。高齢になるにともない日常生活における身体活動量が減少し，それにともなって下肢筋群の委縮が進むものと推察される。また，日常生活における上司の筋活動量は高齢になっても著しい低下はみられないと考えられ，そのことが高齢でも上肢の筋量を維持できる原因と考えられる。

　骨格筋には 2 種類の線維がある。一つは白筋線維といわれ，早く動く筋である。もう一つは赤筋線維で遅く動き，持続的に収縮する筋である。高齢者で速く萎縮す

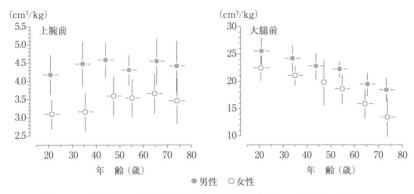

図 3-2　上腕屈筋および大腿伸筋群の筋量（体重当たり）の加齢変化（福永，2003）
出典：福永 哲夫（2003）．生活フィットネスの性年齢別変化　体力科学, 83, 9-16.

るのは白筋で，このため高齢者では短距離競技のような速い筋肉の運動は困難である。一方，赤筋は比較的よく保たれ，歩行，ハイキングなどのゆっくりした筋肉の運動は高齢者に向いている。筋萎縮のメカニズムは不明であるが，一つは運動神経細胞の老化により筋線維の維持が困難になること，もう一つは筋肉を使わないことによる廃用萎縮（disuse atrophy）の可能性があるとみられている。

⑤**骨と関節の加齢変化**：骨組織も老化により減少する（Exton-Smith, 1985）。骨の減少は30歳代後半に始まり，50歳代に加速され，70歳代に緩慢になる（Avioli, 1982）。骨の減少は性差が大きく，女性は男性の2倍近い速さで減少する（Garn, 1975）。この要因は2つ考えられる。一つは，女性は男性に比して骨が少なく骨の減少に対して抵抗力がないことである。いま一つは閉経後のエストロゲンの消耗が骨の減少を加速することである。老化による骨の減少にともない骨折の危険性が増加する（Currey, 1984）。骨折の危険性は女性の方が男性よりもはるかに高い。また，老年の骨折はひびがはいるといったものではなく，枯れ木がぽっきり折れるようなものが多く直りにくいという。

また，骨関節炎は骨の退行性の変化で，特に腰，膝，背中などの大きな関節に起きてくる。関節内面が摩耗して痛みや変形を生じる。その部分を動かしたり重みをかけたりすると痛むため，行動が制限され，同時にそのまわりの筋肉が弱くなってくる。骨関節炎は長期にわたって関節に負担のかかった場合に起きやすく，たとえば，高齢で肥満タイプの人，同じ繰り返しの重労働に携わってきた人によく起こる。骨関節炎は，行動を制約し，日常活動の自律性を低下させる恐れがある。そのため，痛みを軽減したり，悪化の防止の方法がいろいろ考えられているが，外見的

老化のようにごまかしが効かない。ただし，運動プログラムに参加し，多少抵抗はあってもできるだけ動かすように努めたり，肥満であれば体重減量に努めることは必要である（Selby & Griffiths, 1986）。

⑥運動強度の知覚：我々は，自分の体力に応じて，運動の強度を調節している。したがって，従来あまりとりあげられていないが，運動強度の知覚も運動調節系の変化を理解するうえで無視できない問題である。運動強度の測定には，客観的には物理的な外部になす仕事量からみた強度（力学的尺度），代謝量からみた人体内部のエネルギー量ではかる強度（生理的尺度），感情によって表象として浮かび上がる程度からみた強度（心理的尺度）の3種類があるといわれている（猪飼，1973）。日常的な生態学的レベルからは，第3の主観的運動強度が，客観的な運動強度をどの程度，的確に知覚して，運動強度を調節しているかが問題となる。

主観的運動強度の精神物理学的研究によると，知覚された運動強度が物理的な運動負荷に対して正の加速曲線を描くことが知られている。こうした正の加速曲線を描く場合には，運動強度の知覚機構に入力側のダイナミックレンジを拡大して，刺激を受けとる傾向があるためと考えられる。このことは，トレーニングで運動負荷を増加させていくときに，負荷の急速な増加感を避けるためには，運動負荷の増加分を徐々に減らしていけばよいことを示唆する。さらに，体力の限界に近くなるほど負荷が急速に増えるように感じられるということは，耐性限界を越えて恒常性が崩壊し，疲労困憊に陥ったり，機能障害を起こしたりしないように，生体の防衛的な知覚体制が作用していると考えられる（西村，1981）。

また，精神生理学的研究によると，ボルグ（Borg, 1974）の開発した主観的運動強度の心理的尺度（rating of perceived exertion; RPE）と心拍数との間に.75から.90という高い相関のあることが知られている。ただし，この直線的な関係は，年齢によって変化することが示されており注意を要する。つまり，RPE得点が17点（通常，心泊数が170に相当する非常にきつい負荷）をかけたときに達成される仕事量を比較したところ，加齢とともに減少する傾向がみいだされた。このことは，最高心泊数が加齢とともに減少することをふまえると，知覚された運動強度の方が心泊数よりも相対的負荷強度をよく反映することを示唆している（Borg & Linderholm, 1967）。もとより，最高心泊数に対する相対的な心泊数を求めればよいが，最高心拍数を求めることはきわめて困難であり，かつ中高年者には危険である。我々は，日常的には知覚された運動強度にもとづいて運動強度を調節しているわけであるが，それなりに有効であるといえよう。ただし，バルオア（Baror, 1977）によると，年齢が高くなるほどRPEと心拍数との相関が低くなり，運動強度の知覚の正確さが加齢とともに低下することが示唆されている（西村，1981）。

4 内臓機能の加齢変化

1) 心臓血管系の加齢変化

加齢による心臓の組織的変化にともない機能的側面も変化する。心臓の主な機能は血液のポンプ機能であるが，心拍出量は加齢とともに低下する。誕生時の心泊数は140くらいあるが成人では70くらいに近づく。その後，心泊数の加齢による低下は明かでない。したがって，成人期の心拍出量の低下は，おおむね1回拍出量の低下によると考えられる。これは，全身の酸素需要にもとづくが，心筋収縮機能の低下も認められている。これらは特に，運動負荷時に著明になる（蔵本，1988）。こうした心臓のポンプ機能の低下は，運動時の全身持久性の予備能力の低下として，生活面に影響が出てくる。

血管の加齢変化を反映する指標としては血圧があげられる。収縮期血圧は血管壁の弾性の低下を反映し，加齢とともに上昇を続ける。しかし，拡張期血圧は60歳前後が最大で，高齢になるとむしろ低下してくる。いわゆる収縮期高血圧は老年期に入って増加する。一方，動脈の粥状硬化も加齢とともに進展し，特に高度動脈硬化の頻度は60歳以後上昇を示す。血管の老化，高血圧，高脂血症などが大動脈および主要臓器の動脈硬化を促進するといわれている（蔵本，1988）。

高血圧は特に明瞭な症状を呈さないので，高血圧の人はあまり問題を感じていない。しかし，高血圧の人は普通の血圧の人の3倍心臓血管系の病気になる危険性がある。若い頃からずっと高血圧の人はさらにその可能性が大きい。なお，心臓血管系の病気には，ライフスタイルや心理学的な要因が深く関わっている。

2) 呼吸器系の加齢変化

加齢による臓器系の加齢変化は，肺において腎臓とならんでもっとも著明に観察される。もっとも著しい変化は，肺弾性収縮力の低下である（福地，1988）。その結果，年をとると息切れしやすくなる。しかし，呼吸器系の機能の低下は，老化だけではなく，大気汚染，伝染病，喫煙などの影響も無視できない。肺活量（1回の呼吸で肺に取り入れる空気の最大量）も組織的変化により低下する。この低下は20歳代に始まり，85歳までには40％減少する（Shephard，1982）。組織的変化は，身体的なストレスに対する肺の予備能力の低下をもたらし，高齢者は運動すると，息切れに直面することになる。しかし，こうした変化は，高齢者においても規則的運動によって改善できる。運動は，肺の能力を増強し，機能低下をゆるやかにする。

呼吸器系の老化の心理面，生活面への影響は，息切れ，および運動中の疲労であ

る。こうした息切れや疲労は、適度な運動で息切れしてしまう人にとっては脅威である。こうした呼吸困難症を経験すると、だんだん運動しなくなっていく。用心深くなり、運動から引っ込み思案になる。運動不足になると心臓血管系も低下する。呼吸器困難症の経験が健康感を減退させ、こうした自尊心の低下が活動の低下をまねくとみられる。

3) 生殖系の加齢変化

①**女性の場合**：女性の生殖系の最大の変化は、子どもを産む能力が失われることである。この変化は月経が不順になるとともに40歳代に始まり、たいていの女性は50歳から55歳までに終了する（Rykken, 1987）。閉経の起こる年齢は、幅はあるが古代から平均50歳であり、月経開始や閉鎖、周期の維持が遺伝的に組まれているものであるとことを示している（Gray, 1976）。女性の排卵が終了して、生殖能力が失われる移行期は更年期といわれる。閉経は、エストロゲンとプロゲストロンの水準の減少、生殖器の変化、および性的機能の変化に起因する（Solnick & Corby, 1983）。閉経にともない、多様な心身症状、すなわち、顔面紅潮、悪寒、頭痛、抑うつ、めまい、神経質、いろいろなタイプのうずきや痛み、皮膚のたるみや骨そしょう症などが表れてくる。

閉経の心理面への影響はしばしば空の巣（empty nest）症候群と結びつけて問題にされる。空の巣説は、閉経期におけるうつ病の説明としてもっとも知られているものであり、一つの例である。女性の価値は母親としての役割と密接につながっているため、この役割が終わってしまうと、女性の生活は空になってしまうことが予想される。しかし、予想に反し、空の巣の年代は自尊心の低下、価値のなさやうつを感じること、自殺の危険性の増加などに関連はしていない（Bart, 1970; Campbell, 1976; Kaufert, 1985; Neugarten, Wood, Kraines, & Loomis, 1968）。閉経期における心理面への影響は、内的な生物学的・生理変化よりも、社会的・文化的風土と密接に関係しているとみられている。

また、老化により、性交渉に際して潤滑物質の再生が減少し遅れるため痛みが出たり、オーガズム到達に時間がかかるようになる。しかし、老年になっても、性的活動を続ける能力は維持され、性生活を楽しむことができる。ただし、似合いのパートナーが近くにいるかに依存する。特に女性の場合はその傾向がある。デューク正常老化縦断研究（Busse & Maddox, 1985）は、結婚している高齢女性は未婚女性よりもはるかに性生活をもつ傾向があることを示している。加齢による女性の性活動の減少は、一次的には本人の意志ないし適当なパートナーの欠如であって、身体的能力や願望の欠如のせいではない（Robinson, 1983）。

②**男性の場合**：男性の生殖能力を精子の量でみると、25歳から60歳に30％近く

減少し，80歳までにさらに20％減少する。しかし，80歳においても25歳の半分の生殖力を維持している。

　男性にはメンスというものがないので，本来，男性の更年期はないはずである。しかし，最近，男性も女性と同様，更年期を経験していることが認識されてきている。中年男性は，女性の場合より10年遅く，中年女性が示すような個人固有のパターンの更年期を迎える。男性によっては，不眠，運動失調，インポテンツ，ふさぎこみ，循環系の不順，顔面紅潮などを訴える。顔面紅潮などは，女性の更年期にのみ普遍的にみられると考えられていた症状である（Asso, 1983; Frey, 1981; Weg, 1983）。

　男性は，老年まで性的要求は減少しないが，勃起やオーガズムに要する時間，快復に要する時間はかかるようになる。男性の場合は，こうした勃起能力やオーガズムに到達する能力が男らしさの概念にかかわる点に問題がある。人生後期の男性の性的満足度はそうした男らしさの神話をどの程度信じているかにかかっている。勃起の失敗が自信や自尊心をなくさせ，勃起イコール男らしさという誤った観念を増長している。女性同様，男性も意志と適当なパートナーをもてば，生涯，性生活を楽しむことができる。性的活動を共有することは，老化につきまとう否定的感情を克服するうえで大切なことである。しかし，こうした老年には性的能力も関心もないという神話があり，老年の性的活動を文化的に抑制しているきらいがある（Cavanaugh, 1990; Santrock, 1985）。

5　脳神経系の加齢変化

　脳神経系は比較的老化の遅い臓器である（朝長，1988）。図3-3は種々の臓器機能の加齢変化を示したものだが，神経系の老化速度は他の臓器に比してゆるやかである。この図の場合，神経系の変化は，末梢神経系の伝導速度でみたものだが，脳重量でみてもその減少度は，肝臓，腎臓などに比べてゆるやかである。また，脳神経系は生体の恒常性（homeostasis）を保つうえできわめて重要な役割をしており，脳神経系の老化は寿命に関係している。脳障害のある認知症患者は寿命が短いことが知られている（朝長，1988）。

　脳の老化の中心は神経細胞の数が減ることによる。神経細胞は生後分裂増殖することがなく，大脳の140億個の神経細胞は20歳以降1日10万個減るという計算もある。神経細胞の減少は，神経系の部位によってかなり異なる。大脳皮質や小脳皮質では90歳までに約半分になる。脳幹は軽度である。しかし，中脳の黒質や橋の青斑核は減少が大きい。黒質は筋緊張に関係し，ここの異常変化がパーキンソン病

54　3章　身体の加齢変化

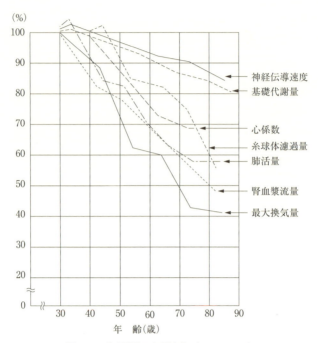

図3-3　生理機能の加齢変化（Shock, 1971）
注：30歳を100として比較する。
出典：Shock, N. W. (1971). The physiology of aging. In C. B. Vedder (Ed.), *Gerontology* (pp.264-279). Springfield, IL: Charles C. Thomas.

である。パーキンソン病では筋肉が硬直し，手がふるえ，早く歩けない。また，青斑核は自律神経の中枢で脳の血管の調節や睡眠の調節を行っている。ここの異常は，めまいや睡眠障害の原因になる（朝長，1988）。

　従来は，こうした神経細胞の減少により，単純に脳神経系の機能は低下するとみられていた。こうした見方は，神経系脱落モデル（neuronal fallout model）と呼ばれる。感覚能力や記憶能力，学習能力の低下は，こうした神経系の脱落モデルによって説明されてきた。しかし，最近の研究によると，脳の加齢は必ずしも衰退変化ばかりでなく，成長プロセスのあることが示されている。この先駆けとなったのは，ビュールとコールマン（Buell & Coleman, 1979）のパイオニア的研究である。彼らは，検死解剖中の15体から海馬周辺の脳組織の標本を採取した。これらの標本は3群に分けられる。5つの標本は，神経学的に正常な平均年齢51.2歳の中年成人からのもの。他の5つは，平均年齢79.6歳の正常な高齢者からのもの。さ

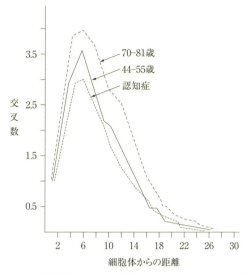

図 3-4　樹状突起の広がりの測定（Buell & Coleman, 1979）
出典：Buell, S. J., & Coleman, P. D. (1979). Dendritic growth in the aged human brain and failure of growth in senile dementia. *Science, 206*, 854-856.

らに他の5つは，平均年齢76歳の脳疾患のあった高齢者からのものであった。樹状突起の断片の平均的な長さは，正常な高齢者の脳の方が正常な中年者の脳よりも有意に長かった。また，両方とも認知症の脳よりも有意に長かった（図3-4）。このことは正常加齢では，脳の樹状突起は成長を続けているということを明瞭に示している。認知症は，こうしたプロセスの異常であり，実際，樹状突起の縮小がみられたのである。

こうした最近の神経学的研究を背景として，脳の加齢についての可塑的モデル（plastic model）が提唱されてきている。このモデルによると，神経細胞は損傷を受けたり死んだりすると，他の神経細胞がその失われた機能を引き受けるようになっている。そして，可塑的な神経細胞は新奇なものへ反応するなかで新しい樹状突起を加え，新しい連結を増やしていくと考えられている（Curcio, Buell & Coleman, 1982）。

朝長（1988）によると，記憶と関係の深い海馬では，樹上突起は数量的に若者とあまり変わらないものもみられるという。このような成長プロセスを想定することによって，脳の神経的脱落の補償のメカニズムや新しい情報処理のメカニズムをよく説明することができる（Greenough & Green, 1981）。また，こうした神経学的

可塑性にもとづくモデルは，知能の発達的変化についての心理学的モデル（Baltes, Dittmann-Kohli, & Dixon, 1984）ともよく対応している。また，正常な加齢と異常な加齢の区別を明確にするうえで役に立つ（Buell & Coleman, 1981）。つまり，神経組織には，脱落モデルに表されるような死んでいく神経細胞からなるものと，生き残り成長し続ける神経細胞からなるものとがあり，正常加齢では後者のタイプの神経細胞が人生の晩年まで優勢であるが，逆に，脳に機能障害のある人の場合は前者のタイプの脱落する神経細胞が優勢である。

しかし，このように脳神経系の加齢は，衰退変化だけでなく成長変化のあること，正常な加齢では成長変化が優勢であることがみいだされているにもかかわらず，脳の老化によって，年をとると耄碌する（senile）という根深い神話が今なお残っている。また，そうした耄碌への恐れから，わずかな精神的失敗や身体的失敗をひどく気にする風潮がある。しかし，耄碌したというほどのかなりの記憶，情緒的反応，身体機能の喪失は，もはや認知症という病気である。こうした認知症は正常老化の一部ではなく，65歳以上の15％にすぎない（Katzman, 1987）。

コラム3　フレイルとは何か

高齢期において生理的予備能力が低下し，ストレスに対する脆弱性が亢進して，不健康を引き起こしやすい状態を"Frailty"または"Frail"という。これまで"Frailty"は"虚弱"や"老衰"などと表現されることが多く，加齢によって心身が老いて衰えた状態で，不可逆的な印象を与えることが懸念された。そこで，この"Frailty"の日本語訳として，"フレイル"を使用する提言がなされたという（日本老年学会，2014年5月）。

佐竹（2015）によれば，フレイルという用語は，病気を意味するのではなく，老化の過程で生じる「自立機能や健康を失いやすい状態」を表している。老いの坂道を下る過程で，徐々に体力，気力，意欲が低下し，それにともない活動性や判断力が低下していく。そうしたさまざまな機能の低下は，体の健康を維持するバランスを失いやすくし，病気やストレスをきっかけにして，自律した生活を困難にする。「フレイル」はそのような状態を指している。したがって，フレイルは，まだ自立した生活を維持できる状態を指し，介護が必要な障害状態とは区別される。健康寿命を失いやすい状態と言い換えることができる（葛谷，2009，図3-5）。

フレイルの評価法は，さまざまな評価項目や基準があり，いまだ統一されていない。国際的にもっとも普及している方法は，フリードら（Fried et al., 2001）らのCardiovascular Health Study（CHS）基準による評価法であ

表 3-3　基本チェックリスト（厚生労働省，2006）

基本チェックリストの質問項目

1～5 までの質問項目は日常生活関連動作について尋ねています。

1	バスや電車で 1 人で外出していますか
2	日用品の買い物をしていますか
3	預貯金の出し入れをしています
4	友人の家を訪ねていますか
5	家族や友人の相談にのっていますか

6～10 までの質問項目は運動器の機能について尋ねています。

6	階段を手すりや壁をつたわらずに昇っていますか
7	椅子に座った状態から何もつかまらず立ち上がっていますか
8	15 分位続けて歩いていますか
9	この 1 年間に転んだことがありますか
10	転倒に対する不安は大きいですか

11～12 までの質問項目は低栄養状態かどうかについて尋ねています。

11	6ヵ月で 2～3Kg 以上の体重減少がありましたか
12	身長，体重

13～15 までの質問項目は口腔機能について尋ねています。

13	半年前に比べて固いものが食べにくくなりましたか
14	お茶や汁物等でむせることがありますか
15	口の渇きが気になりますか

16～17 までの質問項目は閉じこもりについて尋ねています。

16	週に 1 回以上は外出していますか
17	昨年と比べて外出の回数が減っていますか

18～20 までの質問項目は認知症について尋ねています。

18	周りの人から「いつも同じ事を聞く」などの物忘れがあると言われますか
19	自分で電話番号を調べて，電話をかけることをしていますか
20	今日が何月何日かわからない時がありますか

21～25 までに質問項目はうつについて尋ねています。

21	（ここ 2 週間）毎日の生活に充実感がない
22	（ここ 2 週間）これまで楽しんでやれていたことが楽しめなくなった
23	（ここ 2 週間）以前は楽に出来ていたことが今ではおっくうに感じられる
24	（ここ 2 週間）自分が役に立つ人間だと思えない
25	（ここ 2 週間）わけもなく疲れたような感じがする

出典：厚生労働省（2006）．基本チェックリストの考え方について　老健局老人保健課事務連絡　平成 18 年 3 月 28 日
〈http://www.mhlw.go.jp/topics/2007/03/dl/tp0313-1a-11.pdf〉

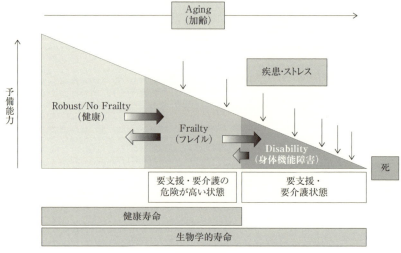

図 3-5　フレイルの概念の位置づけ（葛谷, 2009）

出典：葛谷 雅文（2009）. 老年医学における Sarcopenia & Frailty の重要性　日本老年医学会雑誌, 46(4), 279-285.

る。体重減少（shrinking/weight loss），筋力低下（weakness），疲労感（exhaustion），歩行速度の低下（slowness），身体活動の低下（low activity）の5つのうち，3つ以上に該当するとフレイルということになる。1から2つ該当する場合，"Pre-Frail"（プレフレイル）という場合もある。表3-3 は，わが国の厚生労働省が作成した自記式評価法で，2006 年の介護保険制度改正の際に導入されたスクリーニング法である。この質問表は，手段的生活活動や社会的生活活動などの日常生活関連動作，身体運動機能，栄養状態，口腔機能，閉じこもり，認知症，抑うつ気分の7領域25項目から構成されている。フリードらの CHS 評価基準と中等度の有意な相関が認められている。この質問票の評価基準に該当する場合，そうでない高齢者に比べ，1 年後の新規介護発生率が 3.8 倍高かったと報告されている（佐竹, 2015）。フレイルを予防するためには，その危険因子である慢性疾患（例：冠動脈疾患，脳血管障害，糖尿病，高血圧症，大腿骨頸部骨折，慢性閉塞性肺疾患）の既往歴やうつ徴候，食欲不振，喫煙，生活空間の狭小などの改善が鍵になると考えられている（吉田, 2015）。

4章

感覚・知覚の加齢変化

　我々が環境に適切に対処していけるのは，環境からの情報を感知し，解釈し，反応する感覚・知覚の働きをもっているからである。感覚は，外界からの物理的刺激を受容し，それを神経生理的エネルギーに翻訳する役割を担っている。また，知覚は，そのようにして神経生理的エネルギーに翻訳された感覚情報を解釈する役割を果たしている。この感覚と知覚の2つの働きが一体となって，我々は環境に正確にすばやく対処することが可能になるのである。いわば人間の情報処理の根幹をなす重要な働きで，日常活動に多大な影響力をもっている。本章では，そのような日常活動のもっとも基本的な活動という観点から，視覚，聴覚，味覚，嗅覚，皮膚感覚など五感の加齢変化についてみることにしよう。

1　視覚の加齢変化

　外界からの情報のおよそ9割が視覚によるともいわれ，視覚は，我々が環境に適切に対処していくうえできわめて重要な役割を担っている。そうした視覚も，50歳頃から衰えが目立ってくる（Jonson & Choy, 1987）。こうした加齢にともなう視覚の低下は「老視」といわれ，視覚機能のいろいろな側面に及んでくる。コスニクら（Kosnik, Winslow, Kline, Rasinski & Sekuler, 1988）によると，年をとると，文字を読んでいく視覚情報処理速度，夕暮れや薄暗いなかでものを見るための光の感受性，スクロールするテレビ画面をみるような動体視覚，小さな印字を読みとる近方視力，標識を定位する視覚的搜索などで低下がみられるようになるという。ここでは，こうした視覚機能のいくつかの側面の加齢変化をみることにしよう。

1）視力の加齢変化

　年をとると，角膜や水晶体の屈折力が変化して，遠視（老人性遠視）や乱視（遠視性倒乱視）となったり，網膜黄斑部の視細胞の感受性が低下してくる。さらに，瞳孔が縮小してくる（老人性縮瞳）。このような眼の組織や網膜の変化によって，年をとると視力（遠方視力）が低下してくる。

　遠方視力は，40歳から50歳の間に低下が始まり，その後，急速に低下する（図

60　4章　感覚・知覚の加齢変化

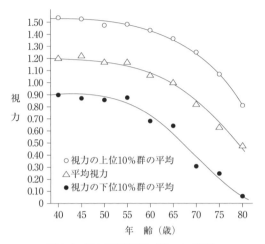

図 4-1　視力の年齢変化（Hirsch, 1959）
出典：Hirsch, M. J. (1959). Changes in astigmatism after age of forty. *American Journal of Optometry, 36*, 395-403.

4-1)。戸張（1976）によれば，高齢者の平均裸眼視力は，60 歳代後半で 0.5-0.6，70 歳代で 0.4-0.5，80 歳代で 0.3，90 歳以上で 0.2 となる。高齢者では眼鏡を使用しない裸眼視力では，日常生活になんらかの支障をきたしていると考えられる。また，高齢者の平均矯正視力は，60 歳代後半 0.6-0.7，80 歳代 0.4-0.5，90 歳以上で 0.3 である。1.0 以上の良好な矯正視力は，75 歳を過ぎると急激に減少するが，この大きな原因は老人性白内障によるものである（戸張，1984）。

　こうした遠方視力が 45 歳頃から低下してくるという横断的研究の結果はかなり一貫している。しかし，20-80 歳の 577 人の男性の矯正視力や裸眼視力の縦断的研究の結果（Gittings & Fozard, 1986）は，少し違っている。裸眼視力の低下は 30 歳代から 80 歳代にかけて低下したが，矯正視力は 70 歳代まで低下はみられなかった。近方視力も同様の結果であった。なお，こうした視力と加齢との関係は，目の病気の視力への影響とは独立とみられている。

　また，老人性縮瞳や水晶体の黄色化により光が不足しがちになるため，暗がりではよくみえなくなる。薄暮の時の視力は，若者が暗いゴーグルをつけた時の視力に相当する。網膜の照度は，70 歳までに少なくとも 3 分の 2 程度まで減少する（Spence, 1989）。したがって，日常的な仕事では，適度の照明が必要である。ただし，40 歳頃から閃光への感受性が増すため，照度と閃光のバランスを調整する必要がある（Cavanaugh, 1990）。

こうした視力の低下によって，文字を読むこと，顔や顔の表情を認識すること，視覚的情報に頼って課題を遂行すること，環境の重要な特徴を識別すること，夜間の識別などが困難になってくる（National Advisory Eye Council, 1983）。また，トラッキングのデータから，静体視力よりも動体視力の低下が著しいことが分かっている（Scialfa et al., 1988）。したがって，高速運転や夜間運転では重要な情報をキャッチする能力が低下するため注意を要する。さらに，加齢により奥行知覚が低下し，網膜上の食い違いが増加してくる（Gittings, Fozard, & Shock, 1987）。このため動体視力の低下もあいまって，家具にぶつかったり，道路のへりに躓いたり，階段から落ちたりする事故が多くなってくる。

　このように視力が低下するため，高齢者は，ややもすると自分の生活圏を縮小しがちであるが，そうすることは運動不足，ひいては健康状態の悪化を招くことにつながる。また，小さな文字が読みづらくなることによって，文字離れが起き，小さな字で書かれた新聞や本などを読まなくなる。それによって，情報が不足したり，環境の変化に疎くなったりしがちである。これは，脳の精神活動を維持していくうえからも望ましいことではない。適切な眼鏡や照明が必要とされる所以である。

2）色覚の加齢変化

　加齢にともない短波長に対する感度が低下するため，高齢者では緑－青－紫の範囲の色が見えにくくなる。こうした光に対する感受性の変化は，加齢にともなう水晶体の黄色化や老人性縮瞳により網膜の照度が低下することが原因であると考えられている。なお，黄－橙－赤の範囲の色は比較的よく見える。したがって，高齢者にとっても，交通信号の停止の色（赤）や注意の色（黄）は見分けやすいといえる。

　初期の研究では，色覚の感受性の低下は70歳代から始まり，90歳代には約半数の人が識別できなくなるということであったが，最近の研究では，色覚は90歳代まではよく保持されているという（Fozard, 1990）。ギッティングスら（Gittings, Fozard, & Shock, 1987）は，20-95歳の男性577人を対象に色覚の10年間の縦断研究を行い，色覚の加齢変化は非常に小さいことを示している。色覚の低下が観察されはじめる80歳代以上を除けば，90％以上は正確さを保持していた。ボルティモア縦断加齢研究の女性の志願者を対象とした横断研究の年齢差も同様の結果を示していた。

　ウィール（Weale, 1986）は，3原色視の色の組み合わせの最適化法やそれを用いた100色のテストを分析し，色覚には2つの側面があると結論づけている。すなわち，色覚の年齢差のデータは，1つには加齢による水晶体の選択的吸収作用の変化，特に短波長の吸収作用の変化によるものであり，いま1つは，加齢による神経

系の変化に結合した色の弁別に関連しているとしている。

3) 眼調節力の加齢変化

年齢とともに水晶体の弾性が減退して，眼調節力が低下してくる（図4-2）。調節力の減退はすでに20歳代から始まっており，加齢により顕著に低下する。近方の調節力が低下するため，遠方視力よりも近方視力が落ちる。いわゆる老眼で，手元の小さい文字を読むのが困難になってくる。遠方視力の低下はさほどでなくても，近方視力の低下が進み，手作業に影響が出てくる場合があるので注意を要する。65歳以上では，眼鏡なしでは1mより手前のものは見にくくなる。老視は屈折状態に関係なく現れるが，遠視の人は早くから手元の作業が困難となり，近視はその時期が遅れる。こうした眼調節力の低下は，原因は分かっていないが，女性の方が男性よりも3-5年早いという（Kline & Schieber, 1985）。

また，焦点が移る場合には，調節力の低下によって再焦点化に時間がかかるようになる。このため，頻繁に焦点が移る作業では，眼が疲れやすくなってくる。こう

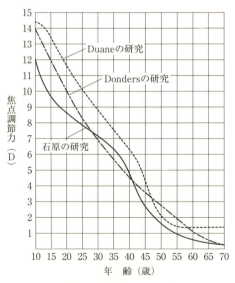

図4-2　調節力の年齢変化（松本, 1980）

注　D：Diopters. 焦点距離をメートル単位で表した数の逆数。

出典：石原（1919）の研究（日本眼科学会雑誌, *23*）; Donders（1864）の研究（*New Sydenham Society*）; Daune（1923）の研究（*American Journal of Ophthalmology, 5*）より松本（1980）が作図 Cited in; 松本 洸（1980）. 老人の感覚と知覚　井上 勝也・長嶋 紀一（編）老年学　朝倉書店

した調節力の低下をカバーするには，眼鏡やコンタクトレンズによる視力の矯正が必要になる。遠視と近視の両方が必要になる場合もあり，遠近両用あるいはバリラックスレンズで矯正する。ただし，両方の距離感をつかむのに多少時間がかかり，最初のうちは階段の上がり下りが難しいかもしれない（Selby & Griffiths, 1986）。

4）明暗順応の加齢変化

映画館のような暗いところに入ると，網膜の光に対する感受性が高まる。これを暗順応という。逆に，暗いところから明るいところへ入ると，最初はまぶしいが，徐々に網膜の光に対する感受性が低下してまぶしくなくなる。これを明順応と呼ぶ。加齢による影響は，明順応よりも暗順応においてより顕著に表れてくる。これには，瞳孔の大きさが加齢により縮小することも影響している可能性がある。暗いところでの瞳孔の大きさは，個人差も大きいが，20歳代から80歳代へかけておよそ3分の1に縮小するという（Lowenfeld, 1979）。

図4-3は，各年齢の暗順応プロセスを比較したものである。暗順応曲線は，2段階に分けられる。はじめの段階は，錘状体の順応プロセスを反映している。次の段階は，杆状体の順応プロセスを反映している。第1段階でも，第2段階でも老化がみられるが，曲線のかたちは同じなので，年齢差は機能的な差を反映しているとみ

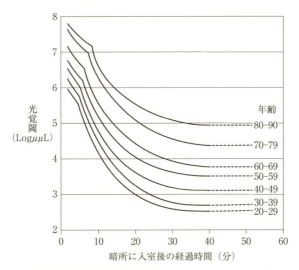

図4-3 各年齢層の暗順応過程（McFarland et al., 1960）

出典：McFarland et al. (1960). Dark adaptation as a function of age: I. A statistical analysis. *Journal of Gerontology, 15*, 149-154.

られる（入来, 1988）。アイスナーら（Eisner et al., 1987）は，光受容器（foveal receptor）の暗順応を研究し，閾値が66歳から88歳の間に増加することをみいだしている。また，順応速度は年齢による違いはなく，これはビレンとショック（Birren & Shock, 1950）の結果と同様であった。

暗順応の実生活面への影響に関する研究が，シヴァクら（Sivak, Olson & Pastalan, 1981）によって行われている。彼らは，25歳から60歳を対象に試運転コースで高速道路の標識の読みやすさを研究した。観察者が標識を読めるようになる距離で見ると，高齢者は若者の65-75%であった。また，高齢者は，夜間に標識を読むためには若者より明るさを必要としているが，逆にまぶしさの影響とまぶしさからの回復に要する時間の両方で若者より不利になるとみられている（Olson & Sivak, 1984）。こうした明暗順応やまぶしさの問題は，環境の明るさが頻繁に変化するような場合に大きくなると予想される。たとえば，それが顕著になる一つの例としては，夜間の運転で，明るいトンネル内の道路と暗い道路とが交互に何回も繰り返されるような場合である。高齢者は明暗順応が低下し，まぶしさが苦手のため，こうした夜間の運転は危険であるといえよう。

5）視覚情報処理の加齢変化

ラビット（Rabbitt, 1965）は，高齢者は不適切な刺激を無視することが困難になるため，視覚的捜索が低下するという仮説を提示した。シナーら（Shinar, McDowell, Rackhoff & Rockwell, 1978）は，不適切な情報をうまく抑制できない高齢ドライバーは，道路上の視覚捜索行動で効率が悪かったと報告している。しかし，高齢者は若者に比べて認知妨害を受けやすいとはいえず，捜索を支援する文脈的情報から同等の利益を得ることができることを示す結果も少なくない（Wright & Elias, 1979; Plude & Hoyer, 1985; Madden, 1984, 1986, 1987; Thomas, Waugh & Fozard, 1978）。

最近，目標の定位の年齢差と目標の同定の年齢差の違いが問題になっている。プルードとホイヤー（Plude & Hoyer, 1985）は，若い人ではこの2つは独立した処理であるが，高齢者の場合には絡み合っており，高齢者の視覚的捜索の低下は，目標の定位の低下によるところが大きいと論じている。サイアルファとクライン（Scialfa & Kline, 1988）は，高齢者は目標のある場所へカーソルを合わせるのは若い人よりも遅いが，高齢者は目標に類似した妨害物による誤りは若い人に比べて少ないことをみいだしている。彼らは，同定と定位は，高齢者においても若い人においても関連しているとみている。しかし，プルードらの仮説の検証には，さらなる研究が必要である（Fozard, 1990）。

2 聴覚の加齢変化

コミュニケーションにかかわる情報のかなりの部分が，聴覚に依存している。聴覚の低下は，30歳代から徐々に始まり，50歳代から加速されてくるといわれている。こうした加齢にともなう聴覚の低下は「老聴」といわれ，音を感受し，解釈する能力など聴覚機能のいろいろな側面に及んでくる。ここでは，聴覚機能のいくつかの側面の加齢変化をみることにしよう。

1) 純音聴力の加齢変化

人間は20Hz-20KHzの音波を聞くことができるが，人間のコミュニケーションでよく使われるのはおよそ250Hz-8KHzの間である。また，人間の音声は，ソプラノは1,000Hzにもなるが，通常は，120-600Hzの間といわれている。ピアノのもっとも高い音で4,100Hz程度である。そこで，聴力の加齢変化は，そうした音域の純音を聞かせて，その聴力損失値をテストする方法で調べられる。

図4-4に示すように，40歳を過ぎると，高音域から徐々に聴力低下が表れてくる。50歳代では，3KHz以上の周波数に著明な低下がみられる。さらに，年齢が進むと，高音域での低下がますます著明になるとともに，低音域の聴力低下も進行する。一方，フォザード（Fozard, 1990）は，縦断的研究の結果をふまえて，聴力は成人期を通して連続的に変化するとしている。それによれば，8KHzの高音域では1年に約1dB低下する。また，500Hz，1KHz，2KHzといった言語音域では，60歳過ぎまではおよそ1年に0.3-0.4dBの低下であるが，その後は大きくなり，

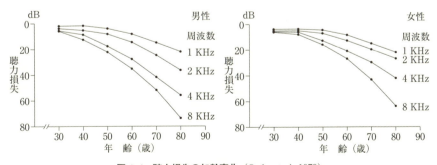

図4-4 聴力損失の加齢変化（Ordy et al., 1979）

出典：Ordy, J. M., Brizzee, K. R., Beavers, T., & Medart, P. (1979). Age differences in the functional and structural organization of the auditory system in man. In J. M. Ordy, & K. R. Brizzee (Eds.), *Sensory systems and communication in the elderly*. New York, NY: Raven Press.

80-95歳では1.2-1.4dBに達するという。

聴力損失の個人差も，年齢が進むにつれて次第に大きくなり，高音域ほど著明である（笹沼，1988）。また，高音域の聴力低下は，男子の方が女子に比べ著しい（Lebo & Redell, 1972）。ただし，言語音域の聴力低下が30dBを越えるまでは，日常生活に支障をきたすほどではない。立木（1986）によれば，日常生活に支障をきたすほど聴力低下している人は，60歳以上で出現し始め，80歳代で約半数に達するという。

2) 語音識別能力の加齢変化

日常生活の場合には，人の話を聞いたり，対話したりするうえで言葉を正しく聞き取れるかという語音弁別能力が重要となる。音声の弁別や認知の能力は，特に50歳頃から低下してくる（Olsho, Harkins, & Lenhardt, 1985）。高齢者は，大きくて低い男性の話は比較的聞き取りやすいが，小さくて高い女性の話は聞き取りにくいといわれる。さらに，相手の話すスピードや周囲の騒音の影響が大きい。相手が早口であったり，背景で競合する音声がしている場合など，騒音があるとますます音声の認知は低下する（Bergman, Blumenfeld, Cascardo, Dash, Levitt, & Margulis, 1976）。80歳代までに，会話の4分の1程度の言葉が識別できなくなるとみられている（Feldman & Reger, 1967）。こうした研究では，異なる年齢の対象者の純音聴力は調整してあるので，語音弁別能力の低下はたんなる音に対する感受性のレベルではなく，言語の知覚レベルでも大きな低下があることを示すとと考えられる（Fozard, 1990）。

3) 老人性難聴

広義には難聴を自覚し，聴力テストにより聴力障害が認められた高齢者が老人性難聴の範囲に入る。しかし，高齢者にみられる難聴がすべて老人性難聴というわけではない。切替・野村（1982）は，生理的な老人性難聴の平均的な低下をはるかに上回る聞こえの悪い高齢者にみられる難聴を，本態的老人性難聴として区別している。これらは，後天的な耳疾患や身体臓器の疾患に合併した難聴，騒音などで生じた外因性難聴などが加わっているとみられる。

老人性難聴になり聞こえが悪くなると，日常生活面にもいろいろと支障が出てくる。たとえば，電話や玄関の呼び鈴(りん)が聞こえない，隣近所の人からラジオやテレビの音が大きいと苦情を受ける，といった問題が起きたりする。また，相手の話がボソボソと聞こえて，繰り返し言ってもらわないと分からない，人混みのなかなど雑音があると相手の話が聞き取りづらい，つい話声が大きくなってしまう，といったコミュニケーション上の影響をもたらす（Selby & Griffiths, 1986）。

さらに，このように日常会話に支障が出てくるために，老人性難聴は，しばし

ば，自立性の減少，社会的孤立，いらいら，パラノイア，抑うつなどの情緒的反応を引き起こす原因の一つになる（Cavanaugh, 1990）。アイスドルファー（Eisdorfer, 1960）が老人の感覚機能減退者を対象にロールシャッハ・テストを行った結果によると，聴覚障害者は引っ込みがちとなり，心的硬さも増加するが，視力障害者にはこのような現象はみられなかった。さらに，人格の統合の程度は聴覚障害者の方がより劣っていたと報告している。要するに，感覚・知覚の老化，特に，聴覚の低下は高齢者の性格変容の一因にもなりうるという点に留意する必要があろう。

それゆえ，高齢になって聴力が低下してきたら，補聴器を使う，相手の顔をよく見て，唇の動き（読唇術），顔の表情，身ぶりなどを手がかりとする，聞きづらいときは遠慮せず繰り返してもらう，声を低くし，ゆっくり，はっきりと話してもらう，などの対応が必要となる（Selby & Griffiths, 1986）。

3 味覚の加齢変化

味覚には，甘酸塩苦という4つの基本感覚がある。こうした味覚は，味蕾という味細胞の集まりで感受される。味蕾は，加齢とともにその数が減少してくる。このため，4つの基本感覚とも年齢とともに閾値が上がり，50歳を過ぎると急激に感受性が低下する傾向がみられる（Cooper, Bilash, & Zubek, 1959）。ただし，必ずしも一様ではなく，75-89歳の高齢者では15-29歳の若年者に比較して，塩味の閾値の上昇が約4倍に上昇しているのに対し，酸味の閾値はあまり上昇していない（図4-5）。

また，甘味の感受性は，加齢によりあまり変化しないという報告もある。甘味の溶液濃度を高くするにつれて，高齢者と若者の差はなくなるという（Bartoshuk et al., 1986）。こうした実験室での薄い溶液に対する感受性は，日常の食べ物における濃い溶液に対する感受性とはほとんど関係ないという指摘もある。少なくとも，臭覚に比べて味覚は驚くほどよく保持されているという（Bartoshuk & Weiffenbach, 1990）。

一方，こうした加齢にともなう塩味や酸味の閾値の上昇には，薬の服用の影響が少なくないことが示唆されている（Spitzer, 1988）。血圧降下剤を服用している人は，正常な血圧の人に比べて塩味の閾値が有意に高い。また，他の薬を服用している人も，まったく薬を服用していない人の3倍の溶液濃度にならないと塩味を感知できなかったという。しかし，まったく薬を服用していない人においても，ある程度，味覚の低下が認められる。このほかに，性別，喫煙習慣，歯の状態（義歯等）

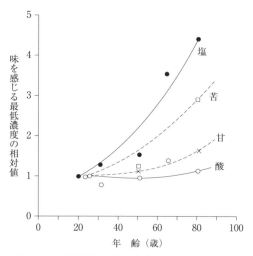

図 4-5　味覚閾値の加齢変化（Cooper et al., 1959）
出典：Cooper, R. M., Bilash, I., & Zubek, J. P.（1959）. The effect of age on taste sensitivity. *Journal of Gerontology, 14*, 56-58.

などが加齢による味覚の低下に関連する可能性があるとみられている。

　ところで，味覚によって起こる快・不快の情動は，食物の栄養摂取に影響を及ぼしており，味覚は栄養維持のうえで重要な情報である（鈴木，1989）。味覚の閾値が上昇するため，高齢者は概して濃い味のものを好む傾向があるといわれている。しかし，味覚を強く刺激する食物や調味料を過度に使うのは栄養上問題である。また，味覚の低下により，高齢者は，これまでのように食べ物がおいしく感じられなくなり，その結果，食欲が低下し栄養状態が悪くなるともいわれている。

　しかし，食べ物の楽しみは，味覚だけではなく，味，香り，色，温度，歯触りなどいろいろな要素が結合されたものである。高齢者は味覚で味わうよりも，目で味わったり，雰囲気で味わったりというように，味覚以外のものを加味して味わうことが多くなるといわれる（長嶋，1990）。また，老人の食事への不平は味覚のせいばかりではなく，心理社会的な問題や病気の治療薬の影響も考えられる。食事は一人で食べるよりは，誰かと会話しながら食事した方が美味しく，またバランスのとれた食事ができるのである（Cavanaugh, 1990）。

4　嗅覚の加齢変化

　嗅覚は鼻粘膜にある嗅細胞で感受される。嗅細胞も加齢により減少する。そのため，嗅覚も老化により閾値が上昇し，香りに対する感受性は年齢とともに低下する。オルファクトメーターという器具を用いた基準化された臭覚テスト法が開発されており，加齢変化について調べられている。各年代ごとに 10 種類の臭素の嗅覚閾値を調べると，年齢とともに閾値が上昇し，50 歳以降で顕著になる。ただし，必ずしも一様ではなく，樟脳臭，酸臭の閾値は加齢とともに上昇するのに対し，花の臭い・焦げた臭い・糞臭などは 40 歳より，腐敗臭は 60 歳より閾値が上昇するという（塩川，1975）。

　嗅覚の変化の心理面・生活面への影響は，食事，安全性，全体的快適経験と広い範囲に及んでいる。嗅覚情報は，食べ物を楽しむうえでの重要な要素であるだけでなく，なつかしい過去の生活を想い出させてくれたりもする。一方，嗅覚は，異臭から環境の異変に気がつき危険を避けたりするうえで重要な役割を果たしている。しかし，加齢とともに，臭いの刺激性が低下し，異臭や不快な臭いも識別にくくなってくるという（Bartoshuk & Weiffenbach, 1990）。また，高齢者には無嗅覚者が多く，しかも，そのことを自覚している者が少ないといわれる（長島，1990）。そのため，体臭，口臭などの不快感を自覚しておらず，それによってしばしば社会的相互作用に影響を及ぼすこともある（Whitbourne, 1985）。

　嗅覚の低下は，必ずしも生理的な加齢によるものばかりではなく，しばしば病気と関係がある。初期のパーキンソン病では，臭いを検出したり識別したりする能力が低下するという（Doty, Deems, & Stellar, 1988）。また，初期のアルツハイマー病でも臭いの識別能力が低下するが，臭いの検出能力は低下しない（Koss et al., 1988）。アルツハイマー病の場合には，臭いが検出された後の嗅覚情報の処理に問題があると推測されている。

5　皮膚感覚の加齢変化

　皮膚感覚には，触覚・圧覚，振動感覚，温度感覚（温覚，冷覚），痛覚などがある。

1）触覚の加齢変化

　触覚は皮膚に機械的刺激を加えたときに起きる。触覚の閾値はフォン・フライの刺激毛などを用いて調べられる。触刺激に対する感受性は，毛で厚く覆われた身体

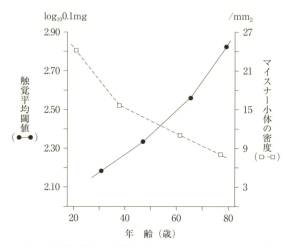

図 4-6　触覚閾値の加齢変化（Thornbury & Mistretta, 1981）
出典：Thornbury, J. M., & Mistretta, C. M. (1981). Tactile sensitivity as a function of age. *Journal of Gerontology*, 36, 34-39.

領域では高齢者においても変わらないが，手掌とか手指では加齢にともない低下する（Whitbourne, 1985）。エクセルロードとコーエン（Axelrod & Cohen, 1961）は，手掌と母指で，ソーンベリーとミストレッタ（Thornbury & Mistretta, 1981）は，人差し指で，それぞれ触覚閾が加齢とともに上昇することを報告している（図4-6）。触覚の感受性低下は，皮膚の弾力性低下や触覚の感受に重要なマイスナー小体の加齢による減少によるとみられている（Thornbury & Mistretta, 1981）。

2）振動感覚の加齢変化

振動感覚は，音叉や一定周波数で振幅が変化する機械を用いて測定される。60Hz 以下の振動はマイスナー小体，60Hz 以上の振動はパチニ小体により受容される。振動の周波数によって，加齢の影響が異なる。25Hz の低周波数では加齢による差が認められないが，250Hz の高周波では加齢にともない閾値が上昇する（Verrillo, 1982）。加齢による振動感覚の低下は，50 歳から 70 歳の間に著明になる。また，振動感覚の感受性は手指など上肢では比較的よく保持されるのに対し，足指など下肢で低下が著しい（Cosh, 1953; Perret & Regli, 1970; Skre, 1972; 図4-7）。

3）温度感覚の加齢変化

皮膚表面には温点と冷点の 2 種類があり，温度感覚にも温覚と冷覚とがある。温度感覚も加齢にともない低下するが，冷覚よりも温覚の低下の方が著しい。高齢者

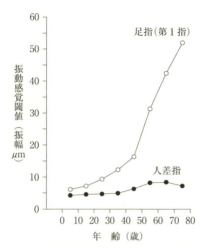

図 4-7 振動感覚閾値の加齢変化 (Cosh, 1953)
出典：Cosh, J. A. (1953). Studies on the nature of vibration sense. *Clinical Science, 12,* 131-151.

の場合，温度感覚は鈍くなる反面，温度変化に対する体温調節反応が低下するため，日射病による脱水症状，低体温症，低温火傷などにかかりやすい（Cavanaugh, 1990）。

4）痛覚の加齢変化

痛覚は，侵害性の刺激によって起こる感覚で，身体の危険を知らせる重要な情報である。痛覚は自由神経終末である痛覚受容器で感受される。加齢により，痛点数は減少し，皮膚の痛覚の閾値は上昇するとみられる高齢者では，痛みの閾値が，12-25％高まると報告されている（Corso, 1971）。しかし，研究結果は必ずしも一致していない。この理由は，痛みが侵害受容器によって起こるたんなる感覚ではなく，民族的背景，社会経済的状態，動機づけ，態度，情動，信念，暗示，先行経験，痛覚刺激への注意，パーソナリティなど，多くの要因の影響を受けるためと考えられている。たとえば，不安が高い人や神経質な人は痛覚刺激に対する感受性が高く，痛み耐性が弱いのに対し，禁欲主義的な人は概して痛み耐性が高いという（Whitbourne, 1985）。

そこで，たとえば，このような痛覚に影響を及ぼすさまざまな要因をできるだけ除くために，性別，人種，社会経済的状況が同質の集団を用いた研究も行われてきた（Schluderman & Zubek, 1962）。その結果によると，一定量の熱刺激により痛覚を起こすまでの時間は，40歳前半までは比較的一定で，その後急激に延長した

という。50歳頃から皮膚の痛覚は鈍化するとみられる。しかし，高齢者は若者に比べて痛みを感じないとはいえない。痛みは，たんなる皮膚の痛覚の問題だけでなく，不安，パーソナリティなど認知的要因が複雑に関与しているためである。また，実験室の結果は，日常の痛みとは必ずしも関係しない。なぜなら，実験室では，痛みは一過性のものであることを知っており，実験参加者はさほど不安を感じていないからである（Verrillo & Verrillo, 1985）。

一方，ベルヴィルら（Bellville et al., 1971）が外科手術後の患者に一定量のモルヒネあるいはペンタゾシンなどの鎮痛薬を与え，その際の鎮痛効果を調べたところ，いずれの薬も高齢者で鎮痛効果がより強いことが分かった。鈴木（1989）は，鎮痛効果の差は薬物の吸収量や代謝などの違いによるものではないとみられていることから，中枢神経系内にある痛みの抑制系が高齢者では働きやすくなっている可能性を示唆している。

コラム4　高齢者の不慮の事故

図4-8は，わが国における不慮の事故による死亡率を性別年齢別に示したものである。70歳代以降に急激に増加し，女性よりも男性に多い。また図4-9は，事故の発生の多い交通事故，転倒・転落，溺死，窒息，火災，中毒の6種類について，年齢別死亡率をみたものである。中毒が20歳代-40歳代で75歳以上と同じくらいの発生率である以外は，他の5種類の不慮の事故はすべて高齢期が圧倒的に多いことが明らかである。とくに75歳以上の後期高齢者になると顕著に増えている。

高齢者の自動車の運転事故についてはこれまで感覚知覚や注意機能の低下の観点から研究が行われてきた。バレットら（Barret, Alexander & Forbes, 1977）は，知覚的方略，選択的注意，反応時間の3つが事故を理解するうえで重要な変数であるとしている。ラッコフとマーラント（Rackoff & Mourant, 1979）は，高齢者は視覚的捜索が若者よりも低下しており，運転中の重要な情報を取り出すのに時間がかかることを明らかにしている。また，高齢者は夜間運転が不利である。昼間は若者と同じでも夜になると視力や明暗順応，ヘッドライトに対する感覚が落ちるためである。このほか，高齢ドライバーは，薬の副作用，アルコール常用が眠気や注意散漫を引き起こす要素も無視できないといわれている（Cavanaugh, 1990）。

佐藤・島内（2011）は，わが国の高齢者の交通事故がこれだけ多くなる背景として，高齢化により自動車を必要とする高齢者が増えていることをあげている。さらに，75歳以上の高齢者で急増しているが，後期高齢者において認知

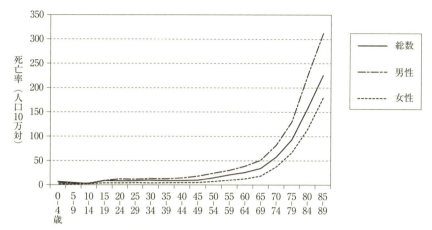

図 4-8 不慮の事故による死亡率の年齢差と性差（厚生労働省，2009）
出典：厚生労働省大臣官房統計情報部「平成21年度『不慮の事故死亡統計』の概況」

症患者が増えることとの関連を指摘している。しかし，高齢者のなかには，経験による熟達化により高度の運転技術を保持し，自尊感情につながっている人もいる。もとより，自動車の運転が必要となる個々人の理由もある。したがって，年齢で一律に運転免許の返還を求めるのではなく，運転の必要性，感覚・知覚機能，注意機能，認知能力，運転技術，自尊心などを個別に点検・評価する仕組みが必要である。

他方，家庭で多い事故は，転倒，火傷などである（Sternsら，1985）。転倒事故の原因は，平衡感覚と運動調節，視力の低下によるところが大きい。それゆえ，転倒事故の予防には，「すべての階段を照明し，階段の上と下にスイッチをつける」，「階段の両サイドに頑丈な手すりをつける」，「階段の絨毯の折り返しのところを鋲でとめ，滑りどめを使う」，「滑りそうな敷物を取り除く」，「邪魔にならないように家具や障害物を配置する」，「浴室の壁に手すりをつけ，浴槽には滑りどめのマットや板を使う」などの対策が必要である（Cavanaugh，1990）。色覚の感受性の低下による火傷も気をつけなければならない。ガス台の青い火が見えにくいことが原因で調理中に服の袖に着火して火傷することがある。また，嗅覚の低下のために，焦げた臭いに気づかず，火災になってしまうこともある。

このほか，わが国では，入浴中の溺死が多い。これは，高齢者は「熱い風呂」に入ることで急激に高くなった血圧が，身体が温まると今度は急速に下がって意識を失い，そのまま湯に浸り続けることで熱中症を起こして死に至ると考えられている。のどを餅などで詰まらせる窒息事故も後をたたない。これ

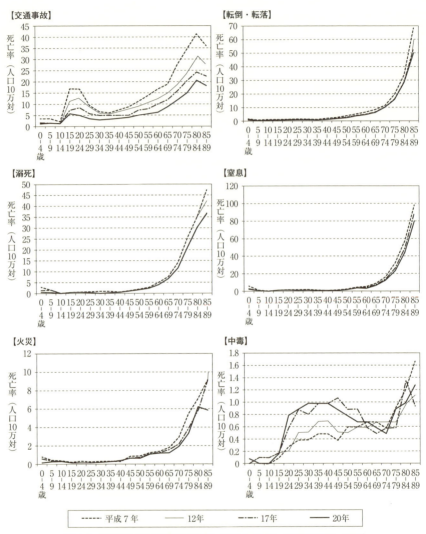

図 4-9　不慮の事故の年齢別発生数（平成 7-20 年）（厚生労働省，2009）
出典：厚生労働省大臣官房統計情報部「平成 21 年度『不慮の事故死亡統計』の概況」

は，加齢による飲み込み機能の低下が影響していると考えられる。また，肺炎は日本人の死亡原因の第 3 位に上昇しているが，誤嚥性肺炎で命を落とす人が増えているためとみられている。

なお，事故による重傷は年齢が上がるほど増加する（Dillingham, 1981; Root, 1981）。高齢者の場合に重傷になるのは，生物学的・生理学的快復力が低下するため快復に長期間かかるためと推測されている。ホグ（Hogue, 1982）によれば，高齢者は若い人より怪我の率は低いが，死亡したり，病気になってしまう率が非常に高い。他の年代のグループに比較すると，怪我から死亡に至る率は2倍であり，活動が制限されたり，ベッドに拘束されてしまう日数は3倍にものぼってしまうという。

5章 記憶・学習の加齢変化

　我々は，過去経験から適切な情報を引き出して，現在の状況に適切に対処したり，未来の計画を立てたりしている。もし，現在の状況や将来の行動のために用意された過去の適切な情報が，いざ必要なときにみつからないとしたら，たいへん困ったことになる。そのため，各個人の内部にあって，過去経験からの情報を貯蔵したり，必要に応じて適切な情報を検索したりして，現在とのギャップを橋渡しする働きが記憶である（Gregg, 1986）。また，学習は，そうした記憶に情報を送り込む働きであるといえる（Baddeley, 1982）。

　年をとると，物忘れや記憶違いが多くなるとか，昔のことはよく覚えているが，最近のことがよく覚えられなくなるとかいわれる。本章では，そうした人間の記憶能力や学習能力の加齢変化についてみていくことにしよう。

1　記憶の情報処理モデル

　人間の記憶のアナロジーは，いろいろと考えられてきたが，今日では，コンピュータにもとづく情報処理モデルが主流となっている。情報処理モデルでは，学習や記憶をすべて登録（registration），符号化（encoding），貯蔵（storage）および検索（retrieval）などの情報処理過程の用語で説明し，学習者を作動している情報処理装置としてとらえる。

　図5-1は，このアプローチの典型的な例である。記憶は，一連の貯蔵（庫）だと考えられ，個々の貯蔵庫が情報処理の異なった段階を表している（Atkinson & Shiffrin, 1971）。新たな情報は，感覚を通じて1秒以内に感覚貯蔵庫にとりこまれる。この感覚貯蔵に対応する記憶が感覚記憶（sensory memory）である。たとえば，暗い部屋のなかで火のついたタバコを動かすと，その軌跡が残るので文字を書いて読ませることができる。これは視覚記憶（iconic memory）が視覚情報を短時間保持することができる例である。

　情報は，感覚貯蔵庫のなかで，基本的な同定作業を受け符号化された後に，言語的成分のかたちで短期貯蔵庫（short term stores; STS）へ移される。短期貯蔵

78　5章　記憶・学習の加齢変化

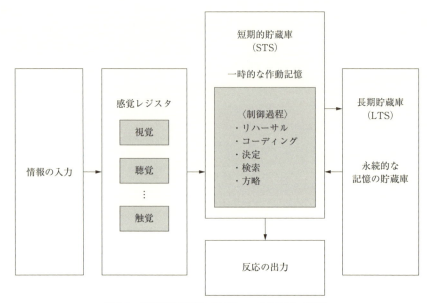

図 5-1　二重貯蔵モデル（Atkinson & Shiffrin. 1971）
出典：Atkinson, R. C., & Shiffrin, R. M. (1971). The control of short-term memory. *Scientific American*, 225 (2), 82-90.

は，注意を払う情報や，その情報の処理の仕方を決定する一方，過去のどの情報を取り出すか決定しており，記憶システムの制御活動を司っている。

　短期貯蔵庫には，ほんの限られた量の情報しか蓄えておけない。この容量のことを記憶範囲（memory span）という。数唱法（ランダムに並べた数字を見聞きした直後に，提示された順序通り復唱し，正解の個数を計測）によると，一般的には数唱の範囲は7個（±2）である。この短期貯蔵に対応する記憶が短期記憶（short term memory）である。この記憶は，数秒からせいぜい数分で消失する。たとえば，誰かに電話で連絡をとるために，手帳にメモした電話番号を読みとって，それが記憶から消えないうちにプッシュボタンを押すといった類の記憶である。すなわち，情報が使われているうちは，まだ記憶に残っているような短期の容量の限られた貯蔵庫に蓄えられる記憶のことを短期記憶という（Poon, 1985）。

　短期貯蔵庫から情報はリハーサルや，そうでなければイメージ化など他のなんらかの符号化プロセスによって長期貯蔵庫（long term stores; LTS）に送られる。長期貯蔵庫に送られた情報は，多かれ少なかれ，永続的に保持されると仮定されている。こうした長期貯蔵庫に対応した記憶が長期記憶（long term memory）であ

る。長期記憶は，情報を貯蔵することにもっぱら関与しており，この点では，情報を貯蔵することを本質的な特徴としていない感覚記憶や短期記憶とは対照的である（Baddeley, 1982）。

長期記憶は，その情報の内容によって手続き的記憶と宣言的記憶に分けられる（Squire, 1987）。手続き的記憶とは，物の操作や扱い方についての具体的な手順に関する記憶である。一つひとつの技能についての記憶を意識的に想起して用いるのではなく，一連の記憶が統合されたかたちで定着したものになる。たとえば，車の運転，楽器の演奏，機械の操作などが含まれる。宣言的記憶は，言語やイメージにより記述できる事実に関する記憶である。宣言的記憶は，エピソード記憶と意味記憶の2種類に分けられる（Tulving, 1972）。

エピソード記憶とは，個人が経験した出来事についての記憶である。たとえば昨日なにをしたかとか最後に映画に行ったのはいつか，といった個人的な経験事象の符号化，貯蔵，検索に関連するものである。エピソード記憶は，常に，その事柄が生じた時間的，空間的文脈に関する情報を含んでいる。それに対して，意味記憶とは，文脈とは関係なしに貯蔵された知識の貯蔵庫である。このような知識は，単語の意味とか，地理的・歴史的事実にもとづく情報，物理学の基本的法則などを含んでいる。

2　記憶の加齢変化

1) 感覚記憶の加齢変化

ショーンフィールドとウェンガー（Schonfield & Wenger, 1975）は，瞬間露出器により1字から5文字まで文字配列を変化させ，正しく認知するのに必要な時間を測定した。20歳代の若年群や40歳代の中年群に比べて，60歳代の高年群の認知閾は4文字から5文字にかけてかなり時間が増加した。彼らは，こうした視覚記憶における加齢変化は，一度に知覚できる範囲，すなわち感覚記憶の容量が加齢とともに減少するためとしている。

セレラら（Cerella et al., 1982）は，文字を7つ並べた刺激の提示時間を変化させ，感覚記憶から情報を取り出す速度の測定を行った。それによると，若年群は，平均して1文字読むのに27msec必要で，提示時間を増やしても3文字読むのが限界であった。それに対して，高年群は，平均して1文字読むのに35msecかかり，2文字が限界であった。彼らは，このことから，加齢により感覚記憶の容量も，感覚記憶から情報を取り出す速度も低下すると指摘している。

このように実験的な閾値測定によれば，感覚記憶は加齢により低下することが分

80　5章　記憶・学習の加齢変化

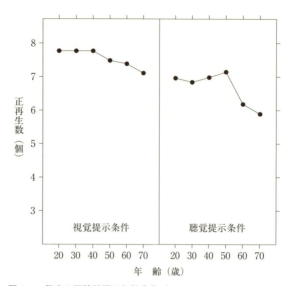

図 5-2　数字の記憶範囲の加齢変化（Botwinick & Strandt, 1974）
出典：Botwinick, J., & Strandt, M.（1974）. *Memory, related functions, and age*. Springfield, IL: Charles C. Thomas

かる。しかし，日常生活では，感覚記憶の刺激の露出時間は十分であるとみられるため，感覚記憶の加齢による低下の影響はほとんど無視できると考えられる。それゆえ，生活レベルからみた記憶の加齢による低下の主因は，感覚記憶のレベルではなく，より高次の記憶システムにあると考えられる（矢富，1980）。

2）短期記憶の加齢変化

短期記憶の研究では，記憶範囲テスト（memory span test）といって，種々の長さの数系列，文字系列などを1字ずつ継時的に1回提示して直後に順序通りに再生させ，誤りなく再生できた最長の系列の長さを記憶範囲とする方法がしばしば使われている。図5-2は，代表的なボトウィニクとストラント（Botwinick & Strandt, 1974）の結果を示したものである。それによると，数字を視覚提示した場合には，20歳代と70歳代でほとんど差がない。視覚的提示よりも聴覚的提示の方が加齢の影響が大きい傾向があるが，それでも，70歳代で20歳代の10%程度の減少にとどまる。

一方，同じ短期記憶でも，複数の刺激に対して，注意を分割するような課題を用いると，年齢差のみられることが報告されている。短期記憶の情報に操作を加える記憶のスペースを作動記憶（ワーキングメモリ）と呼ぶ。

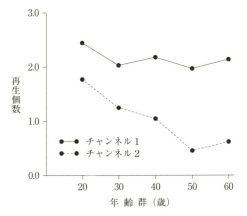

図 5-3　各チャンネルの再生数（Inglis & Caird, 1963）
出典：Inglis, J., & Caird, W. K. (1963). Age differences in successive responses to simultaneous stimulation. *Canadian Journal of Psychology, 17*, 98-105.

図 5-3 は，代表的なイングリスとケアード（Inglis & Caird, 1963）の結果を示したものである。それによると，最初のチャンネルでは年齢による再生数に差がないものの，2番目のチャンネルでは年齢とともに再生数が減少した。この結果は，注意を向けたチャンネルの項目は，言語的短期貯蔵庫へ直接入力され，そこから再生され，注意を向けなかったチャンネルの項目は前注意的貯蔵庫内に保持され，そこから再生されるためと解釈されている。最初のチャンネルの再生に年齢差がみられないのは，言語的短期貯蔵庫における符号化と検索能力に加齢の影響がないためとみられている。それに対して，2番目のチャンネルに加齢の影響があるのは，年齢の増加とともに前注意的短期貯蔵庫からの情報損失が大きいためか，あるいは，年齢の高い者ほど，内的な情報源の間で注意の切り替えが遅くなるためと考えられている。

3）長期記憶の加齢変化

長期記憶の加齢変化は，再生（recall）や再認（recognition）の実験によって検討されてきた。再生とは，まったく手がかりなしに可能なかぎり思い出すことを要求されるようなテストで測定される記憶のタイプである。それに対し，再認とは，いくつかの選択肢のなかから正答を選択することが要求されるようなテストで測定される記憶のタイプである。再認は比較的わずかな検索プロセスを含むにとどまると仮定されるので，正しい再認の確率を符号化の確率の指標として用い，また自由再生は符号化と検索の両方を含んでいると考えられるので，正しい自由再生の確率

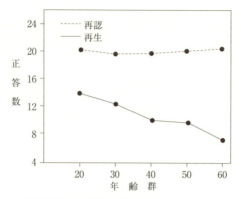

図5-4 再認と再生の加齢変化（Schonfield & Robertson, 1966）
出典：Schonfield, D., & Robertson, B. A. (1966). Memory storage and aging. *Canadian Journal of Psychology, 20*, 228-236.

は検索の指標として用いることができる（Perlmutter, 1986）。

①**記銘と想起**：加齢による長期記憶の低下は，記憶する情報を記銘するプロセス（符号化）で生じるのか，それとも想起する段階（検索）で生じるのか。ショーンフィールドとロバートソン（Schonfield & Robertson, 1966）は，24個の単語リストを提示し，その後，再生テストと再認テストで，年齢差を比較した。なお，再生テストは自由再生，再認テストは，テスト項目が4個の妨害項目と同時に提示される強制選択課題であった。結果は，再生テストでは大きな年齢差がみられたが，再認テストでは年齢差はみられなかった（図5-4）。彼らは，再認テストでは年齢差が生じず再生テストで年齢差が生じることから，加齢による長期記憶の低下は符号化プロセスではなく，検索プロセスの障害によって生じると主張した。

ローレンス（Laurence, 1967）は，記銘の時点，検索の時点でそれぞれ手がかりを与える記銘や検索を容易にした結果，検索時に手がかりを与えた条件のみ，高齢者の成績が若年者に近い水準まで改善された。そこで，高齢者の記憶機能の低下は検索プロセスのなんらかの障害によることを示唆している。クレイクとマサニ（Craik & Masani, 1969）は英文への近似度がさまざまに異なる単語系列の再生により，またハルチュ（Hultsch, 1975）はカテゴリ化された単語系列の自由再生と手がかり再生により，同じ結論を得ている。しかし，テストを十分に難しくした場合には，再認テストにおいても年齢にともなう成績の低下がみられることが報告されている（Erber, 1974）。グレッグ（Gregg, 1986）によれば，研究結果の多少の食い違いを考慮すると，加齢にともなう変化は，符号化プロセス（獲得）でも検索プロ

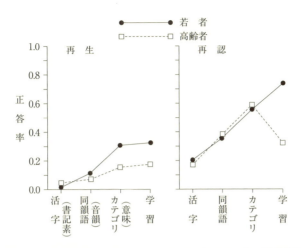

図5-5 偶発および意図学習手続きを行った高齢者と若者の再生，再認成績 (Craik, 1977)
出典：Craik, F. I. M. (1977). Age differences in human memory. In J. E. Birren, & K. W. Schaie (Eds.), *Handbook of the psychology of aging*. New York, NY: Van Nostrand Reinhold.

セスでも生じると考えるのが妥当なようである。

②資源と方略の限界：こうした加齢による変化は，利用できる処理資源が減少したために起きたのか，それとも利用できる資源はありながら十分利用できないために起きるのか。ヒューリッカとグロスマン（Hulicka & Grossman, 1967）は，対連合学習場面で特別の教示をしない条件と媒介の使用を指示する条件とを比較した。特別の教示の与えられない条件では，高齢者は若年者に比べて媒介を自発的に使用することが少なく，また媒介として使用するのは言語的連想でありイメージの使用は少ないことがみられた。また，媒介の使用を指示する条件では高齢者は若年者よりも大きな改善を示した。したがって，高齢者は媒介を利用できる資源はありながら，その使用を指示されなければ自発的に利用することが少ないといえる。

クレイク（Craik, 1977）は，3つの偶発的学習条件（書記素，音韻，意味）と1つの意図的学習条件のもとで，再生と再認を測定した（図5-5）。それによると，再認では意図的学習条件で高齢者の成績が劣っていた。これは，偶発的学習による符号化処理を方向づけられた他の3条件では差がないので，高齢者が深い水準での符号化処理を自発的に行わなかったためと考えられている。なお，再認では，高齢者も方向づけられれば深い符号化処理も可能である。また，再生では意味的処理条件と意図的学習条件で高齢者が劣っていた。再生での結果は検索障害によるものと

考えられている。要するに，高齢者は符号化（獲得）においても，検索においても自発的に適切な方略をとることができないとみられる（Gregg, 1986）。

年をとると，体制化方略の利用においても不得意になることが示されている。体制化方略とは，たとえば一組の事柄をおぼえる場合にも，それらの間につながりをつくっておくと，1つ思い出すことが他のものを思い出す手がかりになるのでおぼえやすい，といった方法をさす。ローレンス（Laurence, 1967）は，12個の単語からなる2種類のリストを提示した。一方は1つの概念カテゴリーに由来する単語からなり，もう一方は異なるカテゴリーに由来する単語からなる。単一の概念リストは年齢差が小さく，無関係リストは年齢差が大きいことを示している。これは，高齢者が情報を獲得したり検索したりする段階で体制化を利用できることを示唆している。

ハルチュ（Hultsch, 1971）は，52個の単語を2回同一の分類に達するまで分類させた後，単語の再生テストを課した。その結果，分類課題では年齢差が示されないにもかかわらず再生課題では年齢差が示された。これらの結果は，年をとると体制化されていない情報を獲得したり検索したりするのが苦手になることを示唆している。特に，再生テストにおいては苦手である。しかし，体制化方略を用いるように教示されると，成績は著しく改善される（Smith, 1980）。

これらの研究は，年をとると，媒介の利用や体制化方略の自発的利用などの処理資源の利用機能が低下することを示唆している。一方，高齢者もそうした処理資源を利用することは可能であり，そうした処理資源を利用すれば，若年者の水準に近づけることも可能であることを示唆している。そうした意味では，高齢者の長期記憶における機能はなお柔軟性，操作性があり，流動性知能の訓練同様，記憶能力も適切な訓練によって改善する余地があるといえよう（Treat, Poon & Fozard, 1981）。

また，バレットとライト（Barrett & Wright, 1981）は，そうした訓練効果は見慣れた材料を用いると一層大きいことが報告されている。彼らは，高齢者向けと若者向けの単語リストを構成し，それらを偶発学習させてから再生を求めた。その結果，若者向け単語は若年群が多く再生し，高齢者向け単語は高年群の方が多く再生した。彼らは，年齢相応な単語は実験参加者にとってより豊富な意味をもち，より精緻な処理がなされるためであると結論している。パールムッター（1989）も，高齢者は見慣れた情報に対処していく場合はいつも成績が良く，見慣れた情報ではまず第一に高齢者のやる気が増大している点を指摘している。これらの研究から，見慣れた情報から構成されている多くの日常的な課題の場合には，見慣れぬ情報から構成されている実験室的課題に比べて，加齢による記憶の低下はさほど大きくない

ことが示唆される（Cavanough, 1990）。

4）永続的記憶の加齢変化

長期記憶のなかでも半永久的ないし非常に長期にわたって貯蔵される記憶がある。たとえば，自分の名前，言葉の意味，過去の生活経験といった類の記憶である。ここでは，そうした記憶を永続的記憶と呼び，そうした記憶が加齢によりどのような影響を受けるのか考えてみたい。

しかし，こうした永続的記憶の研究には，いろいろと困難がある。遠い過去の事象の記憶条件は統制が困難で個人によってさまざまであること，同じ事象に関しても若年者と高齢者とでは獲得時の年齢や保持期間が異なること，獲得された事象は長い間に幾度かリハーサルされている可能性があること，過去から再生された事象が実際に生起したかどうかを適切にテストすることが困難であること，過去のある事実を思い出せないのは，最初の情報の学習の失敗によるのか情報検索の失敗によるのか分からないこと，などその問題点があげられている（矢富，1980; Cavanaugh, 1990）。

①**意味記憶（semantic memory）**：永続的記憶のなかで，高齢になってもほとんど変化がないとみられるのは，言葉の意味のような意味記憶である。タルヴィング（Tulving, 1972）によると，意味記憶とは，単語や他の言語的な象徴について，また，それらの意味や指示している内容，それらの間の関係について，そして，このような象徴や概念，関係を操作するための規則，公式，アルゴリズムなど，これらのすべてについて人がもっている構造化された知識である。

バークとピータース（Burke & Peters, 1986）は，名詞，動詞，形容詞，形容動詞からなる113の単語を示し，それぞれ最初に思い浮かんだ連想語を答えさせた。連想語はその性質によって2種類に分類されたが，その出現率は年齢によってなんら変わらなかった。したがって，少なくとも意味記憶の構造は加齢によって変化しないと考えられる。また，ハワードら（Howard et al., 1981）は，2つの文字列を同時に提示し，それが意味のある言葉なのか，無意味な文字の配列に過ぎないのか判定させた。その判定の正誤および判定に要した時間にはほとんど年齢差がみられなかった。したがって，意味記憶にアクセスする能力に関しても加齢変化はないとみられる。

こうした意味記憶へのアクセス能力の測定は，WAISなどの言語性知能テストの測定と基本的に変わらない。言語性知能はかなりの高齢に達するまで不変で，ときには上昇することもあるが，これは意味記憶の安定性を示しているともいえる（星，1990）。こうした語彙や，外界および自己にかかわる経験・概念・意味に関する知識である世界知識（world knowledge）のような結晶性知能に関連した情報

が，永続的記憶のなかに貯蔵され，加齢による記憶能力の低下を補償していると考えられる（Cavanaugh, 1990）。よく高齢者は経験を生かして仕事をするといわれるが，まさに，経験が現在の機能のなかで生かされている点が高齢者の特徴といえよう。

②**遠い過去の記憶**：昔から「三つ子の魂百まで」ということがいわれ，早期の経験の影響が強調されてきた。たしかに，再生することのできない早期の経験でさえ，その人のその後の身体・情緒・認知および生活に影響を与えることが知られている。たとえば，早期の子どもの社会的経験は，その後の社会的相互作用と情緒生活の性質にまぎれもなく影響を与えることが示唆されている（村田，1989）。また，最近の出来事はよく忘れるが，昔の出来事ならよく覚えている，と高齢者はしばしば口にする。このような高齢者の主張は，人生の早い時期に学習されたことはもっとも破壊されにくいというリボー（T. A. Ribot）の法則によく適合している。しかし，遠い過去の記憶は，それほど安定しているのであろうか。

最近のいくつかの研究は，こうした高齢者の遠い過去の記憶は低下しないという通念に対して否定的結果を出している。たとえば，バーリックら（Bahrick, Bahrick & Wittlinger, 1975）は，高校卒業者に同級生の氏名の自由再生，氏名の再認，顔写真と氏名の照合，顔写真による氏名の再生を行った。それによると，再認テストや照合テストは卒業後15年までは安定しているが，その後徐々に低下する。一方，再生テストは年齢とともに緩やかに低下することを示していた。

また，ウォリントンとサンダース（Warrington & Sanders, 1971）は，公的事件に関する項目や国家的著名人の写真を用いて，古い記憶について検討した。その結果，古い記憶が新しい記憶よりもよく保持されているという証拠はみられなかった。テストされたどの時期においても，常に年長者ほど成績が悪かった。これは再生でも再認でも同様であった。

スクワイアー（Squire, 1974）も，過去40年間に起こった事件について再認テストを行った。20歳代を除き，どの時代の事件に関しても年長者の成績が悪く，若年時の事件の記憶も年齢とともに低下することが示唆された（図5-6）。したがって，遠い過去の記憶が一概に安定しているとはいえず，加齢によって徐々に低下すると考えた方がよさそうである。また，高齢者の昔のことならよく覚えているという主張は，記憶能力自体の問題としてよりは，むしろ記憶能力の自己評価に関する問題としてさらに検討する余地があろう。

5) **メタ記憶の加齢変化**

我々は，自分が記憶しやすいこととそうでないことをある程度知っている。たとえば，顔を覚えるのは得意だが名前を覚えるのは苦手というような意識をもってい

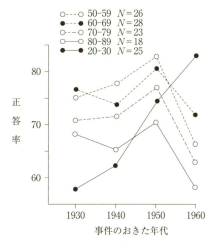

図5-6　事件の再認率の加齢変化（Squire, 1974）

出典：Squire, L. R.（1974）. Remote memory as affected by aging. *Neuropsychologia, 12,* 429-435.

る。このような自分自身の記憶の内容や記憶の働きについて自分だけが有している知識をメタ記憶（metamemory）という。

　多くの児童心理学者は，子どもたちが彼ら自身の記憶システムの働きについての知識を増やしていくこと，すなわちメタ記憶的知識の増加が，児童期を通じて観察される記憶パフォーマンスの増加に貢献していると仮定している（Flavell & Wellman, 1977）。しかし，こうしたメタ記憶が人生全体を通じてどのように変化するのか，成人期においてはどうかということが問題となる。メタ記憶的知識の蓄積と利益が生涯を通じて持続すると考えると，成人期後期の記憶パフォーマンスの減退と矛盾してくる。そこで，最近，メタ記憶と成人期の記憶パフォーマンスとの関係について系統的に研究されるようになってきた（Perlmutter et al., 1992）。

　しかし，一口にメタ記憶といってもさまざまな内容を含んでいる。そこで，キャヴァノー（1990）は，メタ記憶をさらに大きく3つに分類している。第1は，自分自身の記憶システムやその機能についての知識で，これをシステム的意識（systemic awareness）と呼んでいる。第2は，自分自身の知識ベースの適正さの認識，たとえば，自分自身の記憶の信頼性や記憶状態の変化についての認識で，これを認識的意識（epistemic awareness）と呼んでいる。第3に，現在進行中の記憶プロセスのモニタリングの側面，たとえば，何をどのような仕方で記憶できているのかいないのかについての認識で，これをオンライン的意識（on-line awareness）と呼んでいる。ここでは，システム的意識とオンライン的意識の2つの側面の研究をみておくことにしよう。

①**システム的意識の加齢変化**：システム的意識の測定は，おおむね質問紙調査によって行われてきた。それらの結果は必ずしも一致していないようであるが，高齢者は多くの記憶問題をかかえ，記憶能力の減退を感じているとする報告が多いようである。キャヴァノーとプーン（Cavanaugh & Poon, 1989）によると，高齢者は，若年者に比較して，記憶についての一般的知識が乏しく，記憶を不安定であるとみなし，記憶は年齢とともに低下すると予想する傾向があるようである。ウィリアムスら（Williams, Denney, & Schadler, 1983）によれば，高齢者は誰も記憶が将来改善されるとは期待しておらず，記憶の低下は記憶の不使用，記憶要求水準の低さ，不活発さによるとみているようである。一方，記憶能力に比べて記憶方略は成人期を通じて安定しているとみているようである（Dixon & Hultsch, 1983）。

しかし，こうした質問紙調査の結果は慎重に解釈しなければならない。たとえば，自分の記憶について本当に知っていることを反映しているというよりも，自分の記憶はこうあるべきだと被験者が感じていることを反映している可能性もある（Cavanaugh & Perlmutter, 1982; Gregg, 1986）。また，ワーディングの影響も大きい。キャヴァノー（Cavanaugh, 1986-1987）によれば，質問が一般的な全体的な記憶の評価を聞いた場合には，高齢者は若年者よりも否定的な評価をする傾向があるが，質問がデートや用事などの特定の記憶の側面を聞いたときは，高齢者は若年者と変わらない。また，ハートツォーグら（Hertzog, Dixon, Schulenberg, & Hultsch, 1987）は，人々の記憶に対して抱いている知識は老年までに，なんらかのパーソナリティ要因と一体化されて変化する可能性を指摘している。

②**オンライン的意識の加齢変化**：オンライン的意識の研究では，主に，いかに上手に記憶課題を処理できるかを予想させる方法が使われてきたが，予想のさせ方に2通りの方法がある。1つは，たとえば，リストをみせる前に23項目のうちのいくつ想い出せるか予想させるような，課題経験をもつ以前に予想を要求するやり方である。もう1つは，課題を経験した後に成績を予想させるやり方である。

実際に課題を遂行する前の予想の正確さを検証した研究によると，概して，高齢者は自分の記憶能力を過大評価する傾向がある（Bruce, Coyne, & Botwinick, 1982; Coyne, 1983）。すなわち，高齢者は，実際に思い出せる以上の項目を思い出せると予想する傾向がある。しかし，こうした過大評価の傾向は普遍的ではない。キャンプら（Camp, Markley, & Krammer, 1983）は，予想する前に方略について考えるよう求めたところ，高齢者は能力を過小評価したという。ベリーら（Berry, West, & Scogin, 1983）によれば，高齢者は実験室的条件でも日常的条件でも能力を過小

評価したという。また，彼らによると，記憶成績の優秀者ほど，オンライン的意識でも自分の記憶能力を高く評価する傾向があり，相関は0.6であった。

一方，課題を経験した後に，成績を予想させる方法の1つは，それぞれの項目を思い出せる自信を評価させるやり方である。こうしたアプローチによると，高齢者は，若年者と同様に，再生，再認ともに正確であることを示している（Lovelace, Marsh, & Oster, 1982; Rabinowitz, Ackerman, Craik, & Hinchley, 1982）。一般的には，年齢にかかわらず，再生課題においては過大評価気味であり，再認課題においては過小評価気味であるといえよう。キャンプら（Camp et al., 1983）やベリーら（Berry et al., 1983）は，これらの研究結果から，高齢者は課題についての情報がなにも与えられないと成績の予測は難しいが，前もって課題についての情報があれば，若年者同様に上手にできると結論している。

3　学習の加齢変化

年をとると，新しいことを覚えることが苦手になるとか，新しいことを覚えるのに時間がかかるようになるといわれている。ここでは，いくつかの実験的研究を通して，加齢の学習への影響についてみておくことにしたい。学習にもいろいろなタイプの学習があるわけであるが，ここでは言語学習と技能学習の加齢変化についてみておくことにしよう。

1）言語学習の加齢変化

言語学習というのは，機械的暗記学習にみられるようなプロセスである。実験的には，一般に系列学習課題ないし対連合学習課題が用いられる。前者では，単語系列が1回に1つずつスクリーンに提示され，それらを記憶するよう求められる。後者では，たとえば，「星－うさぎ」のように単語を対にして記憶し，対の一方が提示されたときにもう一方を答えるよう求められる。

バロータら（Balota et al., 1989）によると，長い系列の対を2回見た後で再生させたところ，高齢者はおよそ40％再生したのに対し，若年者は60％以上再生した。また，高齢者は，リストを完全に学習するのに要する時間が，若年者や中年者に比べて長かったという。これらは，言語学習の学習能力が加齢により低下していることを示唆する。しかし，高齢者は，いったん，対を学習してしまうと，数ヶ月，若い人と変わらないくらい覚えているという（Poon, 1985）。

こうした言語学習の年齢差は，年齢効果によるものかコホート効果によるものか区別がつかない。横断的研究の結果はしばしばコホート効果によるバイアスがかかっている恐れがあるため，縦断的研究が必要である。ボルティモア縦断研究で

は，教育的・社会的経済的地位の高い層を 8 年間追跡し，再テストを行った (Arenberg & Robertson-Tchabo, 1977)。1885 年から 1932 年の間に生まれた 32 歳から 75 歳の人で，6 つのコホートを代表していた。60 歳未満の人の場合には，学習にほとんど差が生じなかったが，それ以上になると，大きな年齢差が生じた。対連合学習によれば，当初 30 歳代であった若年者は，8 年あまりの間に若干の改善を示した。当初 40 歳代から 50 歳代前半であった中年者は若干低下した。当初 55 歳以上であった高齢者はかなり低下したが，特に 69 歳から 76 歳の間だった高齢者はかなり激しく低下した。系列学習の結果も似ていた。個人差も若いコホートでは小さいが，年をとるとともに増加した。したがって，少なくとも言語学習については，加齢による低下は 60 歳以降と考えられている (Perlmutter et al., 1992)。

2) 技能学習の加齢変化

技術革新が進み，多くの中高年者が，新しい技能の修得に直面している。実験結果はともかくとして，そうした結果から示唆される学習能力の低下が，実際に高齢者がなんらかの新しい技能を修得するうえで支障となるのかどうかという問題に対する関心が高まっている。ここでは，ワープロ技能の訓練とコンピュータ利用の訓練の結果についてみることにしよう。

①**ワープロ技能の訓練**：メイン大学の研究グループは，直接，若年，中年，高年の女性のワープロ技能の修得について研究している (Elias et al., 1987)。対象となった女性はすべて高校を卒業後，さらに 1 年，大学やビジネススクールで学び，全員健康で，重大な聴力や視力の障害はなかった。全員，熟達したタイピストであり，同等のコンピュータリテラシーをもっていた。商業的なワープロのプログラムの 3 時間半の授業が 7 回にわたって行われた。

60 歳代前半の高齢女性は，40 歳代前半の中年女性や 20 歳代前半の若年女性に比べていろいろな場面で時間がかかった。当初の 3 回の授業の後に行われた試験では，高齢女性は他の年齢層の女性に比べて，カーソル移動，テキストのブロック移動，マージンの設定などの修得が困難であった。しかし，訓練の完了までには，実行スピードを除き，おおむね年齢差はみられなかった。最終的な文書作成（入力，編集，印刷，ハードコピーにもとづく修正，修正文書の印刷）の完成により長い時間を要したが，最終文書は若年群と同様に正確でミスのないものであった。

このようにみてくると，認知的技能は不使用によりいくらかさびついていたとしても，多少競争心をもち，陳腐化した技能に頼らず，やる気を失わずに過剰学習すれば，少なくともかつての技能水準を再び獲得することは可能である (Perlmutter et al., 1992)。

②**コンピュータ利用の訓練**：高齢者のコンピュータ利用の再訓練に際して考えて

おかなければならない問題がおよそ3つあるといわれている（Elain & Neil, 1989）。

(1) **コンピュータへの態度の問題**：コンピュータへの否定的な態度が食わず嫌いをつくり，バグによってそれが強化されることがままある。コンピュータを利用するのにプログラマーになる必要は必ずしもないのだが，初心者はときとして誤解してしまう。コンピュータの好き嫌いは，地位，教育程度，コンピュータとの接触の程度などとも関係しているが，訓練戦略が関係してくると考えられる。

(2) **訓練プログラムの問題**：高齢者の訓練には発見法が優れていることが示されている。発見法の特徴は，意味のある小さな単位に分かれていること，質問のあるときにインストラクターが助言を与えること，の2つである。また，高齢者は記憶力が低下しているので，集中的な記憶訓練は避けた方がよいこと，学習に時間がかかること，セルフペースの学習法が優れていることなどが示唆されている。

(3) **個人訓練かグループ訓練か**：個人訓練は個人差に対応しやすいが，小集団による訓練は，仲間からの学習，社会的強化の状況ができるという利点がある。

　これらの問題点をふまえて，エレインとネイル（Elain & Neil, 1989）は，高齢者のソフトウェアの利用訓練の効果的方法を決定し，どのような訓練方法がコンピュータへの態度に影響するかを明らかにする実験を行った。実験参加者は，20-39歳（男11人，女11人），58-84歳（男7人，女17人）。教育程度は，両群ともおよそ14年程度。46人がサイドキックというソフトウェア（ノートパッド，カレンダー，アポイント機能，電話検索機能などからなる）を使って，3回の訓練授業を受けた。各授業は，最大3時間続けられた。4回目はテストが実施された。参加者は2つの学習環境，すなわち，パートナーのいる場合と単独の場合に分けられ，さらに半数の人は3日前にコンピュータの専門誌のシート（専門語やコマンドの要約など）が与えられた。すべての教示は印刷されており，学習はセルフペースで行われた。課題は，発見法のガイドラインに沿って作られたものである。コンピュータへの態度が1回目の授業の前と3回目の授業の完了後に測定された。

　この結果，高齢者は，若年者のおよそ2倍の時間がかかるが，ほぼ若年者と変わらない水準まで到達できることが示された。あらかじめ専門語のシートをもらって単独で学習を進める条件では高齢者の方が若年者を上回ったが，それ以外は若年者の方が高齢者よりも多少成績が良かった。高齢者は若年者に比べて2倍から3倍の質問を行う傾向があった。3回目の授業後の態度得点は，最終試験の成績と正の相関があった。また，そうした態度変容は，訓練条件と関連していることが示唆された。これらの結果をふまえ，エレインら（Elain et al., 1989）は，高齢者のソフトウェア利用の訓練プログラムについて，次の点を提起している。

1) ペアを組んだ（ソーシャルサポートのある）訓練の方が，コスト効率が良

い。個別の訓練の半分で同じ効果が期待できる。ただし，個別に訓練するときよりも，ペアの方が個人の課題遂行に時間をとる点に留意する必要がある。

2) 高齢者は若年者の2倍時間がかかる。分からないときに質問に答えるインストラクターが必要である。高齢者は若年者に比べゆっくり学習し，ひねった課題は苦手である。

3) セルフペースの方が正確な学習を達成できる。

4) ユーザーの態度は，どちらが原因でどちらが結果か分からないが，成績と関連している。学習の遅滞や成績の不良をともなうコンピュータへの否定的な態度に陥る問題を把握するうえでは，被訓練者の進捗状況をモニターする必要がある。

コラム5　高齢者の自伝的記憶

　　記憶は認知機能だけでなく，私たちの感情や思い，自己などの問題とも深くかかわっている。自分自身がこれまでの人生において体験した出来事についての個人史的な記憶を自伝的記憶（autobiographical memory）という。自伝的記憶は，自分の過去から現在に至る歴史をたどったり，自分が何者かを定義するうえで役に立っている。

　自伝的記憶には，エピソード記憶の面と意味記憶の面と二つの面がある。エピソード的な自伝的記憶は，自分が経験した出来事の場所や時間といった文脈に関する記憶である。意味的な自伝的記憶は，自分が経験した出来事から学んだことや出来事に関する知識の記憶である。高齢者は，エピソード的な自伝的記憶を詳細に思い出すことは困難であるが，意味的な自伝的記憶を思い出すことは比較的容易にできる（Barsalou, 1998; Levine, 2004）。したがって，高齢者は若年者に比べて過去の鮮明な報告は苦手であるが，実際の生活の出来事に関する記憶は，個人的な思いや感情が込められていて，若年者の記憶に比べてより興味深いという（Hashtroudi et al., 1990; Levine et al., 2002）。

　多くの人々が，きわめて悲劇的な出来事が我々の記憶の中に永久に刻まれると思っている。しかし，第2次世界大戦中のオランダのナチスの強制収容所の生き残りの人々の面接調査によると，多くのケースでは40年経過した時点でも強制収容所の状態や処遇について隅々まで再生したが，何人かは，残虐な扱いを含む重要な詳細を忘れてしまっていた。ワーゲナールとグレンヴェーグ（Wagenaar & Greneweg, 1990）は，きわめて悲劇的なことでさえ，そうした出来事が思い出されるという保証はないと指摘している。たぶん，残酷な出来事の恐ろしさを忘れることが，一つの自己防衛になっていると考えられている（Cavanaugh & Blanchard-Fields, 2006）。

　ジョン F. ケネディの暗殺事件や9.11テロ事件など，ありえないような歴

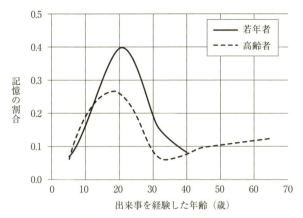

図5-7 若年者と高齢者のフラッシュバルブ記憶の分布 (Fitzgerald, 1999)
出典：Fitzgerald, J. M. (1999). Autobiographical memory and social cognition: Development of the remembered self in adulthood. In T. M. Hess, & F. Blanchard-Fields (Eds.), *Social cognition in aging* (p.161). San Diego, CA: Academic Press.

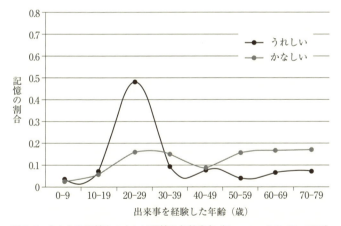

図5-8 うれしい記憶とかなしい記憶の年齢分布 (Bernsten & Rubin, 2002)
出典：Bernsten, D., & Rubin, D. C. (2002). Emotionally charged autobiographical memories across the life span: The recall of happy, sad, traumatic, and involuntary memories. *Psychology and Aging, 17*, 636-652.

史的な事件や衝撃的事件も我々の記憶に鮮明に残っている。そうした我々の心に鮮明に残る記憶は，フラッシュバルブ記憶と呼ばれている。そうしたフラッシュバルブ記憶や生涯を振り返った時によく覚えている出来事の分析から，興味深い傾向が浮かび上がってきた。図5-7からも分かるように，高齢者も若年者も鮮明な記憶は，成人中期（30-50歳）よりも人生の若い時期（10-30歳）に記憶されていた（Fitzgerald, 1999）。こうした高齢者の10歳から30歳の時期にもっともよく想起される傾向をレミニセンス・バンプと呼ぶ。しかも，高齢者のレミニセンス・バンプは，もっとも幸せな記憶において顕著であることが示された（Berntsen & Rubin, 2002）。対照的に悲しすぎる記憶の再生は減少傾向にあった。

　なぜこうした人生の前半でもっとも幸せな記憶が想起されるのであろうか。おそらく，10-30歳は自分を確立させていくうえで重要な時期であり，幸せな記憶の組織化が自分の定義づけを助けることにつながっていると考えられる。また，自分の定義づけという重要な決定には，否定的な記憶は含まれないようにするためと考えられる（Cavanaugh & Blanchard-Fields, 2006）。

6章
知能・知恵・創造性の加齢変化

　成人の知能の加齢変化は，成人発達の研究のなかでももっとも関心を集めてきた問題の1つであり，これまでにさまざまな議論が行われてきた。本書では，これまでの研究を大きく2つの流れの研究に分けて，振り返る。すなわち，知能テストを用いた心理測定的研究と，そうした心理測定的研究を拒否し，認知論的な観点から成人知能の段階的発達を探求した研究である。前者では，横断的研究による成人知能の加齢変化と縦断的研究による成人知能の加齢変化，そしてこの2つの研究デザインによる結果の違いの意味するもの，成人知能の加齢変化に潜む異なるタイプの知能の加齢変化，成人知能の固定観念を打破する可塑性に関する実験などを取り上げる。後者では，ピアジェの形式的操作の研究以降の成人の形式的操作についての研究，成人知能の段階的発達論，高齢者の知恵などを取り上げる。また，これらの成人知能の諸研究をふまえて提起されている成人知能の構造モデルについて考えてみる。さらに，知能とは異なる創造性の加齢変化について考える。

1　成人知能の知能テストによる研究

1）知能テスト

　20世紀を通じて，成人の知能の加齢変化の指標として多くの研究で使われてきた知能テストは，1905年に開発されたビネー・シモンテストに起源をもつ。周知のように，知能テストは，最初は，学童の学業での成功を予測するために作成された。フランスの心理学者ビネー（A. Binet）は，試験も行わずに授業についていけない子どもたちを特別学級に配置するのは不当であると考えた。しかし，当時は，そうした子どもたちを判定する方法はなにもなかった。そこで，精神医学者のシモン（T. Simon）の協力を得て，主に判断，理解，推理を要する困難度順に配列した30の問題を作成した（Binet & Simon, 1905）。こうした尺度構成は，知能の低い児童のテストの遂行はより年齢の低いふつうの知能の児童のそれと似ているという仮定のもとに行われた。しかし，ビネーが，知能テストの開発に専念する前までは，知能テストでは無視されている日常的な社会的適応性を知能として認めていた

ということは意外と知られていない。伝統的な心理測定的な知能テストの研究が始まったと同時に，そうした日常的な社会的適応性の問題が，知能テストのなかから消えてしまったということに留意しておく必要がある（Shepard, 1989）。

このテストは，その後何回か改訂され，ふつうの児童へと拡大されていった。そして，世界中の心理学者の関心を呼び，各国で翻案されていった。アメリカでは，スタンフォード大学のターマン（L. M. Terman）らによって再構成されてスタンフォード・ビネーテストが作成された。このテストで，初めて IQ ないし知能指数という概念が使われた。この IQ は，その後，知能テストに必須のものとなり，同年齢群の平均が100になるように標準化された尺度上の得点として定着していった。しかし，ビネーテストはすべて個人テストでその実施には高度に訓練された試験者が必要であったため，時間と費用がかかった（Perlmutter et al., 1992）。

最初の集団知能テストは，アメリカの陸軍で開発された（アーミーアルファテスト）。第1次世界大戦で150万人の新兵徴募に際して，職務遂行に支障のある者をスクリーニングアウトするために大々的に使われた。そこで，初めて知能テストが成人へと拡大されたが，1911年のことであった。また，読み書きのできない人や英語を知らない移民者のためにアーミーベータテストが開発された。両テストとも下位テスト群にもとづいて単一の指標を提供するようになっている。こうしたアーミーテストがその後の集団 IQ テストのモデルとなった（Anastasi, 1976）。

知能テストは，今日，成人の知能の加齢変化の研究で広範に使用されている。そのなかでも，スピアマン（C. Spearman）の知能の考え方の影響を受けたウェクスラー成人知能尺度（Wechsler Adult Intelligence Scale; WAIS）とサーストン（L. L. Thurstone）の知能の考え方の影響を受けた一次的精神能力テスト（Primary Mental Ability test; PMA）が双璧をなしている（Morrow & Morrow, 1973）。WAIS は，6つの下位テストによる言語的尺度と5つの下位テストによる動作性尺度からなる。一方，PMA は，数，言語流暢性，言語理解，推理，空間能力といった比較的独立した5つの尺度からなる。なお，PMA では，サーストンの他の2つ，すなわち知覚の速さと記憶は使われていない。

こうした知能テストは広範に使用されているが，依然として，テスト上のパフォーマンスが日常的な世界の機能とどのように関係しているのか曖昧である。知能テストは，通常の経験とはなんら関係ない，興味のもてないような任意の問題を急いで解くことを要求しているという指摘も行われてきた（Neisser, 1976）。そのため，多くの研究者が，日常生活の問題への知能の適用を測定する試みを行ってきたが，いまだ成功していない。それにもかかわらず，依然として，成人の知能は児童の測定のために開発された類のテストで測定されているのが現状である

(Schaie, 1990)。シャイエ（Schaie, 1990）は，同じIQスコアでも，年齢が違えば異なる意味をもつ可能性を指摘している。

2） 成人知能の横断的研究

1921年，ヤーキース（R. M. Yerkes）らによって将校を対象とした分析結果が報告されたが，それによると，成人の知能は25歳頃がピークでその後は年齢とともに低下することがみいだされた。成人知能の加齢による低下という見方はこのようにして，1920年代に，横断的研究にもとづいて生まれてくる。

その後，1930年代，1940年代を通じて，成人の知能に関する横断的研究が行われたが，結果は基本的に変わらなかった（Jones & Conrad, 1933; Miles & Miles, 1932）。図6-1は，ジョーンズとコンラッド（Jones & Conrad, 1933）の結果を示したものである。

1944年，ウェクスラー（D. Wechsler）は，アメリカの国勢調査の職業分布にもとづいて標本抽出を行い，ウェクスラー・ベルビュー知能テストを標準化した。その際，20歳から60歳にかけて，言語性得点の方が動作性得点よりも安定していることをみいだした。この結果は，1955年のウェクスラー成人用知能テスト（WAIS）の標準化の際，再確認された（Wechsler, 1958, 1972, 図6-2）。こうした部分的な見直しはあったものの，知能が加齢により一方的に低下するという見方自体は，縦断的研究が現れるまで続くこととなる。

しかし，2章の横断的デザインのところでも指摘したように，こうした横断的研

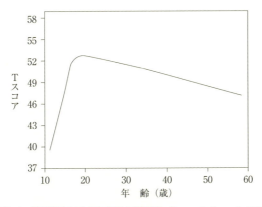

図6-1　横断研究による知能の加齢変化（Jones & Conrad, 1933）
出典：Jones, H. E., & Conrad, H. S. (1933). The growth and decline of intelligence: A study of a homogeneous group between the ages of ten and sixty. *Genetic Psychology Monographs, 13*, 223-298.

98　6章　知能・知恵・創造性の加齢変化

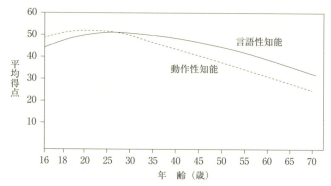

図 6-2　WAIS における言語性知能・動作性知能による加齢変化（Wechsler, 1972）
出典：Wechsler, D.（1972）. 'Hold' and 'don't hold' tests. In S. M. Chown（Ed.）, *Human ageing. Selected readings*（pp. 26-27）. Harmondsworth, Middlesex, UK: Penguin Books.

究の結果には，年齢効果とコホート効果の交絡があり，一概に年齢変化を反映しているとはいえない。むしろ，シャイエとストロウザー（Schaie & Strother, 1968）が指摘するように，コホート効果を強く反映しているとみるのが妥当であろう。概して，古い世代の方が教育条件や文化条件が悪いため，年齢が高いほど知能は低下を示すことが多くなると考えられる。

3）成人知能の縦断的研究

1920 年代から 1950 年代後半にかけての成人の知能の研究は，もっぱら横断的研究によって行われてきた。その結果，成人の知能は加齢により一方的に低下するという見方が形成されることとなった（Woodruff-Pak, 1989）。成人の知能の縦断的研究が行われるようになったのは，1950 年代に入ってからである。

知能テストによる成人の知能に関する最初の縦断的研究は，オーウェンス（Owens, 1953）によって行われた。この研究は，1919 年のアーミーアルファでテストされた 127 人の若者（全員アイオア州立大学の 1 年生）を 31 年間追跡したものである。それによると，彼らは中年になっていたが，予想に反して，8 つの下位テストのいずれも低下せず，なんと 4 つの下位テスト（実用的判断，語彙，混乱した文章，情報）で統計的に有意な改善が示されたのである。さらに，オーウェンス（1966）は，10 年後，2 回目の追跡研究を行っているが，そこでも知能の安定性が示されている（図 6-3）。

その後行われたオークランド成長研究やベイレイとオデン（Bayley & Oden, 1955）などの縦断的研究においても，知能がむしろ改善されることが再確認されて

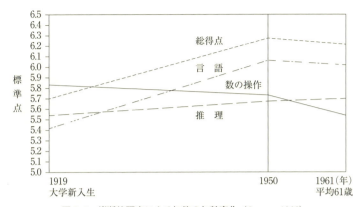

図 6-3　縦断的研究による知能の加齢変化（Owens, 1966）
出典：Owens, W. A. (1966). Age and mental abilities: A second adults follow up. *Journal of Educational Psychology, 57*, 311-325.

いる。ここに至って，成人の知能は一方的に低下するとみる横断研究にもとづく見方は見直しをせまられることとなる。少なくとも，成人期の知能の変化は一方向的なものではなく，多方向的なものであると考えられるようになってきた。ビレン（Birren, 1959）は，真の発達の年齢関数は縦断的研究によって得られるとし，横断的デザインは異なる年齢集団間の実験条件の差による弱点があることを指摘している。しかし，2章の縦断的デザインのところで指摘したように，縦断的研究にも，くりかえしによる練習効果，参加者の脱落による正の生き残り効果，環境効果と成熟効果を区別できないこと，1つのコホートしか扱っていないことによる一般化の困難など，問題がないわけではない。こうした方法論上の問題点をクリアするには，より洗練された方法である系列的デザイン（Baltes, 1968; Schaie, 1965）による研究の登場を待つこととなる。

4）成人知能の系列的研究

シャイエ（Schaie, 1965）は，横断的研究と縦断的研究の双方の弱点を指摘した。すなわち，横断的研究には，年齢効果とコホート効果の交絡がある。一方，縦断的研究は，年齢効果と測定時期効果との交絡がある。このためいずれも成熟効果と環境効果が一体になってしまう。これらの弱点を修正し，年齢効果，コホート効果，測定時期効果を分離するために，シャイエは系列的デザインを提案した（2章を参照されたい）。なお，シャイエの弟子のバルテス（Baltes, 1968）は，年齢効果，コホート効果，測定時期効果という3つの効果は分離できないため（2つを設定すると，残りの1つは必然的に決まってしまう），年齢効果とコホート効果を重

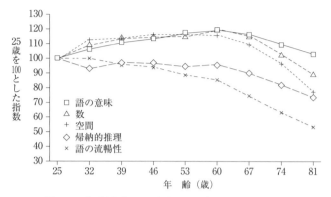

図6-4 系列的研究による知能の加齢変化（Schaie, 1980）
出典：Schaie, K. W. (1980). Intelligence and problem solving. In J. E. Birren, & R. B. Sloane (Eds.), *Handbook of mental health and aging*. Englewood Cliffs, NJ: Pentice-Hall.

要視した2要因モデル（縦断系列法）がもっとも適切であると主張した。

シャイエらは，系列デザインの有効性を示すべく，成人期の知能に関する系列的研究を行った（Schaie & Strother, 1968a,b）。この研究によって，以前は加齢による低下と考えられていた変化の大部分が，実はコホート効果で説明できることが明瞭になった（Schaie & Strother, 1968a）。コホート効果は年齢変化よりも大きく，成人期を通じて知能は低下するというよりもむしろ安定しており，なんとピークは50歳代後半にあることが示されたのである（図6-4）。

ところで，縦断的研究が盛んになってきた頃，キャッテル（R. B. Cattell）の流動性知能と結晶性知能の検証が問題となった。キャッテル（Cattell, 1971）やホーン（Horn, 1968）によれば，流動性知能（fluid intelligence）は，精神の流動性を反映し，情報処理の速度と能力に関連していると考えられている。また，この流動性知能は，児童期，青年期に発達し，成人期には加齢により低下すると考えられている。これに対して，結晶性知能（crystallized intelligence）は，経験が集積された知識の結晶を反映し，社会化を通じて教えこまれると考えられている。また，この結晶性知能は，生涯にわたって発達するか，少なくとも老年期までは発達すると考えられている。

図6-5は，こうした2つの知能の生涯発達に関する仮説を提示したものである（Horn, 1970）。ホーンとキャッテル（Horn & Cattell, 1967）は，横断的データでこの仮説を支持する結果を示している。また，ホーンとキャッテルは，ウェクスラーが発見した言語性得点の安定性は結晶性知能の発達を反映し，動作性得点の低

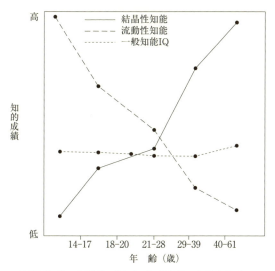

図6-5 流動性知能，結晶性知能および一般知能の加齢変化（Horn, 1970）
出典：Horn, J. L. (1970). Organization of data on life-span development of human abilities. In L. R. Goulet, & P. B. Baltes (Eds.), *Life-span developmental psychology. Research and theory* (p.463). New York, NY: Academic Press.

下は流動性知能の低下を反映していると考えている。しかし，シャイエとバルテスらのグループは，キャッテルとホーンがコホートの影響を受けやすい横断的研究から結論を引き出している点を批判した。シャイエらは21年間シアトル縦断研究の分析にもとづいて，流動性知能の低下はキャッテルとホーンが考えたよりももっと遅くなってから生じることを示唆している（Schaie et al., 1983）。シャイエ（Schaie, 1984）によれば，流動性知能の低下は老年期の入り口までは問題にするほどのものではないという。

5）成人知能の可塑性に関する研究

系列的研究法が現れ，異なるコホートの異なる経験が，知能の年齢差のいくつかを説明できることが示唆されてきた。かりに，知能の年齢差の大部分がコホート効果であるとすると，知能の年齢差は，環境の操作によって変わるかもしれない。また，もし，高齢のコホートが知能自体のせいでなく，経験上の欠陥のために知能テストの得点が低く出るというようなことがあるとすれば，それは人道的見地からも改善すべきである。さらに，年齢差が実験的にシミュレート可能で操作しうるということになれば，縦断的研究や系列的研究に比べたいへんなコストの節約につながると考えられる（Baltes & Goulet, 1971）。

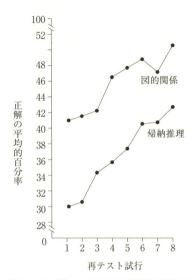

図 6-6 高齢者（60歳から80歳）における流動性知能検査の再テスト試行結果
(Hofland et al., 1981)

出典：Hofland, B. F., Willis, S. L., & P. B. Baltes. (1981). Fluid intelligence performance in the elderly: Intraindividual variability and conditions of assessment. *Journal of Educational Psychology, 73*, 573-586.

このような考えから，1970年代になってから成人知能の可塑性に関する研究が現れるようになってきた。成人の認知や知能テストの成績を改善することを狙いとした研究が数多く行われ，これらのテストの成績が実験的に操作しうること，最適化しうることが実証されることとなった。たとえば，図6-6は，8回の再試行を通じて数的関係と帰納推理の練習効果を示したものでる（Hofland, Willis & Baltes, 1981）。これらの課題は，加齢により低下しやすいとされた流動性知能を反映するテスト（Horn, 1978）として選ばれている。このような結果は，高齢者は普通ないし標準的得点以上に高い水準で遂行できることを示している。この他にも，高齢者の精神測定的知能の訓練効果を示した研究が多数行われている（Cornelius, 1984; Baltes & Willis, 1982; Labouvie-Vief, 1976; Sterns & Sanders, 1980; Baltes, Dittmann-Kohli, & Kliegel, 1986; Willis, Blieszner, & Baltes, 1981）。

デニー（Denney, 1979）は，知能テストのような日常訓練されていない特殊な認知能力の場合には，高齢者は訓練次第で認知能力を増大させることが可能であると考える。彼女は，こうした知能の可塑性に関する見方を拡張し，高齢者の認知能力には，日常訓練されていない認知能力と適度に訓練された認知能力とがあるという

仮説を提起している（Denney, 1981, 1982）。この仮説によれば，成人期を通じて適度に訓練され続けている認知能力は発達し続けるか，減退するとしてもその速度はゆるやかである。それに対し，訓練されない認知能力は低下する。彼女らは，日常接することの少ない課題と日常接することの多い実用的課題を用いてそのことの検証を行った（Denney & Palmer, 1981; Denney & Pearce, 1981）。それによると，日常接することの少ない課題では，20歳代以降直線的に低下するのに対し，日常接触することの多い実用的問題では50歳代まで増大し，その後低下することが示された。また，それぞれの年代にとっての実用的問題についてみると，成人中期・後期向きの問題では30歳代まで上昇し，50歳代まで維持され，その後低下することが示された。おおむね仮説は支持されたといえよう。

また，シャイエらは，その系列的研究のなかでウィリスと共同で，空間的定位や帰納的推理のいずれかで訓練効果をみた。14年間のテストで約半数の調査対象者に低下がみられたが，そうした低下したグループを訓練することによって，そのうちの半数以上が有意に増大し，約40％は低下する以前の状態に回復した。低下を示さないグループの約3分の1は改善を示した。こうした可塑性は，年齢による知能の変化は不可逆性の低下というよりも，不使用による低下であることを示唆している（Schaie & Willis, 1986; Schaie, Willis, Hertzog, & Schulenberg, 1987; Willis & Schaie, 1986）。

したがって，横断的研究や縦断的研究，系列的研究で低下か安定かが論議の的になってきたが，心理測定的知能の年齢関数は訓練次第で変わる可能性があり，すべての実験的操作が行われないかぎり，年齢関数についてははっきりしたことがいえないということになる。そうした意味で訓練効果の研究が成人知能の研究に与えたインパクトは決して小さくない。しかし，高齢者だけでなく，若者や中年がこうした介入プログラムによってどの程度効果があるのかということも問題である。若い人ほど訓練効果があるとすれば，高齢者の可塑性は減少しているということになる。一方，高齢者の方が若者よりも訓練効果が大きいとなれば，訓練の意義はより大きいということになろう。この仮説には，なお検討の余地がいろいろと残されている。

2　成人知能の認知論的研究

横断的研究，縦断的研究，系列的研究，そして成人知能の可塑性の研究は，いずれも児童や若い成人のために設計された心理測定的知能テストにもとづいている。こうした心理測定的アプローチは，知能の基底にある思考プロセスそのものより

も，テストの結果ないし成績相互の関係に関心がある。一方，認知プロセスの研究は，それとは対照的に，知能の基底にある思考プロセスそのものに関心がある。ここでは，ピアジェ理論の拡張としてのポスト形式的思考（postformal thought）に関する研究とシャイエの成人知能の認知発達段階的理論を取り上げることとする。

1）ポスト形式的思考

ピアジェ理論によれば，児童の知能は，感覚運動的段階，前操作的段階，具体的操作段階を経て，青年期には形式的操作段階へと発達していく。したがって，ピアジェ自身は，形式的操作以後の知能の発達については積極的に触れていないが，少なくとも成人は形式的操作段階にあるとみられていた。しかし，ピアジェ理論にとっての重大な問題は，多くの成人が形式的操作を獲得していないということである。形式的操作の問題を解けるのは，アメリカの青年の60%から70%にすぎないという報告がある（Neimark, 1975）。また，成人の30%以上が形式的操作段階へ移行できていないと推定されている（Kuhn, Langer, Kohlberg, & Haan, 1977; Tomlinson-Keasey, 1972）。このため，ピアジェ（Piaget, 1972）自身，形式的操作期は普遍的ではなく，高度に訓練されたり特別な教育を受けたりした人においてのみ現れる傾向があることを認めている。これまでにピアジェ理論を成人期の思考に適用するには，次のような限界があることが指摘されている（Cavanaugh, 1990）。

①ピアジェは，形式的操作段階で論理的，仮説 - 演繹的思考を記述することに関心があるが，これが成人の唯一の思考ではない。

②ピアジェの形式的操作段階は，正解への到達プロセスの説明に主眼がおかれ，成人における新しい問題発見や問題創造のプロセス，あるいは複数の解の容認のプロセスについては説明できない。

③成人がしばしば社会的ないし現実的制約に応じて思考を限定するという事実は，形式的操作の概念的特徴である制約されない一般化と矛盾している。

そこで，形式的操作後の認知的成長のモデルがいろいろと提起されてきている（Arlin, 1975; Koplowitz, 1984; Kramer, 1983; Labouvie-Vief, 1980; Pascual-Leone & Goodman, 1979; Riegel, 1973; Sinnott, 1984）。これらの公式化は，それぞれ独自の側面をもっているが，形式的操作後の成熟した思考としてはいくつかの共通する特徴がある。たとえば，ウッドラフ＝パク（Woodruff-Pak, 1989）は，形式操作後の推理の特徴として，次の点をあげている。

①現実や知識に絶対はないという相対的思考について理解がある。

②現実の一部としての矛盾を容認できる。

③思考に対して統合的にアプローチするようになる。

また，キャヴァノー（Cavanaugh, 1990）は，形式的操作後の思考には，次のよ

うな特徴がみられるとしている。
　①状況によって真実（正解）が変わる。
　②解決は合理的で現実的である。
　③思考の曖昧性と矛盾は例外というよりはむしろ一般的である。
　④思考において情緒や主観的要因が一つの役割をはたしている。
　また，これまで高齢者は統合的な情報処理スタイルをもつことがいろいろと示されている。ビレン（Birren, 1969）は，成功した中高年の経営管理者の意思決定の研究を行い，若い人は細かい単位で処理するのに対し大量の情報をチャンクとして処理することをみいだしている。情報のチャンク処理や統合的な思考スタイルは，複雑さを減少させる未分化な思考への退行ではなく，経験にもとづく前進的な推理方法であると考えられる。シシレリィ（Cicirelli, 1976）やコーガン（Kogan, 1974）は熟知された事象を使った課題で，また，サバティニとラブーヴィー＝ヴィエフ（Sabatini & Labouvie-Vief, 1979）は現実の生活状況のシミュレーションで，高齢者は情報を構造化する際により少ないカテゴリーで構成することを示している。クラマーとウッドラフ（Kramer & Wooduff, 1984）は，高学歴女性を対象に高度の統合的分類方略をみいだしている。また，因子分析的研究によると，高齢者においては，認知スキル相互の相関が高くなることが示されている（Baltes, Cornelius, Spiro, Nesselroad, & Willis, 1980; Cunningham, 1980; Cunningham & Birren, 1980; Hertzog & Schaie, 1986; Reinert, 1970）。初期の頃の解釈では，こうした結果は高齢者の思考が未分化であるためとみられていたが，バルテスら（Baltes et al., 1980）はむしろ高い統合性ないし新しい統合性を示唆すると解釈している。

2）成人知能の発達段階的理論

　シャイエ（Schaie, 1977-1978）は，彼の成人知能の発達に関する研究を基礎にして，生涯にわたる認知発達の4つの段階，すなわち，獲得段階，達成段階，責任段階，再統合段階を提起している（図6-7）。

　①**獲得段階**：獲得段階とは児童期，青年期のことを示し，そこでは知識や情報，問題解決スキルの獲得が目標である。

　②**達成段階**：成人前期に入ると，目標はもはや知識の獲得ではなく，潜在能力の達成ということに移行する。キャリアや家族生活の開始にともない，自分の目標の達成ということに主眼が移ることとなる。目標を達成するためには，認知的スキルや社会的スキルを含めて自分の知識を現実の世界の問題に適用しなければならない。課題によく傾倒しているときには，上手に課題を遂行することができる。若い成人期の鍵は，自分ならびに事態の進展を監視し，目標に向けて軌道を維持することである。

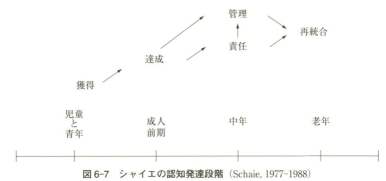

図 6-7 シャイエの認知発達段階（Schaie, 1977-1988）
出典：Schaie, K. W. (1977-1978). Toward a stage theory of adult cognitive development. *Journal of Aging and Human Development, 8*, 129-138.

③**責任段階**：責任段階は 30 歳代後半から 60 歳代にかけての中年期に当たる。この段階では，有能さや独立が達成されて，他者に対する責任を負わなくてはならなくなる。この段階では自分の家族や自分の生活のなかでの大切な人に焦点化した問題を解決することを要求される。ニューガーテン（Neugarten, 1969）がいう経営管理的能力（executive abilities）のような組織をまとめていく力が求められている。

④**再統合段階**：再統合段階は成人後期に対応する。この段階の焦点は，簡素化にある。

新しいスキルの獲得や意思決定の効果の監視の必要性は減少するが，これは知的遂行を止めるということではない。注意が自分にとって意味のある人生の側面に焦点化されるようになることを意味している。シャイエ（Schaie, 1977-1978）の言葉をかりれば，この段階は，「私は何を知るべきか」という段階から，「私は知っていることをどのように使うべきか」を経由して，「なぜ私は知るべきか」という段階への移行を完成する段階である。成人後期においては，認知活動は他のどの時期よりも，動機や態度的思考の影響を受けるとみられている。

サントロック（Santrock, 1985）は，もしシャイエのモデルに成人の認知発達へのアプローチとしての利点があるとすれば，現在，使用されている心理測定的知能尺度は大きく修正されなければならないと述べている。

3　知　　恵

昔から，高齢者の知恵（wisdom）ということが言われてきた。しかし，最近ま

で，心理学者はこうした加齢にともなって成熟してくる認知の問題に無関心であった。この背景には，観察可能な行動に結びつかない人間の活動の説明を避ける傾向，知識というとなんでもかんでも技術的分析的な専門性に結びつける20世紀的志向，高齢者の価値を過小評価する傾向などが作用したとみられている（Holiday & Chandler, 1986）。ここでは知恵とは何か，また，なぜ，若者ではなく高齢者の知恵なのか，そのメカニズムについて考えてみたい。

1) 社会や文化のなかにある伝統的な知恵のとらえ方

パールムッターら（Perlmutter et al., 1992）によれば，洋の東西を問わず，知恵は成熟と結びついた積極的特徴ととらえられているが，そうした知恵をもたらす性質や知恵を獲得する経路は，社会や文化によって異なる。東洋社会には，合理的知性は，知恵にとってかえって障害になることもあるという考え方がある。知恵は，人生の意味を直接的に経験するところから得られるものであり，そうした経験的理解のためには直感と共感が必要であると考えられている。また，知恵は，瞑想することや，賢者をよく観察し，賢者と対話をもつことから得られるとみられている。

それに対して，西洋社会では，知恵には認識と情緒，そして直感が必要であると考えられている。ユダヤ教やキリスト教の社会では，東洋社会と同様，知恵の獲得には時間がかかるとみている。しかし，高齢者がすべて賢者になれるというわけではない。知恵を得る経路としては，学校教育，親の教育，または天賦の資質があるとみられている。また，ギリシャの社会では，事物の本質の理解と善の理解という2つのタイプの知恵が統合されている。ギリシャの伝統では，知恵は学校教育の知識を越えるもので，道徳的行動を含むと考えられている。さらに，無知の知という自覚が含まれると考えられている（Clayton & Birren, 1980）。

無知の知を知恵の特徴とするギリシャ的な考え方は，現代の知恵のとらえ方の中心をなすものである。ミーチャム（Meacham, 1983）によれば，知恵のある人々は，たえず自分が知らないという文脈のなかで知ったことについて考える。知恵者もそうでない人も事実の貯蔵自体には差がないが，生活のなかでの事実の利用の仕方に違いが現れるという。知恵者は，いかに自分が知らないかを知っているので，知恵があるということを否定するのだという。

2) 日常生活のなかでの知恵のとらえ方

人々はよく誰それは賢い人であるというようなことをいう。しかし，人々はいったい何を根拠にそうした判断をしているのであろうか。ホリデーとチャンドラー（Holliday & Chandler, 1986）は，そうした人々のなかにある暗黙理の知恵観を明らかにしようとしている。彼らは，いろいろな年齢層の人に賢い人についての記述を求めたところ，知恵の意味についておおかたの一致があること，また，その特徴

は年齢によって変わらないことをみいだしている。それによると，賢い人の特徴は，およそ次のようなものであった。

①通常の経験にもとづく優れた理解：大きな文脈でものをとらえる，自己をよく理解している，経験に学ぶ，常識をわきまえている，などを含む。

②判断やコミュニケーション・スキル：人生を理解している，聞く耳をもっている，結果についてよく考える，よき助言の資源をもっている，といった日常的ことがらの管理での理解や正確な判断。

③一般的能力：好奇心，機敏さ，知性，創造性，教育歴，など。

④対人的スキル：公正，感受性，社交的，おだやか，親切，など

⑤おしつけがましくない点：分別，すぐ白黒をつけない，冷静，など。

以上は，我々の社会や文化のなかにある伝統的な知恵のとらえ方，あるいは日常生活のなかでの知恵のとらえ方を示したものである。ところで，心理学では，こうした知恵が，老年期においていかにして達成される，とみているのであろうか。これまでの研究を概観すると，成人の知恵の発達に関する心理学的研究は，大きく認知的理論と統合的理論の２つに分けてみることができる。

3）認知的理論による知恵のとらえ方

バルテスらは，知能を機械的プロセス（mechanics）と実用的プロセス（pragmatics）の２つからなる二重プロセスモデル（dual-process model）で説明している（Baltes, Dittmann-Kohli, & Dixon, 1984）。このうち，機械的プロセスは，関係の知覚，世界の分類，論理的推理などを含み，後述する三層モデルの情報処理に相当する。また，実用的プロセスは，世界知識，専門性，メタ認知などを含み，三層モデルの知識獲得に相当する。そして，バルテスらは，知恵を，人生に関する基本的な実用的プロセスのなかの専門性に位置づけている（Perlmutter et al., 1992）。

彼らは，賢者の専門的知識として次の５つの基準を提示している。

①人生の事実についての豊富な知識の貯え。

②手続き知識（いかにやるべきか）の豊富な知識の貯え。

③緊張と葛藤をはらみ内的に関係した文脈の系列のなかで蓄えられてきた人生の理解。

④すべての判断は一定の文化や個人の価値体系にとって相対的であることの認識。

⑤未来は予測できず，過去はすべてを知ることはできないことから，いかなる人生問題の分析も完了したり確答したりできないことを知ること。

また，ディットマン＝コーリとバルテス（Dittmann-Kohli & Baltes, 1990）は，

知恵を特定し，測定評価するために使えるいくつかの兆候を提示している。
　①日常生活の実用的側面に対する専門性（expertise）。
　②問題内容の意味や重要性の理解。
　③問題を定義し解決する幅広い能力。
　④問題の複雑度，困難度，不確実度の理解。
　⑤的確な実用的判断。
　このようにみてくると，認知的理論による知恵のとらえ方は，ポスト形式的思考にかなり近いものになってくる。事実，バルテスは，知恵の研究で人生のディレンマについて尋ねているが，これはポスト形式的思考で使われているものと同じものであるという（Perlmutter et al., 1992）。

4) 統合的理論による知恵のとらえ方

　これまでの研究から老年期の統合のメカニズムのなかから知恵が生まれてくることが示唆されている。エリクソン（Erikson, 1950/1963）は，生涯発達の最後の段階を自我統合と絶望の葛藤によって特徴づけ，そこに葛藤を克服する徳としての知恵を位置づけている。クレイトン（Clayton, 1982）は，知恵が感情的側面と認知的側面との統合を含んでいることを指摘している。また，ルーディンら（Roodin, Rybash, & Hoyer, 1984）も，成人発達を特徴づけるものはまさに認知的側面と感情的側面の統合であるということを示唆している。

　しかし，心理学では知恵の定義や測定法についての基本的な合意はまだほとんど形成されていない。成人の知恵の発達的研究は，今まさに緒についた段階であり，今後のさらなる研究が期待されている。

4　成人の知能のモデル

1) 三層モデル

　これまでに知能のシステムを理解するためのモデルがいくつか提起されてきたが，ここではパールムッター（Perlmutter, 1988, 1989）が提示した三層モデル（three-tiered model）について説明する（図6-8）。このモデルでは，それまでのいくつかのモデルが巧みに統合されている。それによると，知能は，情報処理（processing），知識獲得（knowing），思考（thinking）の3つのレベルから構成されている。このうち情報処理と知識獲得は因子論的アプローチの焦点であったし，思考については認知論的アプローチの焦点であった。第一層は，誕生時から機能し始め，第二層は児童期を通じて現れ，第三層は遅く現れ成人期を通じて発達し続けると考えられている。新しい層が加わるごとに，このシステムは一段と強力，効果

図 6-8 認知の 3 層モデル (Perlmutter & Hall, 1992)
出典：Perlmutter, M., & Hall, E. (1992). *Adult development and aging* (2nd ed., p.250). New York, NY: John Wiley & Sons.

的，効率的になっていく (Perlmutter, 1992)。

　このモデルは，とくに成人の知能の加齢変化を理解するうえで強力なモデルとなっている。第一層は，生物学的な層で，健康の悪化や加齢により低下するとみられている。第二層や第三層は心理学的な層で加齢に対しては抵抗力があるとみられている。また，それらは認知系を強化するため，第一層の能力のスピードや質が低下しても維持される。このことは，流動性知能の根底をなす認知の基礎的メカニズムは，成人後期においては児童期や青年期，あるいは成人前期ほどには重要でないことを意味している (Perlmutter, 1992)。

　それでは，それぞれの層の特徴をみておくことにしよう。

　①**第一層（情報処理）**：第一層は，注意，知覚スピード，記憶，推理のような基礎的な認知プロセスからなる。スタンバーグ (Sternberg, 1985) の三要素モデル (triarchic model) やバルテスら (Baltes et al., 1984) の二重プロセスモデル (dual-process model) の機械的プロセス (mechanics) にあたる。この情報処理は，幼児期・児童期の初期を通して成長し，病気や健康を害することによる影響がなければ，その後は，安定的に機能する。幼児期や前期児童期に初めてみたようなかたちで意味のない課題が提示されるとき，この情報処理が発動される。こうした情報処理は加齢により低下するとみられる (Perlmutter, 1992)。

②第二層（知識獲得）：第二層は，世界知識の貯蔵庫からなる。知識獲得は経験とともに増し，適応的に行動するためのデータベースを提供してくれる。これは，バルテスら（Baltes et al., 1984）の実用的プロセス（pragmatics）を含み，スタンバーグ（Sternberg, 1985）の経験的部分（experiential part）に関連している。つまり，結晶性知能を作り出す能力である。この知識獲得は生涯成長し，我々の経験を記録していく。我々は，この知識獲得の働きにより，重要でない出来事を習慣化し，重要な出来事を予期するようになる。我々はそれほど新規な出来事に遭遇しないので，中年期から成人後期を通じての知識獲得は緩やかであるが，この知識獲得の発達は成人知能のもっとも顕著な特徴とみられている（Rybash et al., 1986）。いろいろなスキルや分野が修得されるにつれて，努力的処理から自動的処理へと転換されていく。いったん，熟練すると，特定分野の問題解決は直感的になっていく（Perlmutter et al., 1992）。

③第三層（思考）：第三層は，メタ認知（metacognition）の出現をまって発達しはじめる。メタ認知はメタ記憶を含み，知能システムに思考という新たな層を構築する力となる。思考は，我々がより適応的になれるような情報処理方略や高度の知的機能からなる。それは，ピアジェの形式的操作（formal operations）の特徴である論理的-数学的思考を具体化したものである。これはポスト形式的思考（postformal thought）とも呼ばれてきたものである。ポスト形式的思考は，疑問，疑惑，矛盾をもたらす成人期の経験のなかから現れてくる。経験が深まり，社会的環境が複雑になるにつれて，人は現実性と主観性を見直すようになる。それとともに，意識的論理的思考と直感的情緒的思考とがどちらが優るとも劣らないかたちで対話的に思考に参加してくる。思考は融通の利かないものから解釈的なものへ移行し，より自動性を獲得していく。ポスト形式的思考の特徴である対話性は，弁証法的思考（dialectical thinking）と呼ばれる（Basseches, 1984）。弁証法的思考では，現実の相反する考えや説明が相互作用し，新しいレベルで一つの統合的なものを形成する。統合されたものは，それと反する説明と相互作用しさらに新たな統合を作り上げるというかたちで，次々に展開していく。ポスト形式的・弁証法的思考のなかで，成人は変化が常態であることを理解していく。つまり，現実は絶えず変化しており，そうした変動する世界のなかでこうした変動するシステムを繰り返し統合して均衡を維持していくのである（Perlmutter et al., 1992）。

2）知能の生涯発達モデル

①流動性知能と結晶性知能：知能の縦断的研究が盛んになってきた頃，キャッテル（R. B.Cattell,）の流動性知能と結晶性知能の検証が問題となった。流動性知能は精神の流動性を反映し，情報処理の速度と能力に関連していると考えられる。ま

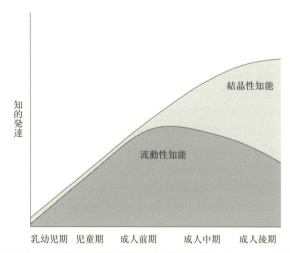

図 6-9 流動性知能と結晶性知能の生涯発達モデル（Santrock, 2010）
出典：Horn, J. L. (1970). Organization of data on life-span development of human abilities. In L. R. Goulet, & P. B. Baltes (Eds.), *Life-span developmental psychology : Research and theory*. New York, NY : Academic Press. Cited in ; Santrock (2010) ; Santrock, J. W. (2010). *A topical approach to life-span development* (5th ed.). New York, NY: McGraw-Hill.

た，この流動性知能は，児童期，青年期に発達し，成人期には加齢により低下すると考えられている。これに対して，結晶性知能は，経験が集積された知識の結晶を反映し，社会化を通じて教え込まれると考えられている。また，この結晶性知能は，生涯にわたって発達するか，少なくとも老年期までは発達すると考えられている。流動性知能の低下を結晶性知能の増加が補い，成人期の知能は全体としては老年期の入り口までは低下しないと考えられている。図6-9は，こうした2つの知能の生涯発達に関する仮説を提示したものである（Horn, 1970）。

②**認知的メカニクスと認知的プラグマティクス**：バルテスら（Baltes, Lindenberger, & Staudinger, 2006）は，流動性知能や結晶性知能を拡充し，認知的メカニクスと認知的プラグマティクスからなる二重過程モデル（dual process model）を提唱した。認知的メカニクスは，心のハードウェアで，進化を通じて発達した頭脳の神経生理学的構造物を反映し，感覚入力，注意，視覚・運動的記憶，弁別，比較，カテゴリー化などの処理のスピードと正確さからなる。認知的メカニクスは，生物学的要因，遺伝および健康の影響を受けるため，加齢とともに衰退するとみられている（図6-10）。他方，認知的プラグマティクスは，文化にもとづく

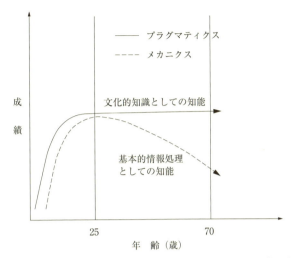

図 6-10　認知的メカニクスと認知的プラグマティクスの生涯発達モデル（Santrock, 2010）

出典：Baltes, Lindenberger & Staudinger（2006）の二重過程モデル（dual process model）；Baltes, P. B., Lindenberger, U., & Staudinger, U. M. (2006). Life span theory in developmental psychology. In W. Damon, & R. M. Lerner (Eds.), *Handbook of child psychology, Vol. 1. Theoretical models of human development* (6th ed., pp. 569-664). Hoboken, NJ: John Wiley & Sons. Cited in ; Santrock (2010); Santrock, J. W. (2010). *A topical approach to life-span development* (5th ed.). New York, NY: McGraw-Hill.

心のソフトウェアで，読み書きのスキル，言語理解，教育的資格，専門的スキル，自己についての知識類型，生活スキルなどからなる。認知的プラグマティクスは，文化の影響が強いため，老年期に入ってもなお改善が続くとみられている。認知的メカニクスの低下を補償するだけでなく，それ自体が向上する可能性をもっており，高齢期の知恵や創造性の基盤をなしていると考えられる。

5　創造性の加齢変化

　独創的な科学的理論や芸術作品などを生み出す創造性（creativity）は，加齢によりどのように変化するのであろうか。しかし，心理学においては，そうした創造性をどのようにとらえるのか，いまだにその定義や測定方法について明確な合意が得られていない。

　ここでは，創造性と知能やパーソナリティとの関連性，創造性の基盤とみられる

拡散的思考の加齢変化，実際の業績と年齢との関連性，仕事の量と質の年齢的変化，高齢期の創造性などのアプローチについてみていくことにしよう。

1) 創造性と知能

まず注目されるのが，創造性と知能との関連である。パールムッターら (Perlmutter et al., 1992) によれば，多くの高い知能をもつ人が必ずしも創造性が高いとはいえない。ただし，創造性が開花されるには，ある程度の知能水準（おそらく，IQ 120 くらい）が必要なようである。作家，芸術家，建築家の研究によれば，知能テストの成績はおおむね標準より上であるが，著名な創造的人物がふつうの成功者より知能テストのスコアが高いとはいえないという (Barron, 1969)。

創造性と知能との相関は大体，0.4 前後の中位の相関があり，両者はまったく無関係とはいえないことが報告されている（住田，1969）。また，下仲ら (1997) も高齢者を対象に創造性と知能の相関を分析し，創造性と流動性知能との相関は 0.234 と低かったが，創造性と結晶性知能との相関は 0.437 と中程度であることを示している。

2) 創造性とパーソナリティ

これまで創造性に関連するパーソナリティ特性として，「集中力」「固執性」「楽しみながら仕事をするといった内発的動機づけの側面」(Kohn, 1987)，「想像力に富む」「洞察力のある」「思慮深い」「機知に富む」「熱情的」(Dohr & Forbess, 1986)，「柔軟的」「情緒的」(Smith & Meer, 1990) などの特徴があげられている。

近年のパーソナリティ研究で注目されている5因子論と創造性との関係を検討した研究によると，開放性との関係が指摘されている。開放性の高い人は，好奇心が強く，彼らの生活は経験の面で豊かである。この次元は知性との関連が指摘されており，創造性だけでなく，知能や教育とも関連があるとされている (McCrae & Costa, 1984)。

また，アブラ (Abra, 1989) は，創造性に寄与する要因の1つとして，自信（自己主張的，支配的，独立心の強さ）をあげている。ジャキッシュとリップル (Jaquish & Ripple, 1981) は，自尊感情が中高齢期の拡散的思考能力と相関していることを指摘している。

3) 拡散的思考の加齢変化

ギルフォード (Guilford, 1967) は，知能のモデルを考えるに当たって，収束的思考 (convergent thinking) と拡散的思考 (divergent thinking) という2つのタイプの思考を区別し，とくに後者の能力が創造的活動の基盤となると考えた。収束的思考は1つの質問に対して1つの答えを出そうとするタイプの思考であるのに対して，拡散的思考は，1つの質問に対して多くの異なった答えを生み出すようなタ

イプの思考である。ギルフォードらは，因子分析的手法により，拡散的思考が流暢性（多くのアイデアを次々と生み出す能力），独創性（非凡な反応を生み出す能力），柔軟性（多くの領域に思考をめぐらすことができる能力）からなると操作的に定義し，こうした拡散的思考の測定によって，創造性を測定できると考えている。

アルポーとビレン（Alpaugh & Birren, 1977）は，児童から高齢者までを対象にギルフォードの創造性テストを行い，対象者の知能や教育レベル，職業を統制して分析した結果，高齢世代ほど拡散的思考が低下することを示した。この研究は横断的研究法によって行われが，その後に行われた縦断的研究法や系列的研究法においても，拡散的思考はほとんど例外なく加齢による低下を示している（McCrae, Arenberg & Costa, 1987）。ただし，時折，30歳代後半あたりにピークがきて，年齢に対して単調な変化ではない（Alpaugh & Birren, 1977; McCrae et al., 1987）。こうした縦断的研究でみる限りは，創造性は若い方がよいといえる。しかし，こうした創造性テストで測定された創造性が，日常的な創造性の指標として妥当であるかどうかが問題である。サイモントン（Simonton, 1990）によれば，そうした意味での妥当性はかなり小さく無視しうる程度であるという。

ところで，これまでこうした心理測定的研究は，創造性を発揮した人々をあまり対象としてこなかった。そこで，クロッソンとロバートソン＝チャボ（Crosson & Robertson-Tchabo, 1983）は，高い創造性を示していない25-74歳の女性と専門的芸術家や作家である22-87歳の女性を比較したところ，2つの傾向がみられたという。非創造的女性群では，複雑さに対する好みというテストにおいて加齢による低下が示された。しかし，創造的女性群においては，年齢による差はみられなかったという。彼らは，個人にとって大切な特性や好み，能力は老年に至るまで保持されており，専門家が高度に確立した技能を絶えず磨いている場合は，加齢により低下しない，と結論している。

4）業績の加齢変化

心理測定的な創造性テストの結果から，日常の創造性について検討するのは，生態学的妥当性の観点からみてきわめて不十分であるといわざるをえない。そうした意味では，実際の創造的活動について調べてみる必要がある。そのような視点から，創造的人物の生産性を歴史的に調査するというアプローチが一方で行われてきた。

レーマン（Lehman, 1953）の著書 *"Age and Achievement"*（年齢と業績）は，今日の業績の加齢変化の研究の古典となっている。レーマンは，芸術，科学，政治，経済学等80の専門領域において，数千人の著名な専門家の業績（優れた生産量）

を調べ、その業績が公表された時点の年齢を算出し、多くの領域において優れた業績（生産量）のピークは30-39歳の年代にあることを見出した。創造性は30歳代をピークにして加齢とともに徐々に低下し、高齢期の創造性はすっかり失われてしまうことが示唆された（図6-11）。

しかし、デニス（Dennis, 1966）は、レーマンは対象サンプルの生存年齢を統制していないため、若くして死亡した人のピークは若い年齢に起こり、一方長寿な人のピークは若い頃に起こる可能性もあるし、中年期に起こることも可能性もある。しかし、全体としてまとめた場合には、若い年齢層の絶対数が大きくなるため、ピークは若い年齢層に偏ると批判した。

また、専門領域によってピークの現れる位置やその後の低下の程度が違っていることを示した。叙情詩人や数学者、理論物理学者などは、30歳代前半ないし20歳代後半にピークがありその後急速に低下するのに対して、小説家や歴史家、哲学者、一般の学者などは、40歳代後半から50歳代にかけてピークがあり、その後の低下は緩やかである（Dennis, 1966, 図6-12）。こうした違いは、後者の場合には生活経験や教育、技能訓練の影響が大きいためとみられる。その他の専門領域は、この両者を両極として、その中間のパターンを描く。すなわち、40歳くらいにピークになり、その後の低下は比較的緩やかである。たとえば、心理学者がこのパターンに含まれる（Horner et al., 1976）。こうした専門領域間の対比は任意に現れたものではなく、異なる文化においても時代がかわっても基本的に変わらないという（Simonton, 1975）。

5） 仕事の量と質の加齢変化

生産の量と質とは基本的に異なる問題である。量はたんなる生産性であるが、質

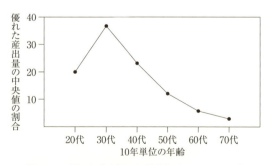

図6-11　優れた産出量の加齢変化（Lehman, 1953）

出典：Lehman, H. C. (1953). *Age and achievement.* Princeton, NJ: Princeton University Press.

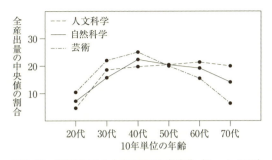

図6-12 分野別にみた全産出量の加齢変化 (Dennis, 1966)
出典：Dennis, W. (1966). Creative productivity between the age of 20 and 80 years. *Journal of Gerontology, 21*, 1-18.

は本来の創造性を意味していると考えられる。かつては，量の年齢曲線と質の年齢曲線はかなり違うものと考えられていた。また，生産性の全体をとらえるとき，晩年の生産性は著名な貢献に比べて軽くみられがちであった（Dennis, 1966; Lehman, 1953）。しかし，慎重に適切なやり方で分析すると，非常に異なる結果がみえてくる（Simonton, 1977a; 1984; 1985; 1988）。

第一に，一定の専門領域のなかで優れた仕事と劣った仕事に分けて年齢曲線を描くと，基本的に同じ関数が得られた。第二に，一定の専門領域のなかで量と質の曲線から全体的な年齢のトレンドを除去すると，劣った仕事と優れた仕事の曲線の変動は一緒であった。どの専門領域おいても年齢単位でみた優れた仕事の割合はランダムに変動した。また，優れた仕事の割合は年齢によって増えもせず，減りもしなかった（Simonton, 1977a; 1985）。したがって，優れた貢献という観点から分析していく場合には，年齢は特定の仕事の成功を決定づけるような要因ではないということである（Oromaner, 1977; Over, 1988）。

サイモントン（Simonton, 1984b）は，こうした分析をふまえて，創造性は生産性の確率的な結果であり，そうした関係はすべての専門領域についていえるという一定確率成功モデル（constant-probability-success model）を提起した。この仮説は，質と量の問題に関して次のことを示唆している（Abra, 1989）。

①産出量が大きいほど成功に結びつきやすいと考えられるため，仕事の質は直接，仕事の量に関係している。

②創造性（業績の潜在可能性）は，生涯変わらない。すなわち，いかなる業績の低下も，たんに産出量の低下を反映しているにすぎない。

また，サイモントン（Simonton, 1990）は，生産的早熟，生産的長寿，産出量の

間に次のような関係を見出している。

①生産的早熟,生産的長寿および産出率は,それぞれ最終的な生涯の産出量と強く結びついており,生産的長寿は年齢単位あたりの高い産出量と正の関係がある。したがって,専門領域の最後に最大の仕事をする人は,早い年齢でキャリアを始め,遅い年齢でキャリアを終え,そのキャリアを通じて並外れた割合で産出する傾向がある。

②生産的に早熟な人は生産的長寿の傾向があり,生産的早熟と生産的長寿は共に年齢単位あたりの高い産出量と正の関連がある。生産的長寿と生産的早熟との関係は,異なる寿命の影響を統制したときに初めて明白になる。早熟な年齢できわめて多産的な人は,若くして亡くなってもなお驚くべき生涯産出量をもって終えるため,生産的長寿と生産的早熟との間の負の関係が現れることがある。

③生涯的産出量は生産的早熟や生産的長寿,高い生産性と正の関係があるにもかかわらず,多くのデータは,専門領域のピークが年齢的に安定していることを示している。すなわち,もっとも多くの貢献をなす年齢は,生涯産出量や個人の卓越した創造性よりもむしろ専門性による。

6) 高齢期の創造性

生産性の加齢変化の研究は,おおむね生産性はキャリア初期に急上昇し,中期キャリアにピークに到達し,それ以降は低落することを示している。ピークの時期は,専門領域によって異なっている。叙情詩人や粋数学者,理論物理学者は早くピークに到達するが,小説家,歴史家,哲学者,医学研究者など学者は20年くらいピークに到達するのが遅れる。しかし,ピーク到達後の低下はそれほど急激ではなく,その専門領域の最後の10年はピーク時のおよそ半分くらいの速さで生産しており,その専門領域の最初の10年よりも速く生産している (Simonton, 1990)。

サイモントンは,創造性の年齢的低下が認知機能の低下によるとする確たる証拠はないと結論している。その理由の一つは,創造的生産性の第2のピークが,しばしば成人後期にあるということである。いま一つは,主要なピークの時期は,必ずしも暦年齢ではなく経験年数によって決まるということである。言い換えれば,生産性のピークの平均年齢は,キャリアに参入した22年後くらいに来るということである。(Simonton, 1988)。

創造性の第2のピークが高齢期にある点に関して,サイモントン (Simonton, 1989b; 1990) は,「白鳥の歌現象」と名付けて研究した。イソップ童話では,「白鳥は死ぬ前に美しい声で歌う」という物語がある。シューベルトはこの「白鳥と主人」にちなんで『白鳥の歌』という遺作となった歌集を制作した。それ以来,作曲家の最後の作品は「白鳥の歌」と呼ばれるようになったといわれる。サイモントン

は，この創造性の第2のピークが，自分の死の予測に気づき始める年齢の頃に起きることから，「白鳥の歌現象」と名付けた。そして，500年間以上に及ぶ172人のクラシック作曲家の生涯に作曲した1919の作品から最後の作曲の効果分析を行い，高齢期の作曲スタイルに変化が起きている点を発見した。最後の作品は，初期の作品よりも短い傾向があり，より簡単であり，オリジナルなメロディーや情緒的強さはないが深みがある，批評家からも高く評価され，人気があるという。死を前にした創造性のスタイルに，量的質的変化が起こることが示され，この現象は創造性の復活と解釈されている。

なお，ここでは割愛するが，こうした白鳥の歌現象は，作曲の領域だけでなく，画家や作家など他の専門領域にも存在することが示されている。

コラム6　フリン現象―世代が進むにつれて知能は高くなっているのか―

フリン（J. Flynn）はニュージーランドのオタゴ大学の政治学者であるが，知能テストの研究者に科学的難題を示して，心理学会全体が頭を抱えている（Deary, 2001）。

フリンは，アメリカの白人を対象としたスタンフォード・ビネー式知能検査やウェクスラー知能検査のデータを用いて，調査参加者のパーセンテージ得点が以前の換算表を使った場合と，後の換算表を使った場合とでどのように異なるか調べた。その結果，古い換算表を使った場合は新しい換算表を使った場合に比べて，換算されたIQが高くなることを見出した。1932年から1978年にかけてこの傾向は恒常的に見られ，同じ換算表を用いたとすると，この期間にアメリカの白人のIQ得点は毎年0.3点上昇し，全期間を通じて約14点上昇したことになる（Flynn, 1984）。

また，フリンは，アメリカの白人だけでなく，イギリス，ノルウェー，イスラエル，オランダ，ベルギーなど14ヶ国にデータ収集の範囲を広げ，アメリカの白人で見出された傾向は他の多くの国でも再現されたことを示した（Flynn, 1987）。

このIQの上昇といういわゆる「フリン現象」について考えるときに重視すべき事実は，もっとも大きい上昇が，文化的影響の少ないテストにおいてみられることである。つまり，容易には学習できない内容の知能検査においてとくに顕著にこの上昇が見られる。たとえば，レーヴン漸進マトリックス検査は，もっとも大きい上昇を示すテストの一つである（Deary, 2001）。

このフリン現象は1980年代後半から知能研究者のみならず，多くの専門家が問題の解決に取り組んできた。しかし，いまだ明確な解答は得られていない。ディアリ（Deary, 2001）によると，フリン現象に対しては，大きく分け

ると2種類の反応がある。

　一つ目の反応は，フリン現象が事実であり，20世紀において実際に世代を経ると知能の向上が見られるとするものである。この説に賛成する研究者は，身長を引き合いに出し，人間の身長は栄養や健康状態の改善により伸びたのだから，知能において同じことが起きても不思議ではないとする。

　二つ目の反応は，フリン現象は見かけの効果だとするものである。フリン現象が，知能テスト自体に人々が慣れてきたことを示しているとする。子ども用のおもちゃ，雑誌，テレビ番組，コンピュータゲームなどは，知能検査の項目のような特徴をもっているので，知能テストの成績が良くなると考える。

　フリンは，こうした世代間の能力差は，なんらかの環境要因によって生じている可能性を指摘している。また，知能テストの得点は，異なる世代間や異なる文化間の比較には使えないと結論づけている（Deary, 2001）。

7章

パーソナリティの加齢変化

　同じような状況におかれても，人によってものの見方や感じ方，行動の仕方がそれぞれに違っている。また，そうした個人の認知や行動の傾向は，状況が違ってもある程度，一貫性がある。したがって，そうした個人の一貫した認知傾向や行動傾向をとらえれば，新たな状況でのその個人の認知や行動の傾向をある程度，予測することが可能となる。心理学では，こうした個人の一貫した認知傾向や行動傾向の問題を，パーソナリティの問題として扱ってきた。

　しかし，心理学におけるパーソナリティの定義は研究者によって異なり，今なお確立されていない。オールポート（Allport, 1961）は，50種類に及ぶパーソナリティの定義をとりあげ，その分類・考察を行っている。それによると，パーソナリティの定義には，個人の特徴を列記するオムニバス的定義，個人の行動に秩序を与える有機体組織の統合を重視する定義，パーソナリティ構造の階層性を強調した定義，個人の社会生活への適応を重視した定義，個人の独自性を重視した定義などいろいろとある。オールポート自身は，「パーソナリティとは，精神身体的組織をもった個人内の力動的な体制であって，その個人の思考と行動を特徴づけるものである」と定義している（永野，1978）。

　これまでの研究を概観すると，パーソナリティの加齢変化に対する主要な理論的アプローチはおよそ次の3種類に分けることができる。すなわち，パーソナリティの安定性を重視した特性論的アプローチ，個人間の類似性を重視した類型論的アプローチ，パーソナリティの構造的変化を重視した発達段階的アプローチ，の3種類である。本章では，これらの主要な理論的アプローチについてみていく。

1　特性論的アプローチ

1）成人パーソナリティの特性因子モデル

　「明るい人」「内気な人」「短気な人」「神経質な人」といった一貫したパーソナリティの特徴は，特性（trait）といわれる。特性とは，思考や感情，行動に対する永続的な傾向である。こうした特性は時間がたっても安定しているため，ある程度の

表7-1　NEO性格検査（NEO-PI-R）**にもとづくビッグファイブ特性の特徴**（Costa & McCrae, 1992）

性格特性	特徴
神経症傾向 （neuroticism）	不安が高い，敵意を抱きやすい，抑うつ的，自意識が強い，衝動的である，傷つきやすい
外向性 （extraversion）	親しみやすい，人付き合いを好む，支配的，活動的，刺激を多く求める，陽気で楽観的
開放性 （openness）	空想好き，美を愛する，感情豊か，新奇なものを好む，知的好奇心が強い，異なる価値観を受容する
調和性 （agreeableness）	他人を信用する，実直，利他的，協力的，謙虚，優しい
誠実性 （conscientiousness）	有能感を持つ，几帳面，約束や人の期待を裏切らない，目標達成のために頑張る，仕事を最後までやり遂げる，慎重で注意深い

出典：Costa, P. T., Jr., & McCrae, R. R. (1992). *Revised NEO Personality Inventory* (*NEO-PI-R*) *and NEO Five-Factor Inventory* (*NEO-FFI*) *professional manual*. Odessa, FL: Psychological Assessment Resources.

行動の予測可能性をもつと考えられるのである。

　これまでに多くのパーソナリティ特性論が展開されてきたが，成人のパーソナリティ特性の説明を主眼としたものはあまりなかったといってよい。しかし，近年，コスタとマクレイ（Costa & McCrae, 1985, 1988, 1992）は，いくつかの縦断的研究や横断的研究の結果にもとづいて，成人のパーソナリティをとらえることを主眼とした5因子モデル（five-factor model, 表7-1）を提起している。

　このモデルは，成人前期から老年期へかけての安定性が確認された神経症性（neuroticism），外向性（extroversion），経験への開放性（openness to experience）という3因子を主要因子とし，それに協調性（agreeableness），誠実性（conscientiousness）という2因子を加えた5つの独立した因子特性から構成されている。また，この5因子モデルにもとづくパーソナリティ・テストとしてNEO人格目録が開発されている（Costa & McCrae, 1985）。

　これらの成人のパーソナリティをとらえるために設定された5つの特性は，どのようなパーソナリティ特徴と関係しているのであろうか。マクレイとコスタ（1985, 1992）により，若干の説明を加えておくことにする。

　①**神経症性（Neuroticism）**：恐怖や悲しみ，怒り，困惑は神経症傾向の核であるが，この次元はそれよりも心理的ディストレスに対する敏感さを多く含んでいる。神経症性の高い人は，非現実的な思考を行いがちになり，自分の怒りをなかなかコントロールできず，ストレス対処が下手である。神経症性の低い人は精神的に安定

し，リラックスしており，ストレスの多い状況にもあわてず対処できる。

②**外向性（Extroversion）**：外向的な人は社交的ではあるが，それが唯一の特性ではない。人が好きで，大きな集団や集会が好き，断行的で，活動的，おしゃべりな特徴がある。興奮することや刺激的なことが好きで，快活な気質傾向，上昇志向，エネルギッシュ，楽観的である。一方，内向的な人は，外向性の欠如したものとみることができ，控え目で，依存心が高く，ペースが変わらない。恥ずかしがりやで，外向的な人のようにあふれんばかりの高揚は好まないが，決して不幸に感じているわけではなく，ふさいでいるわけでもない。ユング心理学の内向—外向とは意味合いが異なる点に留意する必要がある。

③**開放性（Openness）**：開放性とは，経験に対して開かれているという意味である。開放性の高い人は，内的，外的世界の両方に対して好奇心をもっており，彼らの生活は経験の面で豊かである。より鋭くポジティブな情動やネガティブな情動を経験する。この次元はしばしば知性と関連があるととらえられており，教育や知能，特に創造性・拡散的思考と関連がある。また，開放性の高い人は，非伝統的であり，権威に疑問を投げかけ，新しい倫理や社会，政治的思考に対して好戦的である。他方，開放性の低い人は，行動において保守的であり，外見も控え目である。新奇なものより馴染んだものを好み，興味の範囲が狭く，ややだんまり気味である。

④**調和性（Agreeableness）**：調和性の高い人は，基本的に利他的である。他者に同情し，他者の援助に熱心で，他の人は同じように自分を助けてくれると信じている。一方，調和性に欠ける人や敵対的な人は，自己中心的であり，他人の意図を疑い，協力的というよりは，競争的である。調和的な人は，人気があり，心理学的に健康である。しかし，これが極端に高いのも，社会的にはよいとはいえない（八方美人すぎる）。

⑤**誠実性（Conscientiousness）**：誠実性の高い人は，目的をもち，意志が強く，断固としている。これらの特性なくしては偉大な人間やリーダーになることはできないだろう。誠実性の高い人は，ポジティブには学業や職業の達成と関係し，ネガティブには気難しさ，極端な清潔やワーカホリックにつながる。きちんとしていて，時間をよく守り，信頼されている。誠実性の低い人は，モラルが欠けているわけではないが，目標に向けて頑張るひたむきさが足りない。快楽主義的であるという説もある。

ところで，こうしたパーソナリティ特性の研究に対しては必ずしもすべての心理学者が同意しているわけではない。パーソナリティの研究に特性を使うのは誤解を招くとして，特性論的アプローチに対して批判的な研究者もいる。パールムッター

ら (Perlmutter et al., 1992) によれば，その問題点はおよそ次のようなところにある。

第1は，特性論で誰かを「内気である」というとき，それは行動の説明になっておらず，たんにレッテルを貼っているにすぎない。すなわち，このように行動を記述するために特性を使用することは，個人のなかでの変動を分からなくしてしまう可能性があるという。そして，個人の行動は，我々が考えている以上に，状況によって違っている点を指摘している。

第2に，特性は，特定の状況における特定の行動を決定づけるだけの予測可能性はないということである。個人の特性を知るということは，個人がどのように反応するか，その反応の範囲についてのある程度の情報となるが，特定の状況のなかで個人が何をするのかまでは分からないのである。

このように特性論的アプローチに対しては批判もあるということに留意しておく必要があろう。しかし，それにもかかわらず，時間的に長期間にわたる行動を考える場合には，特性論的アプローチはそれなりに有効であると考えられている (Epstein, 1979)。

2) 成人のパーソナリティの安定性

コスタとマクレイ (Costa & McCrae, 1989) は，35-84歳の約1万人の成人を対象にした全米規模の横断研究で，成人期のパーソナリティ特性の驚くべき安定性を報告している。それによると，神経症性，外向性，経験への開放性は年齢が上がるにつれてやや減少する傾向があったものの，平均水準でみた年齢の効果はほとんどないといってよい (図7-1)。また，多くの縦断研究においても，集団の平均水準でみたときの種々のパーソナリティ変数の時間的な安定性がみいだされている (Costa & McCrae, 1988; Siegler, George, & Okun, 1979)。

しかし，かりにある特定の特性で大きな増加を示す人と大きな減少を示す人がいたとしたら，相殺されてグループ内の平均水準は変化しないことになる。したがって，種々のパーソナリティの平均水準の研究報告では標準安定性 (normal stability) についてはわからないことになる。標準安定性とは，自分のコホートのメンバーのなかでの個人の順位でみたときにパーソナリティが安定していることを意味している。標準安定性は，縦断研究において，コホート内の順位にほとんど変化がないことを示す高い水準の相関によって表される。ちなみに，コスタとマクレイ (Costa & McCrae, 1989) によれば，重要な縦断研究におけるパーソナリティの安定性は，+0.34-+0.75の範囲で，おおかた+0.50以上であり，これらの相関はパーソナリティの本質的安定性を示しているという。

キャヴァノー (Cavanaugh, 1990) は，研究の対象者となった人々がその間，結

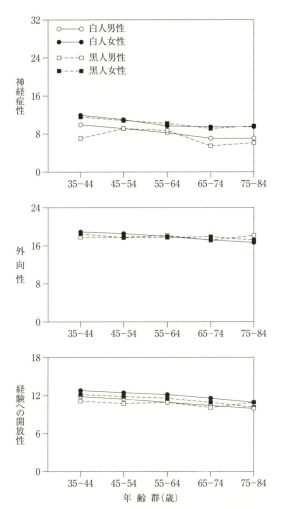

図7-1 パーソナリティの安定性（Costa et al., 1986）
出典：Costa, P. T., Jr., McCrae, R. R., Zonderman, A. B., Barbano, H. E., Lebowitz, B., & Larson, D. M. (1986). Cross sectional studies of personality in a national sample: 2. Stability in neuroticism, extraversion, and openness. *Psychology and Aging, 1*, 144-149.

婚，転職，ストレス状況，移動，退職，社会的ネットワークや友人関係の変化，社会変動や経済変動，外見や健康の変化，読書，映画，テレビ番組などの多くの変化を経験し，影響を受けてきたことを考えると，これだけパーソナリティが安定しているというのは，驚きであり重要な結論であるとしている。パールムッターら（Perlmutter et al., 1992）は，こうしたパーソナリティの安定性のかなりの部分は，パーソナリティの基礎的，下部構造である気質（temperament）にもとづいていると指摘している。気質とは，個人の身体的，生理的プロセスの特質としての体質や性格と密接な関係があると考えられている。また，気質は体質とともに，比較的に遺伝的・素質的規定力が強く，成長にともなっての変化が少なく，成人になっても乳・幼児期からもっていた基本的な体質・気質はあまり変わらないと考えられている。

　パーソナリティの標準安定性に関してはその後も検証が重ねられ，152件の縦断研究をメタ分析した研究（Roberts & DelVecchio, 2000）によると，パーソナリティの標準安定性は年齢につれて高くなり，中高年層のパーソナリティは変わりにくくなると考えられている。また，中高齢期においてパーソナリティの標準安定性が高まる理由として，①個人が自分で十分に適応できる環境を選択できるようになるため，安定的に存在できるようになる，②自我同一性の確立に加え，他者からも行動や反応の一貫性が求められるようになる，③さまざまな経験を統合して解釈できるようになるため，行動や反応が安定する，などの点が指摘されている（Stewart & Ostrove, 1988）．

3）成人のパーソナリティの変化

　コスタとマクレイたちの研究では，横断的研究でも縦断的研究でもNEO-PI-Rの5つの特性の加齢変化はあまりないとされてきた。しかし，近年，促進的縦断研究デザイン（図7-2）により，パーソナリティ特性の加齢変化を示す研究がいくつ

図7-2　促進的縦断研究デザインの模式図（増井，2008）
出典：増井 幸恵（2008）．性格　権藤 恭之（編）高齢者心理学（pp.134-150）　朝倉書店

1　特性論的アプローチ　　127

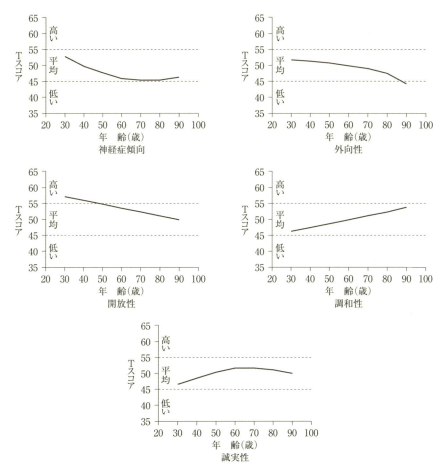

図 7-3　促進的縦断研究デザインを用いて評価されたビッグファイブ特性の年齢変化（Terracciano et al., 2005）

出典：Terracciano, A., McCrae, R. R., Brant, L. J., Costa, P. T., Jr. (2005). Hierarchical linear modeling analyses of the NEO-PI-R Scales in the Baltimore Longitudinal Study of Aging. *Psychology and Aging, 20*(3), 493-506.

か行われている（増井，2008）。ここではテラッチアーノら（Terracciano et al., 2005）が、20-90歳の対象者の15年間のNEO-PI-Rの縦断データを用いた5つの特性の加齢変化をみてみることにしよう（図7-3）。

それによると、神経症傾向は高齢期前半までは低下するが、高齢期後半においては上昇傾向を示す。外向性と開放性は年齢とともに低下している。一方、調和性は

加齢にともない上昇する。誠実性は高齢前期までは上昇し，それ以降やや低下する。5つの性格特性すべてで加齢変化が見られた。したがって，これまでの成人期のパーソナリティ特性は安定しているという見方については，一概に言えないといえよう。しかし，テラッチアーノらによると，個人間変動85％に比べて個人内変動は15％程度と小さく，標準安定性を覆すほどではないとしている（増井，2008）。

とはいえ，なぜこのような加齢変化が起きるのか，いろいろな仮説が提起されている。神経症性の低下は，人生経験を重ねるなかで，鈍感力とでも呼べるようなストレス耐性の強い人が生き残るためという説がある。外向性や開放性の低下は，ユング（C. G. Jung）の主張するように，加齢とともにより内面的な豊かさを求めるようになるためという説がある。調和性の増加は，加齢により社会的自立性が低下し，他者との適応的関係を重視するようになるためという説がある。誠実性は，加齢とともに自分の考え方を自由に表現できるようになるためという説がある。これらの適応の観点からのパーソナリティの変化に関する仮説はいずれも興味深いものであるが，その検証はあまり行われていない。

2　類型論的アプローチ

我々のパーソナリティには，多様な特徴と個人差がみられる。しかし，多くの人々を観察するとき，そこにいくつかの類似性をみいだすことができる。こうした類似性や共通点にもとづいて人々のパーソナリティをいくつかの型（type）に分類し，パーソナリティの理解に役立たせる方法を類型論という。ここでは，成人のストレスへの対処や老年期への適応を考えるうえで研究されてきたいくつかのパーソナリティ類型について述べる。

1）疾患とパーソナリティ

①**タイプA性格**：フリードマンとローゼンマン（Friedman & Rosenman, 1959）は，心臓疾患患者が他の疾患とは異なる行動特徴を示すことに注目した。その行動特徴とは，①時間的切迫（いつも仕事に追われている感じがあり，焦りを露わにする行動），②競争（たえずものごとを達成する意欲をもち，仕事でも余暇のときでも競争心が強い），③攻撃（他人を好んで攻撃する行動），④敵意（反対されると敵意をもつ）などである。とくに攻撃行動が顕著であることから，攻撃（aggression）の頭文字のAをとって，彼らはタイプA性格とした。また，これと正反対に，リラックスしていて，時間のプレッシャーを感じておらず，タイプA性格の特徴である敵意や競争心はいだかない行動特徴をタイプB性格とした。そ

して，タイプA性格は，タイプB性格よりも虚血性心疾患が多いことを指摘した。ローゼンマンらによれば，タイプA性格が心臓血管系の疾患や心筋梗塞にかかる割合はタイプB性格の2倍もあり，最初の発作の生存者のうち，2度目の発作を起こす割合は5倍もあったという（Rosenman et al., 1975）。

その後の研究によると，タイプA性格の特徴をなすいつも時間に追われている感じや競争心の強い点は心臓血管系の疾患とは関係なく，心臓血管系の疾患は怒りの内向（anger-in）と敵意によって作り出されるということが指摘されている（Blakeslee, 1989a; Booth-Kewley & Friedman, 1987）。怒りと敵意をもつタイプA性格は，ストレスに対する反応の仕方に特徴がある。交感神経系が過剰に働き，通常，アドレナリンの分泌を抑制し交感神経系の作用を沈める副交感神経系が働かない傾向があるといわれている。それだけ長くストレス下におかれるために心臓は過剰にすり切れてしまうとみられている（Blakeslee, 1989a）。敵意をもつタイプA性格にとっては，心臓血管系だけが唯一の脅威ではない。免疫系の研究が進むにつれて，知覚されたストレスを増加させる条件が人の病気へのかかりやすさを増加させることも示唆されている（Booth-Kewley & Friedman, 1987）。

②**タイプC性格**：がん患者の多くは共通した性格の特徴が認められ，その性格はがん（cancer）の頭文字をとって，タイプC性格と呼ばれている。アイゼンク（Eysenck, 1991）は，タイプC性格の特徴を，①怒り，恐れなどの感情を抑制し，穏やかな印象を与えようと努力する，②ストレスフルな状況に対して適切な対処をとれず，結果として絶望感・抑うつ状態に陥ることが多い，とした。アイゼンクは，喫煙とがん発症との関係を調査し，がんを発症した喫煙者の多くはタイプC性格のもち主であることを明らかにした。なお，その結果によれば，喫煙習慣をもったタイプC性格者のなかでも，怒り，悲しみ，恐れなどの陰性感情を表すことが不得意なものにだけがん発症が顕著に認められるが，陰性感情を抑制せずに表現できる習慣的喫煙者のがん発症率はきわめて低い。

アイゼンク（Eysenck, 1991）は，タイプA性格とタイプC性格の死亡率を比較し，がんによる死亡と心疾患による死亡が対照的に異なることを示した。アイゼンクは，無作為に抽出されたハンブルグ住民を性格検査によってタイプA性格，タイプC性格およびタイプAにもタイプCにも属さない健康な性格（タイプB性格）の3群に分け，さらに，3群に分けられた住民を彼らの家族と友人の意見によって，有ストレス群と無ストレス群に2分した。そして，2分された住民を5年間の追跡調査によって死亡原因別に分類し，死亡原因別の死亡率を明らかにした（図7-3）。その結果，タイプC性格者は心疾患よりもがんによる死亡率が明瞭に高く，対照的にタイプA性格者はがんによるよりも心疾患による死亡率が明瞭に高

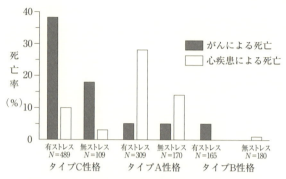

図7-4 有ストレス群の疾患別死亡率（Eysenck, 1991）
出典：Eysenck, H. J. (1991). *Smoking, personality and stress: Psychosocial factors in the prevention of cancer and coronary heart disease*. New York, NY: Springer.

かった。また，有ストレス群と無ストレス群の比較から，有ストレス群の発症が明瞭に高く，性格による疾患の発症にはストレスの有無が強く影響していることが示唆された。なお，タイプB性格者は，ストレスの有無を問わず疾患の発症が低く，ストレスに強いことが示唆された。

2）パーソナリティ類型と老年期の適応

これまでに老年期の適応と関係するといわれるいくつかのパーソナリティ類型が提示されている。

ライチャード（Reichard et al., 1962）は，55-84歳の87名の男子（42名は退職者，45名は在職者）を対象に，面接調査と心理テストを実施した。そして，115のパーソナリティ変数をクラスター分析して，適応性の観点から5つの類型に分け，それぞれの生活実態，生活意識，パーソナリティ特性について述べている（表7-2）。

①**円熟型（Mature）**：この型は，日常の生活に対して思慮的・建設的に臨む。したがって，仕事に積極的に参加し，家庭や社会の人間関係に満足し，趣味などにも喜びをみいだすことができる。また，自分自身を現実的に受容でき，過去を悔いたり，現在の喪失を嘆くことなく老いることができる。一見楽天的にみえるが，単なるみかけの楽天家ではなく，また不当な悲観論者でもない。

②**安楽椅子型（Rocking-chair）**：この型は，ニューガーテンら（Neugarten, Havighurst & STobin, 1968）のいう受け身的‐依存型と似ている。物質的にも情緒的にも他人のサポートを待つタイプである。社会人としての責任から自由になれたことを喜び，満足している。これ以上責任のある仕事をすることは好まない。年

表7-2 Reichardらによる高齢期のパーソナリティ分類

①	円熟型（mature group）	適応型
②	ロッキングチェア型（rocking-chair group）	
③	装甲型（armored group）	
④	憤慨型（angry group）	不適応型
⑤	自責型（self-hater group）	

出典：Reichard, S., Livson, F., & Peterson, P. (1968). Adjustment to retirement. In B. Neugarten (Ed.), *Middle age and aging* (pp.178-180). Chicago, IL: The University of Chicago Press. Cited in; 佐々木 直美（2008）．適応理論とサクセスフルエイジング　下仲 順子・中里 克治（編著）高齢者心理学（pp. 123-140）　建帛社

老いることも，安楽な満足をもたらすものと感じられている。

③装甲型（Armored）：この型は，不安や防衛機制が強いが，しかし円滑に表現される。自分の業績に対してこだわりをもち，退職して怠惰な生活に陥ることを嫌う。仕事や活動を持続させることによって，身体的衰えや無力感から自己を防衛している。

④憤慨型（Angry）：この型は，自己の不満や失敗を他者のせいにし，他者に敵意を向け非難攻撃しようとする。自分の業績に対する関心は高いが，仕事に対して情緒的困難を経験し，適応性は低い。彼らは，年老いることと自分とを調和させることができない。特に趣味もなければ，人生の慰安というものを経験することがない。

⑤自己嫌悪型（Self-haters）：この型は，過去を振り返り，失望と挫折感を感じる。その責任を自らに課し，自らを責め，自らの不幸を嘆いている。仕事に対する適応性はまったくない。年老いるにつれ，不適応感と，自分が無価値であるという思いが強まり，うつ的になっていく。

ライチャードら（Reichard et al., 1962）は，円熟型，安楽椅子型，装甲型の3つを一応，適応的，憤慨型，自己嫌悪型の2つを不適応的と考えている。

一方，ニューガーテンら（Neugarten et al., 1968）らは，老年期への適応を社会から離脱するか，活動するかという一方向で説明する離脱理論や活動理論に対する不満から，人間の活動やパーソナリティには人生の全段階を貫く連続性があり，老年期への適応もこうした連続性の視点からとらえる必要があるという継続理論（continue theory）を提唱した。ライフコースを通じてのパーソナリティの安定性を強調する継続理論は，コスタとマクレイ（Costa & McCrae, 1980b）の組織的な研究によって経験的な支持を受けている（Kastenbaum, 1986）。

ニューガーテンら（Neugarten et al., 1968）は、カンザス市の研究のなかで、次のような中年期から老年期にかけての安定した4つのパーソナリティ類型をみいだしている。

(1) **統合型（Integrated）**：この型の人は、積極的で活動的、人生に楽しみの領域をもっている。

(2) **装甲-防衛型（Armored-Defended）**：この型の人は、仕事をやり続けており、それを喜びとしている。若さを保とうとし、若い者には負けないと思っている。

(3) **受け身的-依存型（Passive-Dependent）**：この型の人は、他者に助けを求めようとする傾向が高く、無気力である。

(4) **非統合型（Unintegrated）**：この型の人は、パーソナリティの解体タイプで、人生に怒り、悲しみ、自己像が否定的である。

これらの4つのパーソナリティ類型と人生満足度との関係をみたところ、統合型や装甲-防衛型はともに満足度が高く、受け身的-依存型は中程度か低く、非統合型は低かった。ニューガーテンらは、目標指向的行動や対処行動、生活満足といった社会的適応に関係したパーソナリティの側面は年齢によって変化せず、むしろライフスタイルに関係しているとみている。

3 発達段階論的アプローチ

カステンバウム（Kastenbaum, 1986）によれば、発達段階理論の主要な特徴は次の3点にある。

① 個人は固定した継起順序のなかである機能遂行のレベルから次のレベルへ移行する。

② 各レベルもしくは段階（stage）は、質的に異なる機能的な組織化の様態を表示している。

③ 移行が容易に行われるかどうかは、前の段階での達成の成功に依存している。

ここでは、発達段階論的視点から成人のパーソナリティの構造的変化のモデルを提起したユング、エリクソンおよびレヴィンソンについて述べることにする。

1) ユングのライフサイクル論

ユング（C. G. Jung）は、成人期のパーソナリティの発達を強調した最初の理論家の一人である。ユングはフロイトと決別した後、独自の理論を発展させたが、成人期の発達に対する考え方も際だった食い違いをみせている。フロイト（S. Freud）はパーソナリティの発達は青年期で終了すると考え、成人期の発達には特

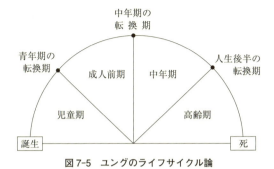

図7-5 ユングのライフサイクル論
出典：Staude, J. R. (1981). *The adult development of C. G. Jung.* Boston, MA: Routledge & Kegan Paul.

に言及していない。それに対して，ユングは青年期までの発達よりもむしろ成人期の発達の意味を強調しており，フロイトの考えとは対照的である。

ユングは，心的エネルギー（リビドー）が自己の外部に向かい，外の事物や人間に関心を示し，影響を受けやすい傾向のある人を外向性（extroversion），心的エネルギーが自己の内部に向かい自分自身に関心が集中する傾向のある人を内向性（introversion）と呼んでいる。なお，こうした向性は意識の面で外交的な人は無意識の面では内向的であるというように反対になっていると仮定されている。また，精神の主な機能として思考，感情，感覚，直感の4つをあげ，外向性・内向性の組み合わせにより8つのパーソナリティ類型を考えている。そして，ユングは，意識の主体である自我が無意識の主体である自己の働きかけを受けてバランスのとれたより高い統合性を獲得していくプロセスを個性化（individuation）と呼んでいる（河合・西村，1967）。

図7-2は，ユングのライフサイクル論を示したものである。ライフサイクル（life cycle）とは，生命をもつものの一生の生活にみられる規則的な推移のことである。ユングは，人生を太陽の運行の軌跡にたとえながら，人生の各段階について述べている。

ユングによれば，成人のパーソナリティの発達には，個性化の視点からみて，2つの重要なトレンドがあるという。1つは，外向性・内向性という向性の差異に関係している。人生の前半においては，社会的地位を得るとか，家庭を築くといった外的世界に心的エネルギーが振り向けられる。そのため，若年者は高齢者よりも自ずとより外向的になるとみられる。しかし，人生の後半では，年齢につれて，個性化によるバランスの要求が働き，内的世界に焦点を合わせ，老いや死についての個人的感情を探索する傾向が生まれてくる。ユングは，対外的生活から内面の生活へ

の生き方の転換がなされる重要な時期として，特に中年期に着目している（Cavanaugh, 1990）。

また，ユングは，自我が内界に向かうときの自我の態度を表すものとして，アニマ・アニムスという概念を示している。アニマは，男性が男性的に発達していくのに平行して無意識のなかに育つ女性的性格である。同様にアニムスは，女性のなかの男性的性格である（河合・西村, 1967）。通常，成人期の初期には，男性は男性的性格のみを表現し，アニマをなんとか抑圧している。同様に，女性も女性的性格のみを表現し，アニムスをなんとか抑圧している。つまり，成人期の初期には，我々は，我々の社会や文化に適合するようにそれぞれの性役割をステレオタイプに実践しているわけである。しかし，年をとるにつれて，個性化によるバランスの要求が働き，人間はそのパーソナリティの抑圧された部分を自由に現せるようになってくる。すなわち，男性は社会的・文化的には女性的とみられているような振る舞いが可能になってくる。同様に，女性も社会的・文化的には男性的とみられているような振る舞いが可能になってくる。つまり，男性も女性も，社会的・文化的に定義されたようなステレオタイプな振る舞いではなく，自らの個人的要求を自由に表出できるようになってくるということである。これが，もう1つの年齢に関係した重要なトレンドである（Cavanaugh, 1990）。

ユングの成人のパーソナリティの発達に関する考え方は，後の成人期のパーソナリティの発達研究に大きな影響を与えている。特に，年齢にともない内向的になるという仮説と，年齢にともない両性具有的（androgyny）になるという仮説は，後の研究者の関心を呼ぶこととなった。成人のパーソナリティの初期の研究者の一人であるニューガーテンらは，カンザス市研究のなかでユングの提示した2つの仮説の検証を試みている（Neugarten & Associates, 1964）。年齢にともない内向的になるという仮説の検証については，すでに，特性論によるパーソナリティの加齢変化に関する1つの仮説として触れた。年齢にともない両性具有的になるという仮説の検証については，「パーソナリティの性差」のところで述べることにしたい。

2) エリクソンの心理社会的理論

①エリクソン理論の特徴：エリクソンは，自我の発達は社会的文脈のなかで考えてはじめて理解できるという観点から，フロイトの心理性的発達段階説に変革を加え，独自の心理社会的発達段階説を提起した。フロイトの場合は，家族内の児童に焦点が当てられていたが，エリクソンの場合には，変動し発展する社会のなかの個人に視点が移されている。パーソナリティは，内的な成熟の計画と外的社会的な要求との間の相互作用によって決定されると考えられている。また，フロイトの発達段階説は青年期で終了するが，ユングのライフサイクル論の影響を受け，エリクソ

円熟期							統合 対 絶望 英知
壮年期						生殖性 対 停滞 世話	
成人初期					親密性 対 孤独 愛		
青年期				アイデンティティ 対 混乱 忠誠			
学童期			勤勉性 対 劣等感 適格性				
遊戯期		自発性 対 罪悪感 目的をもつ					
幼児期	自律 対 恥と疑惑 意志力						
乳児期	基本的信頼 対 基本的不信 希望						

図7-6　エリクソンの心理社会的人生段階（Erikson et al., 1986）

出典：Erikson, E. H., Erikson, J. M., & Kivnick, H. Q.（1986）.*Vital involvement in old age: The experience of old age in our time.* New York, NY: Norton.（エリクソン, E. H.・エリクソン, J. M.・キヴニック, H. Q.　朝長 正徳・朝長 梨枝子（訳）（1990）．老年期：生き生きしたかかわりあい（p.35）　みすず書房）より一部改訂

ンの発達段階説は全生涯をとらえたものへと拡大されている。エリクソンは，生涯にわたる自我の発達は，図7-3のような8段階からなると提起した。

　エリクソンの各段階は，2つの相反する解決の方向づけの葛藤によって特徴づけられる。こうした葛藤は，内的な心理的プロセスと外的な社会的環境の相互調整（mutual regulation）により解決される。したがって，解決の仕方やバランスは，社会や文化によって影響を受けている。葛藤の解決の成功によって心理社会的な力や徳（virtue）が確立される。他方，解決の失敗は，その段階で達成しなければならない心理社会的な力を形成するためのチャンスを永久に失い，将来の葛藤の解決にも支障が及ぶと考えられている。

　したがって，エリクソンの各段階はある種の危機的な臨界期を反映している。エリクソンは，「危機」という語を，災害が差し迫っているというような意味ではなく，葛藤の解決が発達を促進させる方向へ向かわせるのか，損なう方向へ向かわせるのか，という人生のターニングポイントになるという事実を強調する意味で用いている（Perlmutter et al., 1992）。

　こうした段階の順序は生物学的な成熟の時刻表によって固定されていると考えら

れている。また，この順序は，漸成原理に（epigenetic principle）にもとづいている。漸成原理とは，急に何か新しい器官が出現するわけではなく，今まであったものの上に，新しい器官が生まれてくる生物学的なたとえである。エリクソンの漸成発達理論は，これを心理学的に人間発達に当てはめたものである。自我が十分に発達するためには，それぞれの段階でふさわしい力が新しく出現し発揮されなければならない。そして，それらの力が次の段階で不可欠のものとなっていく。すべて力を獲得するには，最終段階までかかると考えられている。エリクソンは現在と未来の行動は，過去にその根をもっているに違いないと認識している。過去の重視という点ではフロイト的である。それぞれの段階で社会的世界が拡大されていく。乳児期の社会は自分を最初に世話してくれる人物（一般的には母親）との間に始まるが，最終的に高齢者になると，社会は人類をとりまく世界観にまで広がっていく。

②**エリクソンの8段階説**：パールムッターら（Perlmutter et al., 1992）により，第1段階の乳児期から第8段階の老年期まで順にみていくことにする。

(1)**乳児期**：乳児は，信頼（trust）か不信（distrust）かという葛藤に直面する。この課題の克服から，基本的信頼が発達してくる。この基本的信頼は，乳児が世話をしてくれる人が必要なときにいることを確信するところから成長する。基本的信頼から乳児の自我強度である希望という徳が発達してくる。基本的信頼の獲得に失敗すると，不信が生じ，パーソナリティのなかに残ることになる。不信が強いと，他者を疑い，社会から引っ込み思案になりがちである。そうならないように，基本的信頼が不信よりも優位になるように，両者のバランスがとられていく。しかし，信頼しすぎるとだまされ利用されやすいので，ある程度の不信は，人生を通じて必要である。

(2)**幼児期**：3歳ころまでの幼児は，初めて社会化（socialization）の影響を受ける。それと同時に，自分自身で行動を決定していく要求が発達していく。したがって，この時期の発達課題は自律（autonomy）である。自律は自己統制ないし自己決定の感情で，恥や疑惑と対立している。自律が恥に優ると，幼児期の徳である意志力が成長してくる。逆に疑いや恥が優ると，時間や金，愛情問題に過剰に支配された強迫的な成人になっていく。しかし，うまく発達していくためには恥や疑惑も多少必要で，それらは健康な成人においてもなお存在するものである。

(3)**遊戯期**：就学前の児童の発達的危機は，自発性と罪悪感との葛藤である。自発性が優ると，遊戯期の徳である方向づけや目的の感覚が発達してくる。罪悪感が優ると，自分が悪いと確信するようになる。罪悪感にとらわれた成人は，過度に禁欲的であったり，独善的道徳主義を発展させていく。人生で何をなすべきかという可能性よりも，何ができないか，何をすべきでないか，関心が後ろ向きになってしま

う。

(4)**学童期**：学校に入ると，社会的世界は家族を越えて広がっていく。子どもたちは，ものを生産することによって認識を獲得することを学ぶとともに，課題の達成によって喜びが得られることを発見していく。この時期の危機は，勤勉と劣等感との葛藤である。勤勉が優ると，学童期の徳である適格性の感覚が発達してくる。不適格と感ずると，自分の技能は学校という新しい世界の要件についていけないと思い，劣等感をつのらせていく。

(5)**青年期とアイデンティティ**：青年期を通じてアイデンティティという感覚がパーソナリティ発達の焦点になってくる。アイデンティティとは，個人が経験を通して，自己知覚と他者の知覚が適合するように，自己についての肯定的な一貫した感覚を有するようになることを意味している。青年は，身体が急速に成長し，認知能力が発達し，成人としての役割を決定する選択に直面するにつれて，それまでの発達段階の危機の解決に疑問をもちはじめる。自己概念の諸側面が見直され，青年はより広い社会的世界へ適合できるように新たな自我同一性（ego identity）を形成していく。職業的アイデンティティとともに性的アイデンティティが重要になってくる。また，理想がにわかに重要となり，宗教，倫理，道徳，政治などを新しい観点から考えるようになる。しかし，こうしたアイデンティティの形成のしかたは，文化によって強く影響を受けている。

青年の葛藤は，アイデンティティとアイデンティティの拡散（identity confusion）との対立である。アイデンティティが確立されると，青年期の徳である忠誠が発達してくる。個人がなんの職業的アイデンティティも理想ももてないとなると，アイデンティティの拡散がみられるようになる。アイデンティティが拡散すると，自分が男か女か，自分が常に魅力的かどうか，自分の欲求を統制できるかどうか，自分はいったい何者か，自分は何者になろうとしているのか，自分は他者からどうみえているのか，いかにして悪友や性的交渉相手，リーダー，そしてキャリアに傾倒することなく正しい決定を下せるか，分からなくなってしまう。

(6)**成人前期**：成人前期の最大の発達課題は，他者との完全な親密な関係を確立することである。エリクソンによれば，親密性（intimacy）とは，自分のアイデンティティを失う恐れなく，自分のアイデンティティと他のだれかのアイデンティティとを融合する能力を意味している（Evans, 1967）。換言すれば，自分のすべての側面を他者と分かちもつ能力を意味している（Erikson, 1968）。もし，こうした親密性が欠けていると，結婚も就職も，親友を得ることも難しい。その結果，孤立（isolation）してしまうかもしれない。こうした親密性と孤独との葛藤から成人初期の徳である愛が発達してくる。性的関係の確立は必ずしも親密性の発達を意味し

ていない。事実,性行為がたんなる遊びの人は,相手を人としてみていないため,極端な孤立を感じることになる (Hall, 1987)。

(7) **壮年期**:中年の到来とともに焦点は親密性から次世代への関心へ移行する。葛藤は,生殖性 (generativity) と停滞との間で生起する。生殖性とは,性的生殖よりも広く包括的な意味で,心理社会的に次世代を生み出すことを意味している。こうした生殖性には,「親としての子育ての機能」「世話をする機能」「創造的な仕事をする機能」などが含まれる。教師,芸術家,作家,看護師などは,職業を通じて生殖性を表現しているとみることができる。また,社会の維持,改善のために働くことを通じて生殖性を表現する人々もいる。生殖性は,産みたいという人間の欲求の表現であり,子どもをもたないと決めている人々は,万一の欲求不満や喪失感を避けるために,社会的充実のチャンネルにその生殖性を方向づける必要性があると考えられている (Hall, 1987)。

他方,自分たちの生み出すものに対しての配慮や責任がもてなくなると停滞し,自己耽溺に陥るかもしれない。こうした生殖性と停滞との葛藤から壮年期の徳である世話(思いやり)が発達してくる。成人初期の愛が,他者を気遣う感覚と実際の世話へと成熟してくる (Erikson, Erikson, & Kivnick, 1986)。エリクソンは,今日の寿命の伸長により,生殖生の段階が生涯にわたって長くなり,壮年期が拡大されてきていることを指摘している (Hall, 1987)。

(8) **円熟期**:老年期は自我発達の完結期であり,完全性 (integrity) と絶望 (despair) との葛藤を解決しなければならない。この課題は,これまでの自分の生活と業績をトータルに検証し,評価し,それが意味あり価値あることを証明することによって達成される。

こうした葛藤のなかで過去を検分し,観察し,反省して,人生の意味をみいだしていくプロセスは,人生回顧 (life review) として知られている。バトラー (Butler, 1975) によれば,こうした人生回顧のプロセスは死を予期するときから始まるという。人生回顧は,たんなる過去経験の思い出にふける追憶 (reminiscence) とは違う。人生回顧は,自分の歩んできた人生がどんな人生であったのか,もしやり直せるとしたら何を変えたいか,自分の人生で遭遇したもっともつらいことは何だったのかについてじっくりと考える構造化されたプロセスである (Haight, 1988)。

このプロセスではしばしば,他者と思い出を語り,積極的に自分が人生で成し遂げたことを再確認することを求める。人生の初期の段階から上手に歩んできた人間は,自分の生涯を肯定的に統合し,意味と価値を認めることができるかもしれない。しかし,自分の生涯に後悔や挫折感,そして絶望を経験する人も少なくない。

こうした葛藤を克服することによって発達してくる円熟期の徳が知恵である。生の境界に直面すると，知恵の力によって，自分自身の心理社会的アイデンティティの相対性を認識し，存在的アイデンティティをもつようになっていく（Erikson & Erikson, 1981）。

第7段階と第8段階の理論は，生涯発達の考察に大きなインパクトを与えたが，この理論はあまりにも一般的概括的で，不明瞭であるとの指摘もある。ペック（Peck, 1968）は，エリクソンの生殖性と統合の2つの段階の精緻化を試みている。それによると，生殖性の段階には，4つの課題があるとしている。第1は，中年期には体力的に強くたくましいことから，知恵のあることに価値を移すことである。第2は，中年期には性的な関係よりも人間的な結びつきにもとづいた交流が重要となる。特に，子どもが家を出た後の夫婦関係にとっては重要である。第3に，中年期には人間的交流の輪を広げることが課題である。人との情緒的結びつきによって，自分の親の死や子どもの独立の寂しさが和らげられる。第4に，中年期の生活変化に適応するためには，あまり過去にこだわりすぎずに柔軟に対応していくことが課題である（村田，1989）。

さらに，統合性の段階には，3つの課題があるとしている。第1は，老年期には，多様な価値ある活動を通じて，仕事や子育てのなかで満たされなかった関心を充足することが課題である。第2は，老年期には，創造的活動や人間関係によって人生を楽しみ，それによって身体の衰えや病気を克服することが課題である。第3は，老年期には，老い先短いことを感じつつも，仕事や子育てを通じて，自分の考えをある程度実現し，社会に役だってきたことに満足し，こころ安らかになれることが課題である（村田，1989）。

③**前成人期の発達課題の成人期への影響**：エリクソンの8段階説は，図7-3に示されているように発達課題（心理社会的危機）が対角線上に配置されており，一つひとつ発達課題をクリアして階段を上がっていくイメージがある。しかし，それぞれの段階の発達課題（心理社会的危機）はその段階で完了するわけではなく，それ以降の発達段階であらためて発達課題として再登場することが想定されている。

図7-4は，成人期の3段階の発達課題の影響関係だけでなく，前成人期の第1段階と第5段階の発達課題が成人期の3段階の発達課題へ影響を及ぼすプロセスを示したものである（Hayslip Jr. & Panek, 2002）。成人前期には，教育上の目標や経歴上の目標，理想，異性との関係などを明確にしていく必要がある。そのたびに，再び「信頼対不信」の危機が現れ，対応しなければならない。そこでは，自分の技能や能力に対する信頼，さらに重要なこととして将来の実現可能性に対する信頼感が求められる。また，成人前期には主要な「親密対孤立」の危機があり，相互の信

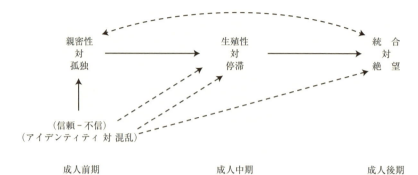

図7-7 エリクソンの成人期の危機 (Hayslip Jr. & Panek, 2002)
出典：Hayslip, B. Jr., & Panek, P. E. (2002). *Adult development and aging* (3rd ed.). Malabar, FL: Krieger.

頼と愛の関係を築くことが求められる。そうした関係を築くためには，青年期において自我同一性（対混乱）の確立が基盤となる。アイデンティティが確立できていない場合には，親密の危機が脅威となる。他者のアイデンティティとの融合が図れない場合には，年齢に関係なく孤立することになる。

成人中期には「生殖性対停滞」の危機があるが，これはある意味で第4段階（学童期）の危機「勤勉対劣等感」の再現である。ここでは，「生殖性対停滞」の危機だけでなく，前の段階の「親密性対孤立」の危機への対応も求められる。また，それよりは少ないが，「信頼対不信」の危機への対応や「アイデンティティ対拡散」の危機への対応も求められることになる。

成人後期には，「統合対絶望」の危機への対応が求められるが，人生回顧のなかで「アイデンティティ対拡散」の危機への対応も求められることになる。また，「統合対絶望」の危機への対応は，「親密対孤立」の危機への対応と関係していると考えられる。

このようにそれぞれの段階では，それぞれの段階の危機への対応が求められるが，それ以前の段階での危機への対応も求められることになる。また，そうした観点からみるとき，第1段階の「信頼対不信」はおよそすべての段階で対応が求められており，発達課題の中核とも呼べるような存在である。また，第5段階の「アイデンティティ対役割拡散」は青年期の危機に由来するが，成人期を通じて継続して対応が求められていると考えられる。

④**第9段階**：エリクソンら（Erikson & Erikson, 1997）は，自らが超高齢期に至り，この時期がたんに老年期の延長ではなく，これまでとはまったく異質な時期

表 7-3　老年的超越の 3 つの領域と内容（Tornstam, 1997）

社会的・個人的関係の領域（The Dimension of Social and Personal Relationship）
・関係の意味と重要性の変化：表面的な関係に対して選択的になり，関心が減少する。また 1 人でいる時間の必要性が増す。
・役割：自己と定められた役割との違いを理解する。時には役割を放棄しようとする。
・解放された無垢：無垢が成熟を高める。必要ない社会的習慣を超越する新たな力である。
・現代的禁欲主義：財産の重さを理解しつつ，禁欲主義から自由になる。現代の定義での生活必需品を十分に持ち，それ以上は持たない。
・日常の知恵：善悪を表面的に区別することに気が進まなくなり，判断や助言を控えることを認識する。善悪二元論を超越し，幅広い考え方と寛容さが得られる。

自己の領域（The Dimension of the Self）
・自己との対面：自己の隠された側面―良い面も悪い面も―を発見する
・自己中心性の減少：最終的には，世界の中心から自己を取り去ることができるようになる。
・身体の超越の発達：身体の世話は続けるが，身体にはとらわれなくなる。
・自己の超越：利己主義から利他主義へと移行する。
・自我の統合：人生のジグソーパズルの一片一片が全体を形作ることに気づく。

宇宙的領域（The Cosmic Dimension）
・時間と子ども時代：時間の定義が変化し，子ども時代に戻る。過去と現在の境界の超越が生じる。
・過去の世代とのつながり：過去の世代への親密感が増す。個人間のつながりから世代間のつながりへの見方の変化を自覚する。
・生と死：死の恐怖が減少し，生と死に対する新たな認識が生じる。
・生命における神秘：生命における神秘的な領域を受け入れる。
・喜び：大きな出来事から些細な経験に喜びを感じる。小さな宇宙の中に大きな宇宙を経験する喜びが現れる。

出典：Tornstam, L.（1997）. Gero-transcendence: The contemplative dimension. *Journal of Aging Studies, 11*, 143-154. より高橋（2014）が作成　Cited in; 高橋 一公（2014）. 生涯発達心理学の理論　高橋 一公・中川 佳子（編著）　生涯発達心理学 15 講（pp.27-39）　北大路書房

であるということを自覚することとなる。そこで，彼らは，これまでの 8 段階に加えて，第 9 段階目の超高齢期を設定した。この時期は，たくさんの喪失体験をし，身近な人々の死に遭遇し，自分自身の喪失（死）もそう遠くないことを覚る。そうした喪失を生き抜くには，人生初期の課題で獲得した基本的信頼が力になる。基本的信頼という土台がないと生きていけないが，逆にこれがあれば生きていける。そして，第 9 段階の人生経験に含まれる失調要素を甘受することができるのならば，老年的超越（gero-transcendence）に向かう道への前進に成功すると述べている。
　老年的超越とは，スウェーデンの社会学者トーンスタム（L. Tornstam, 1989）によって提唱された概念で，高齢期に高まるとされる，「物質主義的で合理的な世界観から，宇宙的，超越的な世界観へのメタ認識における変化」を指している老年

的超越はおよそ次の3つの領域からなる (Tornstam, 1997, 2005)。

3) レヴィンソンの人生の四季

レヴィンソン (D. J. Levinson) は, エリクソンの心理社会的発達段階を生活構造 (life structure) の形成という観点からとらえなおすことを試みた (Cavanaugh, 1990)。エリクソンの心理社会的発達段階では, 人間の内面に焦点が置かれているのに対して, レヴィンソンの場合は, 自己と社会との境界に焦点が置かれている。彼は, 外部の出来事が人の生活パターンに影響を及ぼしているようにみえるときも, いかに人間のパーソナリティがそうした出来事を引き起こしているか, そして, そうした出来事と自己とのバッファの役目をしているかをみようとした。他方, 内的葛藤が生活パターンの変化を引き起こしたようにみえるときにも, いかに外部の出来事が葛藤を誘発し, その解決の方向に影響を及ぼしたかをみようとした (Perlmutter et al., 1992)。

レヴィンソンは, 発達段階をより詳細に力動的にとらえるために, 深層面接による自叙伝的な事例研究を用いている。彼の有名な著書『人生の四季』(*The seasons of a man's life*, 1978) は, 40名の男性を対象にした自叙伝的な事例研究の成果であり, 彼の理論の基本的な枠組みとなった。対象者は, 1923年から1934年の間に生まれ, 初回面接当時は35-45歳であった。職業的には, 経営管理職, 生物学者, 工場労働者, 小説家それぞれ10名であった。社会階層的には労働社会層から上流階層までであり, 宗教的にはカソリック, ユダヤ, プロテスタントと分散しており, 学歴は高卒から博士課程卒まで含まれていた。また, 対象者のうち5人が黒人であった。方法的には, TATの短縮版, 多くの妻たちとの面接, 2年後の面接からなる。それぞれの人の面接は, 3ヵ月のうちに集中的に行われた。初期の資料のかなりの部分は回顧的であるため, 面接の時の状態による影響が大きい。しかし, 中年の時期の資料は豊富である。なお, こうした記述のほかに, 伝記や小説, 詩, 劇などの分析により別の人物の情報も含まれている。

レヴィンソンによれば, ほとんどすべての人が同じような人生のパターンを示すとみられる。すなわち, 人生は, 安定期 (stability phases) と移行期 (transition phases) とが交互にくりかえされながら進むと考えられている (Levinson, Darrow, Levinson, & McKee, 1978)。図7-5は, レヴィンソンのライフサイクル論を示したものである。

彼は, 人間の生涯を4つの発達段階に分ける。

①前成人期 (childhood と adolescence)　0-17歳
②成人前期 (early adult era)　17-40歳
③成人中期 (middle adult era)　40-60歳

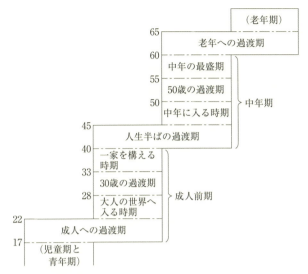

図7-8 レヴィンソンの人生の四季(Levinson et al., 1978)
出典：Levinson, D. J., with Darrow, C. N., Klein, E. B., & Levinson, M. (1978). *The seasons of a man's life*. New York, NY: Random House.（レヴィンソン, D. J. 他 南 博（訳）(1980). 人生の四季――中年をいかに生きるか―― 講談社）

④**成人後期**（late adult era） 60歳以上

　これらの発達段階は前成人期をのぞき，各段階の初期にいずれも移行期がある。これらの移行期の長さは通常4-5年である。安定期では，自分にとって満足のゆく生活構造を築き維持していくことが課題となるが，移行期のもっとも基本的な課題は，次の新しい生活構造を作り上げられるように，現在の生活構造を変換することである。移行期には，自分の生活のなかで無視してきた側面が生活構造の変革を迫ってくるとみられる。レヴィンソンの移行期という概念は，発達的変化の基盤であるエリクソンの危機という概念と似ている（Cavanaugh, 1990）。

　以下，パールムッターら（Perlmutter et al., 1992）により，レヴィンソンの特色のある成人前期，中年移行期，成人中期についてみていくことにしよう。

　①**成人前期**：成人初期は青年期からの移行によって始まる。親からの心理的独立が必要になり，児童初期に課題であった自律が再び問題となる。22歳までに移行を終え，その6年あまりの安定期に入る。成人の世界ではまだ初心者とみられているが，安定した生活構造を創り出そうと努める。しかし，まだ，多くの選択肢を保留している。願望が夢として形作られてくる。職業的アイデンティティが形成さ

れ，男性たちは女性と友人，仲間，親密な相手としてつきあうことを学ぶ。この成人初期に対象となった男性たちのほとんどが結婚し，家庭と家族をもっている。しかし，この時期は親密が強調されるが，対象者は男性の友人とはあまり親密ではなく，また，女性と親しく，非性的な関係をもつことはなかったという。

28歳という年齢は30歳代への移行の始まりで，以後5年間はしばしば危機的状況となる。33歳までに移行期を終え，一家を構え（settling down）生活に根を降ろし成人初期の第2安定期に入る。もはや初心者ではなく，自分のキャリアを前進させ，威信を獲得していく。この時期の終わりにかけては，一本立ち（Becoming One's Own Men=BOOM）すべく，再び自律性を高める。そのため，これまでキャリアを前進させるうえでいろいろと助言を与え，側面的に支援してきた師（mentor）との関係は次第に薄れていく。

②**中年移行期**：40歳から男性の中年の移行が始まる。この5年間の間に自分の人生を見直し，通常，当初の夢はかなわないものとなったことに気づく。自分の仕事，結婚，考え方を見直し，再び自己と社会との間のよいバランスを築こうと努める。そこで，新しい選択をすることにより，生活構造が変化していく。時には，そうした選択は，離婚，再婚，転職，転勤といった劇的なものとなる。この移行期は，対象者の80％にとって最大の危機であった。

③**成人中期**：45歳から50歳にかけて男性は成人中期に入る。中年移行期の葛藤が解決されるにつれて，人生はより満足すべき生産的なものとなる。50歳代前半の移行期を通じて，知恵，思慮分別，同情といった質が発達してくる。多くの男性にとって成長と生殖性で充実した時期であるが，一方で停滞し，低下していく人もいる。中年移行期で危機を経験しなかった人は，50歳代前半の移行で危機を経験することになる。移行を通り過ぎると，成人中期の充実した全盛期が始まり，成人後期の移行期まで続く。なお，レヴィンソンの対象者は最終面接時にもっとも年齢の高い人で47歳であったため，中年移行期以後はあまりよく説明されていない。

レヴィンソンは中年移行期に遭遇する次のような4つの課題ないし葛藤を特に強調する（村田，1989）。

(1)他者へ愛着をもつこと対他者から離れること
(2)生活のある面の破壊対生活の新しい側面の創造
(3)男性的であること対女性的であること
(4)若いこと 対 老いること

成人中期への移行は，いかにしてこれらのトレンドのバランスをとり，両者を生活の不可欠の部分として再編成していくかにかかっている。レヴィンソンの成果で注目されるのは，ライフサイクルは年齢にともなう一定の発達順序であり，それは

歴年齢と一致していたということと中年期の危機の存在を実証したことである。一方，レヴィンソンに対する批判の1つは，サンプルが男性のみである点である。このため，追加的研究の焦点の1つは，レヴィンソンの段階が女性でどうかということにあった。たしかに，女性の発達は段階的に生じるが，重要な移行時期や含まれる問題は異なることが指摘されている（Harris, Ellicott, & Holms, 1986; Reinke, Holms & Harris, 1985; Roberts & Newton, 1987）。たとえば，女性は中年というよりは30歳代で重要な移行があり，家族問題によって大きく影響を受ける。女性は家族とキャリアとの間で葛藤しているためかもしれない。しかし，これらのデータも，安定期と移行期という概念は男性にも女性にもあてはまることを示唆している（Cavanaugh, 1990）。レヴィンソンは，1994年，死の直前に，主婦，財務従事者，学者などで構成された10代から40代の女性を研究し，女性も男性同様に移行時期を経験し，これらの変化は男性と同じ年代に経験されることをみいだしている（Levinson & Levinson, 1996）。

4　パーソナリティの性差の加齢変化

生物学的な性（sex）とは独立に，男性的なもの（男の行為に特有なもの）と女性的なもの（女の行為に特有なもの）を分ける心理社会的な性はジェンダー（gender）といわれる。ジェンダーは，当該文化のなかで男もしくは女としてどうあるべきか，どう行動すべきかを規定するもので，いわばそれは文化内で学習されたもっとも基本的な自己規定ないしアイデンティティにほかならない（O'Rand, 1987）。ここでは，そうしたパーソナリティの性差による性質がどの程度みられるのか，それらは加齢によりどのように変化するのかみることにする。

1）性に関連した特性

多くの研究で，年齢にかかわりなく，女性は男性より自尊心が低い傾向が示されている（Bandura, 1986; Tavris & Offir, 1977）。また，ターナー（Turner, 1979）によれば，自尊心は批判と密接に関係しており，女性は男性より自己批判的であるという。このようなパーソナリティの性差は，典型的な男性の特性が典型的な女性の特性よりも社会的に高く評価されているために発達してきたと考えられている（Perlmutter et al., 1992）。しかし，こうしたパーソナリティの性差は必ずしも一貫していない。フリーズら（Frieze et al., 1978）は，成人前期の男女の自尊心が同レベルで，両性とも青年の時よりも自らの価値を高く評価していることをみいだしている。

ターナー（Turner, 1979）によれば，自己批判の性差は，中年期の後半までにな

くなってしまうようである（Gurin, Veroff, & Feld, 1960; Lowenthal et al., 1975）。多くの典型的な女性的性質は男性にも女性にも，社会的に望ましくないものとして評価されているので（Broverman et al., 1970; Lowenthal et al., 1975），もし女性が年をとったとき，女性性（femininity）が減少し，男性性（masculinity）が増大するならば，自己受容は増大することになる（Turner, 1987）。実際，自己概念における男性性は両性の間で，自尊心を高めているという（Spence & Helmreich, 1978; Frank, Towell, & Huyck, 1985）。

攻撃性は，典型的に男性に強いと考えられている。パールムッターら（Perlmutter et al., 1992）によれば，行動，自己報告，観察いずれの測定においても，男性の攻撃性は女性よりも強いことが示されているという。また，両性のこの差は攻撃性が言葉で表現された時よりも身体で表現されたときにより強いという。フリーズら（Frieze et al., 1978）は，文化が攻撃性を女性的でないと定義しているため，女性は攻撃的であることに罪悪感や不安を感じ，そうした衝動を抑制する傾向があることを示唆している。

女性は男性より自分を感受性が強く，服従的，援助的，やさしい，親切であるとみており，女性のこうした特性は社会的にも高く評価されている（Hoyenga & Hoyenga, 1979）。一方，男性は女性より自分を野心的，主張的，競争的，独立的とみており，社会的にもそのように評価される傾向がある。しかし，この差は程度問題で，しばしば状況によると考えられる。たとえば，女性も家事で仕事の意思決定をしたり，管理したりするときは独立的で主張的であるし，男性も家族にはやさしく感受性があるのである。パーソナリティの性差は存在するが，それらは社会的歴史的文脈の影響が強く，そうした性差は社会によって，また同じ社会でも時代によって変動する点に留意する必要がある（Perlmutter et al., 1992）。

2）両性具有性への移行

ガットマン（Guttman, 1987）は，男女は年をとるにつれて，パーソナリティの性差が減少し，両性具有性（androgyny）へ移行すると提起している。androgynyという言葉はギリシャ語で，男を意味する andro と女を意味する gyne からきていて，高いレベルで男性性と女性性の特徴が一体化されている自己概念を表している（Perlmutter et al., 1992）。両性具有性への移行はガットマンのパーソナリティの発達理論の中心であるが，もともとユングの理論に由来している。ガットマンは，親であること（parenthood）がそうした発達で重要な役割を果たしていることを強調している。

性役割に関係のある自己概念に特に注目して行われた研究によると，典型的な性役割の自己概念は，中年や若年に比べて老年男女でははっきりしないあるいは類似

しているというかなりの証拠がある（Fitzgerald, 1978; Foley & Murphy, 1977; Hubbard, Santos, & Farrow, 1979; Hyde & Phyllis, 1979; Ryff & Baltes, 1976; Livson, 1981; Sinnott, 1982; Turner, 1982; Haan, 1985; Haan et al., 1986）。高齢男性は，自分自身を世話好きで，やさしい心のもち主で，依存的であるとみるようになるが，高齢女性は，自分自身を攻撃的で，管理的で，自律的と述べる傾向がある。しかし，両性とも自己概念を，自己の優勢な性と調和するようにしているという（Troll & Parron, 1981; Turner, 1982, 1987）。

　一時，加齢により性役割は逆転するかということで話題となったが，こうした両性具有性への変化は逆転ではなく，高齢者のパーソナリティ特徴をよりよく記述するものと考えられている（Cavanaugh, 1990）。自己概念におけるこうした変化は，暦年齢よりは，人生段階と深くかかわっているという（Bengtson, Reedy & Gordon, 1985; Huyck & Hoyer, 1980; Turner, 1979）。しかし，両性具有性への移行は，行動レベルでは必ずしも明らかではない。たとえば，高齢者は，しばしば密接な人間関係を発展させたいという意志を強く示すが，実際にはそうするための技能がともなっていない（Turner, 1982）。トロルとベングストン（Troll & Bengtson, 1982）は，両性具有性への移行は外面的というよりは内面的で，依存と自律についての感情を含む傾向があることを指摘している。さらに，変化の大部分が高齢者の健康の劣化によることを指摘している。高齢の妻たちは夫たちよりも健康であるために，力のバランスが必然的に妻に移行し，夫たちはより依存的な役割を受容するようになるという。

コラム 7　長寿と性格

　日本の百寿者が急増している。2015 年には 6 万人を超えており，今後も増える見通しである。2015 年の男女構成で見ると，男性 12.7%に対して女性 87.3%で，圧倒的に女性が多い。百寿者の急増は日本や欧米だけでなく，発展途上国にも共通した現象となっている。そうした背景から百寿者に対する注目が集まり，さまざまな角度から研究されるようになってきた。それらの研究は，健康長寿を目指している日本社会や個々人にとって示唆的であるが，ここでは百寿者の性格特徴について注目しておきたい。

　下仲（2002）は，1960 から 2002 年に行われた国内外の性格を扱っている 11 の研究を展望し，長寿者の性格特徴を Big Five に則って表 7-4 にまとめている。それによると，次のような特徴が指摘されている。

　①長寿者は神経症傾向が低い。精神的に安定し，リラックスしており，スト

表7-3 長寿者の人格特性（下仲, 2002）

著者	年齢・人数	神経症傾向	外向性	調和性	誠実性	疑い深い
Gallup & Hill (1960)	100-117歳 N=164	のんき（タイプB）	明らか 自信がある			疑い深い
Jewett (1973)	87-103歳 N=79		活動的 独立的			
柄沢 (1975)	100-105歳 N=80		明るい 人づきあいのよい 楽天的		仕事熱心 几帳面	
Martin ら (1992)	60歳代=60 80歳代=57 100歳=48	情緒的	支配的			疑い深い 素直に従わない
稲瓦 (1995)	115歳女性 事例	のんびり（タイプB）				
秋坂ら (1997)	112歳男性 事例	緊張少ない 感情的にならない	自信がある 勝気		仕事熱心 徹底的 粘り強い	
下仲ら (1997)	70歳代=311 80歳代=98 100歳以上=82	穏やか 感情的にならない 不安レベル低い	マイペース 愛情深い	心が温かい 無邪気 思いやりがある やさしい いたわりの気持ちがある	几帳面 徹底的 一生懸命行う	
Samuelsson ら (1997)	100歳=100	不安少ない 敏感 情緒的に安定 のんき リラックスしている			頼りになる 有能 責任感ある	疑い深い
渡辺ら (1997)	90-105歳 N=33		自信がある		徹底的にやる	
秋坂ら (1998)	50歳=98 100歳以上=94	緊張少ない	自信がある 勝気 時間の切迫感が少ない		几帳面	
Buono ら (1998)	75-85歳=38 86-99歳=38 100歳以上=38	不安・うつは平均的				
Martin ら (2002)	60歳代=67 80歳代=57 100歳=55	ストレス低い				疑い深い

出典：下仲 順子（2002）．超高齢者の人格特徴　老年精神医学雑誌.13(8), 912-920.

レスの多い状況でもあわてず対処できる。タイプBに近く，よい意味で鈍感力をもっている。

　②長寿者は外向性が高い。すなわち，外向性のうち，自信が強く，支配的，活動的等の強い面と人間関係を上手に維持していくのに適した明るい，朗らか，人づきあいのよい等の肯定的な側面を上手に機能させている。

　③調和性は加齢とともに増加する傾向がある。調和性が高いことは，高齢期の対人関係にとって有利に機能しているとみられる。

　④誠実性も加齢とともに増加する傾向がある。誠実性のうち，目的をもち，意志が強く，断固としている等の面と，執念をもって達成していく面が上手に機能しているとみられる。

　また，マーチンら（Martin et al., 1992）やサミュエルソンら（Samuelsson et al., 1997）は，「疑い深い」を長寿の予測要因としてあげており，注目される。疑い深さは人生の前半期では弱点となるが，高齢期では逆に自分を保護する機能となるのではないかと推察されている。

　他方，増井ら（Masui et al., 2006）は，60-84歳の若年高齢者における性格特性の加齢変化の傾向から予測された100歳時の性格特性得点と実際の百寿者の得点を比較した。もし，実際の百寿者の得点が加齢傾向からの予測値と異なるとすれば，百寿者の実測値が示しているものは単なる加齢変化により生じたものではなく，百寿者のみに見られる特徴であり，特定の性格傾向のもち主が選択的に生き残った結果生じたもの，すなわち長寿関連要因であることが示唆される。分析の結果，男性では，若年コントロール群からの100歳時の予測値よりも百寿者の開放性が高いことが示された。女性では，外向性，開放性，誠実性が高いことが示された。外向性や誠実性については，すでに長寿との関連が示されてきた性格特性である。ここで注目されるのは，男女とも開放性が高いことが長寿関連要因であることが示された点である。開放性のうちの常識的な幸福の考え方（体が達者であることが幸せ，友人や家族に恵まれていることが幸せ）にとらわれない考え方，創造性・拡散的思考が超高齢期への適応や老年的超越につながっているのかもしれない（増井，2008）。

8章 成人のキャリア発達と生産性の加齢変化

1 キャリア発達の段階

1）キャリアとは何か

若林（1988）は，キャリア概念を次の4つに分類している。

①昇進や昇格の累積としてのキャリア。

②医師，教授，法律家，聖職者といった伝統的な専門職従事者に対してのみ用いる。

③ある人が生涯を通じて経験した一連の仕事。

④ある職業に限らず，ある個人が経験した社会的な役割・地位・身分の1系列を総称してのキャリア。

このうち②は，一般事務職や販売職，工場労働者は含まれないことになり，定義として狭すぎるとしている。逆に，④は，父親のキャリア，母親ないし主婦としてのキャリア，失業者としてのキャリア，ゴルフのキャリアなど多様なキャリア領域を含むことになり，キャリアの意味内容が希薄化するとしている。そこで，①と③を組み合わせ，「組織内において，ある一定期間のうちに個人が経験する職務内容，役割，地位，身分などの変化の1系列」として組織内キャリアというとらえ方を提起している。また，組織内キャリアの発達をとらえる視点として，次の3点を指摘している。

(1)組織内ということで，職場の人間関係，組織構造（部門や地位・権限の分化），報酬構造，規範やルールの体系といった，個人のキャリア発達を規定する「組織内キャリア発達環境」の存在が前提である。

(2)組織内キャリアは，初期キャリア，中期キャリア，後期キャリアなど，年齢，勤続年数をベースとした，いくつかの「キャリア発達段階」から構成される。

(3)キャリア発達は仕事・役割・地位・身分などの変化の1系列を意味するが，これらの諸変化は相互に関連しており，組織のうえからも個人の意識のうえからもキャリア発達が「連続性のある統合された一連のプロセス」としてみなされる必要

がある。ここではこのような組織内キャリア発達（若林，1988）の観点から成人のキャリア発達をみていくことにする。

2）組織内キャリア発達の諸段階

シャイン（Schein, 1978）は，エリクソンの心理社会的発達段階（Erikson, 1950）やスーパー（Super, 1957）などをふまえて，組織内キャリアの発達段階を表8-1のようにまとめた。ここでは，シャインの組織内キャリアの発達段階をベースに，各発達段階の課題をみていくことにする。

①**成長・空想・探索の段階**：スーパー（D. Super）は15歳頃までを成長期と呼び，空想やお手伝いの経験などから，職業に対する関心が育成される段階であるとした。また，その後の15-25歳頃までを探索期と呼び，アルバイト，就職，転職など自分に相応しい仕事に関する現実的な探索を通じ，職業が選択されていく段階であるとした。

シャイン（E. H. Schein）の成長・空想・探索の段階はこれらの期間を合わせたものとなっている。この時期は「職業選択基盤の形成」「現実的職業吟味」「教育や訓練を受ける」「勤労習慣の形成」など，職業人としての準備状態（readiness）を高める時期である。現実的な職業興味や職業能力の形成，希望職業に就くための条件（学歴や資格）の獲得などの課題に対応しなければならない。21歳頃までとやや早い設定となっているが，専門職などでは一定の学歴や資格が必要であるためそれだけ遅くなるとみられる。

②**仕事世界参入段階**：16-25歳にかけて初職につき，組織に参入する。組織のメンバーとなり，職場に適応していくことが中心的な課題となる。この段階では，組織内の仕事を通じて職業人としての「基礎的訓練」が行われる。仕事の仕方，ビジネスマナー，職務知識・業界情報，意欲・態度など基本的なことがらをしっかりと身につけることが求められる。

当初の期待と組織の現実とのギャップは，程度の差はあれすべての人が経験し，自分で克服していく課題である。しかし，なかにはギャップが大きすぎて，組織に幻滅し，早期に離職する者もいる。ダネット（Dunnette, 1973）によれば，大卒者を多数採用している企業で，入社2年以内に離職した群とその後も留まっている群の職務経験を比較したところ，離職群は留職群に比べて，上司，承認，仕事の責任，仕事の興味，進歩の機会などの面で期待外れの経験をしていた。

近年，わが国でも7・5・3現象と呼ばれる早期離職現象が起きている。これは中卒者の7割，高卒者の5割，大卒者の3割が3年以内に初職を離職するというもので，その対応がいろいろと問題になっている（井島・西村，2014）。

③**初期キャリア段階**：年齢的には30歳くらいまでに，初職で一人前になれるか

表 8-1　組織内キャリア発達の諸段階（Schein, 1978）

発達ステージ	直面する問題	具体的課題
成　長 空　想 探　索 （21歳頃まで）	・職業選択基盤の形成 ・現実的職業吟味 ・教育や訓練を受ける ・勤労習慣の形成	・職業興味の形成 ・自己の職業的能力の自覚 ・職業モデル，職業情報の獲得 ・目標，動機づけの獲得 ・必要教育の達成 ・試行的職業経験（バイトなど）
仕事世界参入 （16歳-25歳頃） 基礎訓練	・初職に就く ・自己と組織の要求との調整 ・組織メンバーとなる ・現実ショックの克服 ・日常業務への対応 ・仕事のメンバーとして受け入れられる	・求職活動，応募，面接の通過 ・仕事と会社の評価 ・現実的選択 ・不安，幻滅感の克服 ・職場の文化や規範の受け入れ ・上役や同僚とうまくやっていく ・組織的社会化への適応 ・服務規程の受け入れ
初期キャリア （30歳頃まで）	・初職での成功 ・昇進のもととなる能力形成 ・組織にとどまるか有利な仕事に移るかの検討	・有能な部下となること ・主体性の回復 ・メンターとの出会い ・転職可能性の吟味 ・成功，失敗にともなう感情の処理
中期キャリア （25-45歳頃まで）	・専門性の確立 ・管理職への展望 ・アイデンティティの確立 ・高い責任を引き受ける ・生産的人間となる ・長期キャリア計画の形成	・独立感，有能感の確立 ・職務遂行基準の形成 ・適性再吟味，専門分野の再吟味 ・次段階での選択（転職）検討 ・メンターとの関係強化，自分自身もメンターシップを発揮 ・家族，自己，職業とのバランス
中期キャリア危機 （35-45歳）	・当初の野心と比較した現状の評価 ・夢と現実の調整 ・将来の見通し拡大，頭打ち，転職 ・仕事の意味の再吟味	・自己のキャリア・アンカーの自覚 ・現状受容か変革かの選択 ・家庭との関係の再構築 ・メンターとしての役割受容
後期キャリア （40歳から 定年まで） 非リーダーとして リーダーとして	・メンター役割 ・専門的能力の深化 ・自己の重要性の低下の受容 ・"死木化"の受容 ・他者の努力の統合 ・長期的，中核的問題への関与 ・有能な部下の育成 ・広い視野と現実的思考	・技術的有能性の確保 ・対人関係能力の獲得 ・若い意欲的管理者との対応 ・年長者としてのリーダー役割の獲得 ・"空の巣"問題への対応 ・自己中心から組織中心の見方へ ・高度な政治的状況への対応力 ・仕事と家庭のバランス ・高い責任と権力の享受
下降と離脱 （定年退職まで）	・権限，責任の減少の受容 ・減退する能力との共在 ・仕事外の生きがいへ	・仕事以外での満足の発見 ・配偶者との関係再構築 ・退職準備
退　職	・新生活への適応 ・年長者役割の発見	・自我同一性と自己有用性の維持 ・社会参加の機会の維持 ・能力，経験の活用

出典：Schein, E. H. (1978). *Career dynamics*. Reading, MA: Addison-Wesley. Cited in; 若林 満 (1988). 組織内キャリア発達とその環境　若林 満・松原 敏浩（編）組織心理学（pp.230-261）福村出版

どうかが問われることになる。有能な若手として実力を身につけ，将来のリーダーとしての役割の基礎をつくることが課題である。たんなる知識の獲得でなく，目標の達成が課題となる。また，役割行動の自主性，対人能力，創造性など，主体的な行動力や問題解決能力が問われてくる。自分を一人前に指導してくれる上役（メンター）を得ることも，この時期の重要な課題である。

　この時期には，将来のリーダーとしての資質があるかどうか，厳しい人事上の査定を受けることになる。その結果によって，昇進や配置に差がつき始める。そのためショックを受けたり，転職を考えたりする人もでてくる。

　④**中期キャリア段階**：シャイン（Schein, 1978）は，中期キャリアの課題として，次の6つをあげている。

(1)専門を選び，それにどれだけ関わるようになるかを決める。あるいは，ゼネラリストおよび／または管理者となる方に向かう。

(2)技術的に有能であり続け，自分が選択した専門分野あるいは管理において学び続ける。

(3)組織の中で明確なアイデンティティを確立し，目立つようになる。

(4)自分自身の責任だけでなく，他者のそれも含む，より高度な責任を引き受ける。

(5)当該職業において生産的な人間になる。

(6)抱負，求めている前身の型，進度を測定するための目標などによって，自分の長期キャリア計画を開発する。

　したがって，中堅社員として仕事のうえの高い専門性と責任を求められるようになるが，専門分野でいくのか，管理職キャリアでいくのかを決めなければならなくなる。研究職においても，研究職としてあり続けるか，管理職の道をいくのか選択することになり，葛藤が生じる。それは，アイデンティティの確立の問題でもある。管理職キャリアの道を進む場合も，さらに中級および上級管理職への昇進競争が待っている。そのなかで，組織内での自己のキャリアの可能性がみえてくるということもある。そのため，よりよい管理職キャリアを求めて，会社を変わるということも生じてくる。

　他方，中期キャリアには，組織内での対応だけではなく，家族との生活や自己の内面生活においてもさまざまな課題が生じてくる。したがって，職業と自分の生活のバランスをいかにとるかということも重要な課題となってくる。

　⑤**中期キャリアの危機**：中期キャリアは，エリクソン（E. H. Erikson）の中年期の心理社会的危機「生殖性　対　停滞」にあたり，創造性を発揮する方向に向かうか，停滞の方向に向かうかの岐路にあるとみられる。中年期には，これからの行く

末を見定めることになるが，たいていは，当初の自分の夢や野心と比較して，今の現実や将来の可能性が，あまりにもかけ離れたものになってしまったということに気づく。このような認識は，侘しさや虚しさの感情を引き起こす。

　また，家庭においても子どもたちは親の手を離れ，妻も自分自身の世界（パートや地域社会の活動）をもつようになり，自分だけが取り残されたという状態が生まれる。中年サラリーマンの自殺傾向が指摘されているが，このような中期キャリア危機が，その原因の一端を構成していることは間違いない（若林，1988）。

　レヴィンソンら（Levinson et al., 1978）によれば，中年移行期には，人生を見直し，自分の仕事，結婚，考え方を見直し，再び自己と社会との間のよいバランスを築こうとする。また，なんらかの新しい選択をし，生活構造を変えることによってふたたび適応的な生活を回復しようと努める。しかし，そうした選択が，離婚，再婚，転職，転勤といった劇的なものとなる場合もある。

　鈴木（2014）は，組織内キャリアの観点から，キャリアが停滞してしまうことを1つの問題として指摘している。ただし，ここでいう停滞は，キャリア・プラトーが示すようなキャリアの進展がなくなってしまうことではなく，自身のキャリアが定まっていかない状態である。また，鈴木は，組織を背負う意識をもつ人がいる一方で，組織におけるより大きな責任を回避する「管理職になりたくない症候群」の問題を指摘している。

　⑥後期キャリア段階：若林（1988）によれば，リーダーすなわち管理者・経営者としてのキャリアと，非リーダーすなわち部下のいないスタッフや熟練社員としてキャリアとの分化が生じる。また，後者の場合は，自己の専門や経験をより深め，年長者としての自己の影響力（幅広い知識・能力や若い社員への援助と指導・育成）を発揮することが課題となる。しかしこれができない場合には，"無用な中・高年社員"とみなされる事態も生じる。

　一方，リーダーとしての後期キャリアは，高い責任と権限をもち，組織の重要な問題の解決に向け，全エネルギーを投入する毎日となる。いわゆる"出世の階段"を登ることになるが，そこには仕事の失敗や派閥の対立，高いストレス，家族との対話の喪失といった危機が待ち構えているかもしれない。

　⑦下降・離脱・退職段階：この時期においては，定年退職に向け他の人に仕事を譲っていくとともに，定年後の生き方についていろいろ準備することになる。そして「退職」を迎え，自己の組織内キャリアを修了することになる。

　他方，仕事以外の生きがいの獲得，配偶者との関係の再構築，など退職準備が課題となる。また，社会参加の機会を得たり，能力や経験を生かす活動を行ったりして，アイデンティティや自己の有用性を維持していけるかが課題である。

2 生産性の加齢変化

ここでは,一般的な職業の生産性の加齢変化を考えるための1つのモデルとして,バウアー(Baugher, 1978)が提示した職務遂行能力の加齢変化に関するモデルについてみておくこととする(図8-1)。

このモデルは,ウェルフォード(Welford, 1958)を修正したもので,職務の生物学的要件と経験的要件の相対的関係にもとづいて,加齢にともなう職務遂行能力の変化を示したものである。

曲線Aは,その職務要件が主に身体的である職位の職務遂行能力の加齢変化を表したもので,身体機能のなかで純粋に身体的衰退を表すデータを基礎にして描かれたものである。そのような職位においては,職務遂行能力は20歳代前半にピークとなり,30歳から50歳にかけて急速に低下し,65歳以降は低下が比較的ゆるやかとなる。

曲線Bは,その職務要件が主に経験的である職位の職務遂行能力の加齢変化を表したものである。職務要件の経験の累積が職務遂行を助け,身体機能の水準の低下によって,労働者は新しい職務経験を利用するようになるであろうという仮定にもとづいて,曲線Aを積分したものとなっている。後者の職位における職務遂行能力は,加齢とともに改善されていくが,ただし改善の速度は40歳までにかなりゆっくりしたものになってしまう。そのときまでに,新しい仕事の経験の見込みは小さくなり,学習されたことの多くが忘却されることになる。

曲線Cは,曲線Aと曲線Bとの加重であり,生物学的要件と経験的要件とが均

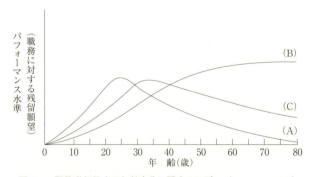

図8-1 職務遂行能力の加齢変化に関するモデル(Baugher, 1978)
出典:Baugher, D. (1978). Is the older worker inherently incompetent? *Aging and Work, 1* (4), 243-250.

衡している職位を表している．職務遂行能力は，この場合は30歳代前半でピークとなり，累積された経験が重要でかつある程度は加齢に関係した生物学的欠陥を補償するので，その後はゆるやかに低下するとみられる．

図の曲線の別の興味深い側面は，退職ないしは転職に対する労働者の要求と著しく類似していると考えられる点である．種々の重労働のために転職するような職位のデータ（Welford, 1958）などは，曲線Aに従うとみられる．重労働は，高度のストレスのある仕事もしくは持続的な筋肉的要件を含む仕事のいずれかとして定義されている．これらの職位における労働者は，早期に退職するか転職するかして，後からくる若い労働者に席をゆずり，55歳以降はほとんど残留していない．実際，身体的要件の強い職務の労働者は比較的早く退職を考慮するといわれ，そうしたこととよく符合している．

曲線Bは，比較的低い身体能力でよく，かつ相当な経験を要するような職位における専門職的行動を反映するとみられる．実際，専門的な職務の労働者は，定年退職の年齢を経過してもなおその職位に残留することを選択する傾向があるといわれ，そうしたこととよく符合している．

曲線Cは，その職位が要求する生物学的能力と経験との割合が均衡化してくるような技術的労働者を特徴づけるものとみられている．彼らは，退職への願望が意味あるものとなるまで，よく長期間にわたってその職位にとどまるとみられる．このように，この概念的モデルは，わずか2つの変動要因と3つの典型によって加齢にともなう職務遂行能力の変化を説明しているわけだが，典型的な職務におけるパフォーマンスの加齢変化を考えるうえではそれなりに本質を反映していると考えられる．

なお，このモデルは，いくつかの前提のもとに，職務遂行能力の加齢変化に関する仮想曲線を示したもので，実際の業績を予想するものではない．実際の業績は，個人の能力だけでは決まらず，課題を遂行する際のさまざまな状況的要因が影響してくると想定される．たとえば，販売の実績は，個人の販売の能力だけでなく，販売する商品の特質（価格，性能，評判など）や販売する地域の特質（地域にその商品の顧客が多いか少ないかなど）などさまざまな要因がかかわっている．いくら優秀な販売員であろうと，顧客を獲得しにくい地域では苦戦することになろう．

3　熟達化

加齢とともに情報処理速度は低下してくる．したがって，情報処理速度が求められる職務においては，加齢とともに職務遂行能力が低下してくると予想される．し

かし，一部の高齢者は，情報処理速度の低下にもかかわらず，若年者と同じ水準で，職務を遂行している。なぜ，高齢者は，年をとっても職務に支障なく，職務を遂行できているのか。この答えは，熟達化にある（岩原，2016）。

ソルトハウス（Salthouse, 1984）は，タイピストを対象とし，タイプライターによる課題文の複写実験を行った。この実験に参加したタイピストの情報処理速度は，年齢が高くなるほど低下していた。しかし，情報処理速度の低下にもかかわらず，経験豊富なタイピストの遂行成績は高かった。なぜ，経験豊富なタイピストは，遂行成績を維持できたのか。この理由は，経験豊富なタイピストが，キーストロークをしながら，「先を見る」という方略で情報処理速度の低下をカバーしていたことにあった。このように長期的な経験によって多くの知識や技能を獲得し，その領域で優れた遂行を示せるようになることを熟達化（expertization）という。

1）熟達化の段階

熟達化の段階は，研究者によって異なるが，ここでは次の4段階に分ける（楠見，2014）。なお，この楠見の熟達化の段階は，シャインの組織内キャリアの発達段階と重なる部分もある。

①初心者おける入門的指導と見習い（手続き的熟達化）：この段階は，新しく職場のメンバーになって，ほとんど経験のない段階（novice）と，仕事とその集団に慣れるイニシエーション（加入儀礼）を経て，入門的指導を指導者から受けている段階（initiate, beginner）がある（およそ1年目）。そして指導のもとで見習いをしながら学ぶ段階（apprentice, advanced beginner）がある。初心者は言葉による指導よりも実経験が重要である。この段階では，指導者からコーチングを受けながら，仕事の一般的手順（スキル）やルールを一通り学習する。最初はミスが多いが，学習が進むにつれて，ミスなく仕事ができるようになる。この段階から次の段階の一人前になるには，最初の壁があり，離転職してしまうものもいる。

②一人前における定型的熟達化：一人前（competent, journeyman）の段階は，初心者が経験を積むことによって，指導者なしで自律的に日々の仕事が実行できる段階である（およそ3：4年目）。仕事についての手続き的な実践知を蓄積することによって，決まりきった仕事であれば，速く，正確に，自動化されたスキルによって実行できる定型的熟達化（routine experts）（波多野，2001）をしている。仕事において，スキルや知識を一通り覚える定型的熟達の段階には時間をかければほとんどの人が到達できる。しかし，次の段階へ進むためには，定型的でない仕事のスキルや知識を獲得するという壁があるため，それ以上は伸びなくなるというキャリア・プラトー（plateau）が生じることもある。

③中堅者における適応的熟達化：中堅者（proficient）は，柔軟な手続き的熟達

化によって，状況に応じて，規則を適用できる。さらに，文脈を越えた類似性認識（類推）ができるようになり，類似的な状況において，過去の経験や獲得したスキルを使えるようになる。

この段階を特徴づけるのは，適応的熟達化（波多野，2001）である。仕事に関する手続き知識を蓄積し構造化することによって，仕事の全体像を把握でき，スキルの使い方が柔軟になる。中堅者は，仕事において，実践知による直観を使って事態を分析・予測し，適切に対応できるようになる。

領域によって異なるが，6年から10年くらいで到達する段階である。松尾（2006）は，自動車や不動産の営業担当者の調査を行い，知識やスキルを獲得し，それらが営業のパフォーマンスに影響を及ぼすまでには，ほぼ10年かかることをみいだしている。この段階に達してからつぎの段階に進むには大きな壁があるため，この段階で停滞する40代半ばのキャリア・プラトーがある。

④**熟達者における創造的熟達化**：中堅のうちで，領域およびその下位領域の膨大な質の高い経験を通して，きわめてレベルの高いスキルや知識からなる実践知（とくに言葉にはできない暗黙知）を数多く獲得したものが創造的熟達者（creative experts）である。これはすべての人が到達する段階ではない。創造的熟達者は，高いレベルのパフォーマンスを効率よく，正確に発揮でき，事態の予測や状況の直観的分析と判断は正確で信頼できる。また，新規な難しい状況においても創造的な問題解決によって対処できる。この段階を特徴づけるのは創造的熟達化（creative expertise）である。

岡田（2005）は，創造的領域における熟達化に必要なこととして，ある程度の才能，内発的動機づけ，課題にかける時間，よく考えられた練習（deliberate practice），知識の構造化のための自己説明，社会的サポート（良い教師やメンターの存在），社会的な刺激をあげている。

2）熟達者の特徴

熟達者（expert）は初心者（novice）に比べ次のような特徴をもっている（Glaser & Chi, 1988）。

①熟達者は自分の関係する特定の領域のことがらに抜きんでいる。たとえば，化学者の熟達者は政治の問題に対して，まるで初心者のような解決法しかできない。

②熟達者は，自分の関係する領域において多くの意味のあるパターンを知覚する。たとえば，X線写真の解釈において，医者の熟達者は，初心者では見落とす「パターン」を発見する。

③熟達者は早くて正確である。自分の関係する領域においてスキルの実行や問題

解決が，初心者に比べ速くて正確である。
　④熟達者は短期記憶・長期記憶が卓越している。時によって短期記憶の限界「7±2チャンク」を越えているようなパフォーマンスをみせることもある。
　⑤熟達者は自分の関係する領域において問題をより深いレベルで解釈したり，表象したりする。初心者は問題を表層的にしかみない。熟達者は意味や原理・原則に基づいて問題状況のカテゴリー化を行おうとするが，初心者は表面的な処理しかしない。
　⑥熟達者は問題を，十分な時間を使って質的に分析しようとするが，初心者はすぐに既存の知識やスキルにあてはめて解決しようとする。
　⑦熟達者はより力強い自己モニタリングのスキルをもっている。

3）熟達を促す要因

　①経験の量と熟達化：定型的熟達者になるためには，反復練習が重要である。たとえば，蔭山（2004）は，小学校教育において，子どもたちの学習能力を高めるためには，読み書き計算の反復練習しかないという。こうした基本的スキルの反復は，成人の基本的な認知能力を維持するうえでも重要である。
　②経験の質と熟達化：熟達化は反復経験だけで得られるものではない。熟達化を促す経験の質としては，それがよく考えられた実践（deliberate practice：Ericsson, Krampe, & Tesch-Römer, 1993）である必要がある。よく考えられた実践であるためには，そこでの活動は「作業」や「遊び」と違って，次の要件を備えている必要がある（田中，2008）。
　ⅰ．教師やコーチは，高度なレベルの行為とそれに結びつく実践活動を得るためのもっともいい方法についての知識を築成していくこと。
　ⅱ．個々人が，自分の置かれた状況についての重要なポイントに注目したり，自分の行為の結果についての知識（KR情報）を自分で得たり，教師からフィードバックしてもらったりして徐々に改善できるような経験を繰り返しできること。
　ⅲ．改善すべき行為がなんであるのかが明確で，活動が構造化されていること。
　ⅳ．弱点を補強するための特定の課題が課され，行為は注意深くモニターされていること。
　ⅴ．個々人は，その実践によって目的とする行為が改善されることを自覚してその実践に取り組めること。
　ⅵ．すぐに一時的な効果が得られるわけではなく，逆に教師やコーチといった環境を整えることでコストがかかることを理解し，長期にわたる実践の結果を期待せねばならない。
　また，松尾（2006）は，働く人たちが周囲の人との関わりのなかで，プロフェ

ショナルにいかに成長していくかを社会心理学,認知心理学,経営学の観点から検討し,第1に「若者が組織において最初の10年に質の高い経験学習を行う機会を保障すること」,第2に「中高年の経験による熟達を適切に評価すること」の重要性を指摘している。

③チャンキングと熟達化:人間が情報処理を行う際に最小限に意味をもつ単位をチャンク(chunk)という。「エスインサ」はカタカナ5文字で5チャンクであるが「サイエンス」と並べば「科学」意味する1つの英単語になり,1単位=1チャンクになる。たとえば,オリンピックの入場行進の国の順番を暗記し,すべて言い当てるのはかなり難しい。しかし,先頭のギリシャと最後尾の開催国を除き,かりに英語圏の国で開催する場合はアルファベット順で入場するので,アルファベット順に整理した国名リストを反復学習すれば1チャンクにすることはけっして不可能ではない。このようにチャンキングは学習の基本で,記憶の最小ユニットに情報量を詰め込む(あるいは詰め込まれる)ことが熟達化の1つの特徴になっている(田中,2008)。

これまでに楽器の演奏,作曲,絵画・彫刻等の芸術,チェスや囲碁・将棋等のゲーム,科学者・研究者などさまざまなフィールドで,熟達化とチャンキングの関係が研究されてきた。それらによると,チャンキングが熟達化を促す重要な要因の1つであると考えられる。

4) 熟達化の10年ルール

チェスのマスター(Chase & Simon, 1973),作曲家(Hayes, 1989),画家(Hayes, 1989)など創造的な仕事をした人たちの伝記の分析を行った研究によると,優れた成果を上げることができるようになるためには,およそ10年の歳月が必要であったことが分かっている。神童といわれたモーツアルトでも,作曲を始めてから最初の傑作が生まれるまでに10年以上かかっている。ピカソ(画家),ストラビンスキー(作曲家),マーサ・グラハム(ダンサー),T. S. エリオット(詩人,作家),アインシュタイン(科学者),ガンジー(政治家),フロイト(精神分析家)など,さまざまな分野の偉大な人々のライフヒストリーを調べたガードナー(Gardner, 1993)は,最初のマスターレベルの仕事をするまでに10年以上の訓練期間が必要であったことを指摘している(岡田,2005)。

このような実証研究にもとづいて,「各領域における熟達者になるには最低でも10年の経験が必要である」という10年ルール(10-year rule)が提唱されている(Ericsson, 1996; Hayes, 1989; Simon & Chase, 1973)。図8-2は,熟達者化の10年ルールを図示したものである。10年の経験を経れば自動的に専門的な知識や技能が身に付くということではなく,その10年の間にいかに「よく考えられた練習

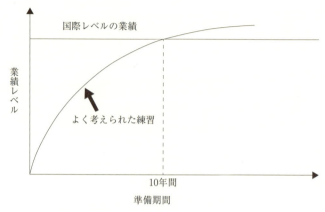

図 8-2　熟達化の 10 年ルール（Ericsson, 1996 より）
出典：Ericsson, K. A. (1996). *The road to excellence: The acquisition of expert performance in the arts and sciences, sports, and games.* Mahwah, NJ: Lawrence Erlbaum Associates.

(deliberate practice)」を積んできたかが重要となる（Ericsson et al., 1993）。経験の長さよりも，「経験の質」が熟達にとって重要な要因であると考えられる（松尾, 2006）。

 陳腐化

　加齢により職務遂行能力が低下したわけではないが，職務遂行に必要な知識や技術が時代遅れになったり，効率が悪くなったりしたため，職務遂行能力が低下してしまう現象を陳腐化（obsolescence）と呼ぶ。陳腐化はどのような職業にも起こりうるが，ここでは比較的陳腐化の影響を受けやすい研究技術職と管理職について，その理由と予防策について考えておくことにしたい。
　①**研究技術職の陳腐化の原因と対策**：研究技術職の陳腐化は次のような理由から起きてくると考えられる。
　(1)専門分野の知識・技術の進歩に追いつくことができない。
　(2)専門的な能力の活用度が低い。
　(3)専門化が過度に行われている。
　(4)キャリア計画の失敗
　(5)経営管理者側の無関心や冷淡な態度

こうした研究技術職の陳腐化に対する対策としては，次のようなことが考えられる。
(1) 従事する研究開発職能の種類が多いほど業績がよくなる。
(2) リーダーやプロフェッショナルを積極的にモデルとすること。
(3) 自分の選択した分野の進歩に追いつく責任は自ら引き受ける。
(4) 日常の仕事・雑用・圧力を減らし，自己啓発活動の計画・実施
(5) 個人の開発への努力を評価する仕組み，報われる証拠が必要。

他方，研究技術職の創造性を減退させているのは，年齢よりも自分の創造性に対する諦めであるという指摘もある。創造性には失敗はつきものであり，失敗を恐れていたら新しいものは生まれない。研究技術職のチャレンジ精神が問われているといえる。同時に，経営者もどこまで我慢できるか，試されている。

②管理職の陳腐化の原因：管理職の陳腐化は，さまざまな理由から起きてくると考えられる。
(1) 自己満足。
(2) 基礎能力の欠如。
(3) 組織の圧力・複雑性。
(4) 学習能力の低下。
(5) 現在の成功・自分のやり方を変えることの嫌悪・恐れ。
(6) 能力があっても，上位レベルの仕事がない。見通しがない。
(7) 自信喪失
(8) 能力習得前の新職位への昇進

こうした管理職の陳腐化に対する対策は，中期キャリアの対策の一環として考えていく必要がある。
(1) 危機脱出のリーダーとしての自覚をもつ：たんなる効率，売り上げ，シェアでなく，組織変革リストラに取り組んでいく必要がある。これまでもいくつもの危機的状況を乗り切ってきたし，そのたびに強くなってきたことに自信（慢心ではなく）をもつことが重要である。過去の経験にとらわれずに，危機として感じとる感性が必要である。リストラを冷静に受けとめ，慎重に戦略を立て，大胆に行動することが求められる。
(2) 人を通じて（人を使って）成果を上げる：非管理者の場合は，同じ成果を上げるのでも，自分自身の力で一人で成果を上げることが求められている。それに対して，管理者の場合は，人を通じて成果を上げていくことが求められる。
(3) 人の力を向上させる＝能力開発：部下が非常に優秀な場合，黙っていても成果が上がる。管理者が使命を果たしたわけでなく，誉められるべきはスカウトやフロントである。部下の能力を育成したり，部下の意欲づけをしたり，部下が現在もっている力をよりさらに大きな力が出せるように指導しながら，さらに大きな成果を上げていくことが求められる。

(4) 人を生かす＝人間尊重，個性を尊重：若者，女性，外国人，身障者，グルーピング，ラベリングを止める。1個の人間を人間として生かす。多様化する社内の価値観や人員構成を積極的に容認することが求められる。

第3部
幸福な老いの探求

　第3部では，成人期全般の加齢変化から高齢期に焦点を移し，高齢期をいかに幸福に生きるかについて考える。サクセスフル・エイジング（successful aging「幸福な老い」と訳す）の探求がテーマである。図9-0は，"Succsessful aging"を提起したローとカーン（Rowe & Kahn, 1987）にもとづき，幸福な老いに寄与する3つの要因，すなわち①病気や障害が軽いこと（Minimal Disease/Disability），②身体機能と認知機能の維持（Superior Cognitive and Physical Function），③社会参加（Social Engagement）を示したものである。これらの要因について，医学的な立場からのアプローチや社会学的な立場からのアプローチ，心理学的立場からのアプローチなどが行われてきた（中原，2016a, b）。ここでは，これらの問題を次の3つに整理して論じることとした。すなわち，①病気や障害が軽いこと②身体機能と認知機能の維持は9章「高齢期のライフスタイルと健康」において，③社会参加については10章「高齢期の社会関係と社会活動」において，それぞれ論じることにした。また，幸福な老いには，個々人の生き方や幸福の感じ方にかかわる問題が含まれているが，それらについては11章「高齢期のQOL・生活満足度・幸福感・生きがい」において論じることとした。

9章 高齢期の健康とライフスタイル

1 平均寿命と健康寿命

1）平均寿命の伸長

20世紀の初頭（明治30年代），わが国の平均寿命は男女とも40歳代前半であったと推測されている。日本人の平均寿命が50歳を突破したのは1947（昭和22）年である。ちなみに男50.06歳，女53.96歳であった。その後，生活環境の改善，医療の進歩等によって日本人の平均寿命は飛躍的に伸長し，70年後の2016（平成28）年には男性80.98歳，女性87.14歳に達している（図9-1）。1947年に比べると，男性で30.92歳，女性で33.18歳伸びたことになる。図9-2は，年齢別性別の平均余命をみたものである。2016年の時点で，たとえば80歳の女性は今後さらに平均で12年近く生き続けると試算されている。

2）平均寿命と健康寿命の差

日本の平均寿命は男女とも世界トップクラスとなっている。また，「健康上の問

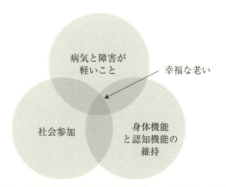

図9-0 幸福な老いに寄与する要因（Rowe & Kahn, 1987）
出典：Rowe, J. W., & Kahn, R. L. (1987). Successful aging. *The Gerontologist, 37*(4), 433-440.

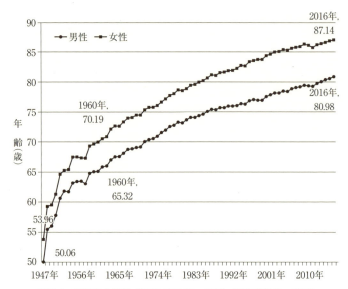

図 9-1　平均寿命推移（1947-2016 年，日本）（厚生労働省，2016）
出典：厚生労働省（2016）．平成 28 年簡易生命表　厚生労働省
〈http://www.mhlw.go.jp/toukei/saikin/hw/life/life16/index.html〉

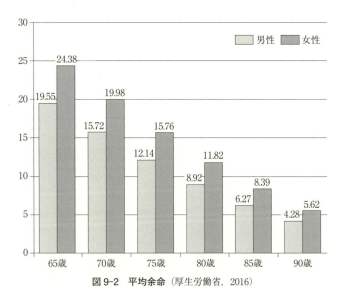

図 9-2　平均余命（厚生労働省，2016）
出典：厚生労働省（2016）．平成 28 年簡易生命表　厚生労働省
〈http://www.mhlw.go.jp/toukei/saikin/hw/life/life16/index.html〉

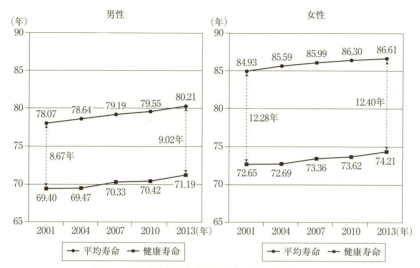

図9-3　平均寿命と健康寿命の推移（厚生労働省，2016）

出典：厚生労働省（2016）．平成18年版厚生労働白書　厚生労働省
　　　平均寿命：2001，2004，2007，2013年は，厚生労働省政策統括官付人口動態・保健社会統計室「簡易生命表」，2010年は，厚生労働省政策統括官付人口動態・保健社会統計室「完全生命表」
　　　健康寿命：2001-2010年は，厚生労働科学研究補助金「健康寿命における将来予測と生活習慣病対策の費用対効果に関する研究」，2013年は，「厚生科学審議会地域保健健康増進栄養部会資料」（2014年10月）
　　　〈http://www.mhlw.go.jp/wp/hakusyo/kousei/16/backdata/01-01-01-10.html〉

題で日常生活が制限されることなく生活できる期間」である健康寿命についても，2013（平成25）年時点で，男性71.19年，女性74.21年と世界トップクラスである（図9-3）。

　一方で，わが国の平均寿命と健康寿命の推移についてみると，平均寿命，健康寿命ともに延びているが，平均寿命と健康寿命との差，すなわち，日常生活に制限のある「不健康な期間」でみると，2001（平成13）年から2013年にかけて，男性で8.67年から9.02年，女性で12.28年から12.40年へと若干広がっている。日常生活に制限のある「不健康な期間」の拡大は，個人や家族の生活の質（QOL）の低下を招くとともに，医療費や介護給付費等の社会保障費の増大にもつながる。今後もわが国の平均寿命はさらに延びることが予測されているが，平均寿命の伸び以上に健康寿命を延ばす（不健康な期間を短縮する）ことが重要となる。

表 9-1　老年症候群に属する徴候とその評価法（大内，2003 を改変）

意識障害	Japan Coma Scale	痴呆	改訂長谷川式
せん妄	DSM-III-R, DSM-IV	不眠	頻度，一回睡眠，薬剤依存度
うつ症状	GDS Scale	めまい	頻度持続時間，合併症状
言語障害，難聴，視力低下	症状，理学所見	骨関節変形	変形性関節症変形度分類
骨粗しょう症	日本骨代謝学会診断基準（2000年改訂版）	骨折	腰椎圧迫骨折基準，他は有無
尿失禁	頻度，失禁量，便失禁の合併有無	夜間頻尿	回数
誤嚥	咽頭口腔の理学所見，水飲みテスト	便秘，下痢	頻度，薬剤依存度
脱水	症状，理学所見	発熱	頻度，慢性感染症の存在の有無
低体温	体温	浮腫	局在，程度
肥満，るい痩	Broca 桂，BMI，Cr-Height index	低栄養	Mini Nutritional Assessment
褥瘡	Shea の分類，色分類	喘鳴，喀痰，咳嗽	症状，理学所見
呼吸困難（呼吸器）	Hugh Jones	呼吸困難（循環器）	NYHA 基準
手足のしびれ	頻度，強さ，局在	間欠性跛行	出血距離，API
動脈硬化	眼底所見，頸動脈エコー	不整脈	理学所見，心電図分類
頭痛，胸痛，腹痛，関節痛	頻度，強さ，薬剤依存度	出血傾向，吐下血	症状，理学所見
ADL	Barthel index, Lawton & Brody		

出典：大内 尉義（2003）．何をもって老年症候群とするか　総合臨床, 52(7), 2051-2053.

2　高齢者の疾患の特徴

　一般に若年者と比較した場合，高齢者の疾患には次のような特徴がある（安村，2004）。

　①複数疾患の罹患：一人の高齢者が腰痛症と高血圧のように病因の異なる複数の疾患に同時にかかっている頻度が多い。複数の疾患にかかっていると多種類の薬を投与されることが多く，薬剤相互作用にも注意が必要である。特に複数の診療科・

医療機関にかかっている場合には注意が必要である。

②個人差が大きい：高齢者は同じ疾患にかかっていても，その症状，合併症の個人差が大きい。

③典型的でない症状を呈することがある：青壮年者は肺炎にかかると38度以上の高熱を出すのが普通であるが，高齢者は体温上昇が軽微なことが多い。高齢者は若年者に比べ症状がはっきりしないことが多く，そのため重大疾患を見落とす場合が多いので注意を要する。

④脱水などの体液の異常を起こしやすい：高齢者は口渇感（脱水のサイン）が鈍く，体水分を保有している細胞量（主として筋肉）が減少し，腎臓が尿を濃縮して脱水を防ぐ機能が低下するため，青壮年者に比べて脱水症状になりやすい。

⑤慢性化しやすい：一度病気になると回復が遅く，完全に治らない病気（慢性疾患）が多く，長期間の療養を要することが多い。

⑥薬剤に対する反応が青壮年者と異なる：加齢現象によって体内の薬物代謝が影響を受けるため，薬物治療を始める場合には，青壮年者に使用するより少ない量から開始するなどの配慮を要する。

⑦寝たきりになりやすい：「寝たきり」は医学用語ではなく，主として福祉政策などで用いられる行政用語である。厚生労働省では「おおむね6か月以上臥床状態で過ごす者」を寝たきりとしている。肺炎や脳梗塞をきっかけに寝たきり状態になってしまうことは若年者にはほとんどみられず，高齢者に特有の経過である。

また，高齢者に多い臨床徴候で，老年症候群（geriatric syndrome）と呼ばれるものがある。高齢者は多くの疾患を抱えている可能性があるので，見落としのないように包括的・総合的アセスメントが求められている。表9-1は，老年症候群に属する徴候とその評価法を示したものである。

3 成人期の健康とライフスタイル

　高齢者の疾患は慢性疾患が多いが，慢性疾患には生活習慣が影響している。そのため，高齢者の疾患の予防の焦点は生活習慣へと移ってきている。慢性疾患を誘発するような何らかの慢性状態やライフスタイルを改善しようとする観点から，健康増進（health promotion）の考え方が生まれてきた。しかし，こうした健康増進は高齢者にはあまり効果がないという指摘もある。その理由は，高齢者の場合にはすでに85％が何らかの慢性疾患をもっており，健康増進によって慢性疾患を予防するという意味はあまりないというものである（Minkler & Pasick, 1986）。しかし，65歳以上でも遅すぎるということはない。ライフスタイルの変化によって，すべ

ての年齢の人間が利益を得ることは可能である。年齢と慢性疾患との関係に関する誤った見方を直し，ライフスタイルと健康の関係を認識して，すべての年齢の人間が良い生活習慣を形成することが重要である。ここでは，そのような健康増進の観点から，栄養，運動，喫煙，飲酒，ストレス，睡眠などの問題点についてみていくことにしよう。

1) 栄　養

　年をとるにつれ，食事の量は概して減る傾向にある。これには，運動量の減少やダイエットが原因でなく，栄養不良に陥りやすい深刻な原因のある場合がある。たとえば，健康を害している，体力が低下し料理が十分できない，妻に先立たれた夫が料理の経験がないため料理が十分できない，食費を経済的に抑えるために食糧を少な目にする，あるいは，かけがえのない人を亡くしたストレスで食欲が衰える，といった場合である。妻を亡くした夫があまり長生きできない一つの理由は，栄養状態が悪くなるためとみられている。こうした危険性はどの年齢にもあるが，健康，経済，家族，生きがいなどの喪失が起きやすい高齢期において危険性が高い（Cavanaugh, 1990）。

　また，小食，あるいは同じものばかりたくさん食べるため栄養の偏る傾向がある。特に，繊維質とカルシウムの欠乏が指摘されている。繊維質が不足すると便秘になり，食欲が落ちることがある。骨のなかに含まれるカルシウムの割合は中年期以降降下していき，骨がもろくなる。骨そしょう症という病気が高齢者，特に女性に多くみられる。また，この2つほどではないが，水分，鉄分，ビタミンCの欠乏もよく起きる。年をとると頻繁に排尿するため，水分の摂取を控える傾向があるが，これは，便秘，脱水症，虚弱，泌尿器の炎症，腎臓のトラブル，酸性血症などの原因になる。少量ずつ回数を多くして，1日2リットル摂るようにする必要がある。バランスのとれない食事は，鉄分やビタミンCが不足しがちで，貧血症の原因となる（Cavanaugh, 1990）。

　一方，運動量の減少にともない必要カロリーも減るため，食べる量を少なくするか，低カロリーのものを食べるようにこころがけないと，栄養過多で体重が増えてくる。肥満は高血圧，心臓病，腰痛，関節炎，糖尿病，動脈硬化症，静脈瘤の原因となりやすい。これを避けるためには，体重を定期的にチェック，脂肪分の少ない低カロリー食品の摂取，適度の運動によるカロリー発散などをこころがける必要がある。また，高血圧や動脈硬化症を防止するためには，塩分やコレステロール含有の高い食品を控える必要がある（Selby & Griffiths, 1986）。

　しかし，欧米では脂質の摂り過ぎによる動脈硬化性の心臓病が問題になっているが，日本の高齢者ではこれらの疾患の頻度はずっと低い。コレステロールや体重だ

けに気をとられ，必要な栄養を制限すると，血管壁がもろくなったり，免疫力が衰えたりして，節制したことがかえって寿命を縮めることになりかねない（安村，2004）。柴田（2001）は，「粗食こそ長寿の秘訣という考え方は危険である」と警告し，「高齢だからこそ良質のタンパクと油脂を十分に摂るべきだ」としている。

2）運　動

運動にはいくつかの利点がある。体重のコントロール，血圧を下げる，心臓病予防，筋肉の弾性の改善，からだのバランスを保てる，といった身体面の利点だけでなく，気分が爽快になり，健康で，精神的に前向きになる，集中力，食欲，睡眠などが増進される，若く溌剌として，ものごとに注意を払える，といった精神面の利点も少なくない。こうした運動による利点は，ある意味では，若者よりも中高年の方が大きい。中高年期はある程度からだを使う方がからだを鍛えることになるのである。ただし，これまで全然運動の習慣のない人がいきなり運動を始める場合は危険な場合もあり，医学的テストを受けたり，運動処方の相談を受けたりすることが望ましい。おっくうがらずに始め，徐々に習慣化していくことが大切である。また，自分に合ったかたちで，からだの柔軟性を養う運動，心臓・肺を強化して持久性を養う運動などをとりいれていくことが必要である（Selby & Griffiths, 1986）。

3）喫　煙

米国厚生省の統計によれば，高齢者は若者より喫煙は少ないが，喫煙に起因する病気にかかる割合は大きい。非喫煙者に比べて，喫煙者は肺癌にかかる率が10倍，口や舌癌にかかる率が3倍から10倍，喉頭癌にかかる率が3倍から18倍，膀胱癌にかかる率は7倍から10倍もある。喫煙はすべての癌による死亡の少なくとも過半数で間接的な影響をもち，すべての肺癌の75％には直接責任があり，肺癌患者の10人中9人は5年以内に死亡している。また，喫煙が原因である疾患は癌だけではなく，縦隔気腫や心臓病など広範な疾患に影響を及ぼしているとみられる。さらに，喫煙の危険性は，喫煙者だけでなく非喫煙者にまで及んでくる。他人のタバコの煙を吸い込んだ非喫煙者もまた，慢性的肺病，肺癌，心臓病の危険性が高い（Cavanaugh, 1990）。

こうした理由により，米国では多くの州や地域で喫煙を厳しく制限する法律が制定されている。わが国でも，最近，いろいろと喫煙が制限されつつある。しかし，最終的には個人の自覚に待つよりない。ウッドラフ＝パク（Woodruff-Pak, 1988）によると，1日に2箱以上タバコを吸う人は，寿命が12年も短縮される。喫煙の弊害は喫煙が長い年月にわたることによって起きてくるので，できるだけ早くやめることが望ましい。喫煙者はアルツハイマー型痴呆になりにくいという主張もあったが，ドールら（Doll et al., 2000）のコホート研究で否定された。喫煙者は痴呆に

なる前に他の疾患で死んでしまう確率が高いために，見かけ上「喫煙者はアルツハイマー型痴呆になりにくく」見えるだけのことだとされている。

4) 飲　酒

米国厚生省の統計によれば，飲酒は，年齢につれて増加し，30歳から44歳にかけてピークとなり，その後は減少する傾向にある。同様に，アルコール中毒の特定も中年期にピークに到達する。高齢アルコール中毒者の3分の2は，若い頃からの過度の飲酒傾向にあるが，3分の1は高齢期におけるアルコールの乱用に始まる（Scott & Mitchell, 1988）。また，アルコール中毒には常用癖があり，依存性と回避の傾向を示す。依存性は，薬物がからだの細胞の機能に過度に一体化され，それなしでは正常に機能しないようになってしまうことである。そのため，薬物を断つと，いろいろな禁断症状が表れる。また，アルコールは鎮静効果があるので，不安ないらいら状態から回避できる。アルコール中毒は薬物依存的になるため，対人関係，健康，職業，社会的機能などに障害が出てくる。

長期の飲み過ぎの主要な健康問題は，肝臓障害である。飲み過ぎが続くと，肝硬変で死に至ることもある。また，長期の飲み過ぎは，脳に異常をきたし，ウェルニッケ・コルサコフ症候がみられる。これは，記憶喪失，方向づけの異常，混乱，視覚の異常などが主症状である。また，心臓病にも悪影響をもたらす。女性の場合には生殖機能の減退，あるいは妊娠中の場合には胎児に成長障害が及ぶ危険性がある。

昔から，酒は百薬の長といわれ，適度にたしなめば健康に良いと思われてきた。たしかに，少量の飲酒はHDL（いわゆる善玉）コレステロール値を上昇させ，害のないものとされている。ただし，日本人の場合，血中コレステロール値と関連の深い虚血性心疾患の頻度が少ないので，欧米でいわれているような「少量飲酒者の方が飲まない人よりも死亡率が低い」という現象はみられない（安村，2004）。

5) ストレス

①**ストレスとは何か**：ストレスをはじめて概念化したのは，セリエ（Selye, 1956）である。彼は，人間の反応を促す環境刺激を表すのにストレッサー（stressor），ストレッサーに対する反応を表すのにストレス（stress）という用語をそれぞれ用いた。

また，ストレスに対してからだが自らを防衛する傾向を汎適応症候群（general adaptation syndrome）と呼んだ。

この症候群は3つの段階からなる（図9-4）。まず警告期（alarm stage）では，からだの防衛体制が喚起され，脈拍，血圧，呼吸が増加し，多量の血液が筋肉に送られ，汗腺が活発になり，消化器系が活動を低下する。さらに，ストレスが増加す

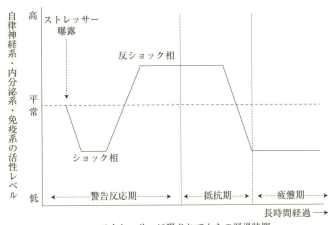

図9-4 汎適応症候群の生起プロセス（Selye, 1936）
出典：Selye, H. (1936). A syndrome produced by diverse nocuous agents. *Nature, 138*, 32.

ると，抵抗期（resistance stage）に入る。この段階では有機体はストレスに適応しようとする。この段階は一見，適応できているかにみえるが，それが長引くと免疫系の機能が低下し，ストレス性の疾患にかかりやすくなる。そして，ストレスに抗しきれなくなると，やがて疲憊期（exhaustion stage）が訪れ，からだが破壊され，精神的にも抑うつ状態になってしまう。年をとるとストレス耐性が低下し，ストレス性の疾患にかかりやすくなると推測される。

ラザルスら（Lazarus & Folkman, 1984）は，ストレスは環境刺激や反応ではなく，人間によって自分には負担で荷が重いとか健康感・幸福感を脅かされると評価された特殊な人間と環境との相互作用であると考える。つまり，ストレスは人間の認知的評価の結果であり，人間がその状況を脅威的とか，挑戦的とか，有害とか考えなければ，ストレスは起きないという（図9-5）。

彼らは，ストレスの認知評価（appraisal）に3つのタイプを区別している。1次的評価（primary appraisal）では，事件をその人間の健康感・幸福感にもとづいて，無関係（irrelevant），積極的開始（begin-positive），有害（stressful）に分ける。2次的評価では，有害なものや脅威，挑戦に対処する自分の能力が知覚される。もし，そこで事態を変えることができると思えば，ストレスは減少し，対処は成功する。再評価は状況の変化に対する知覚である。再評価では，ストレスが増大する可能性もあるし，ストレスが低減する可能性もある。こうしたストレスの認知

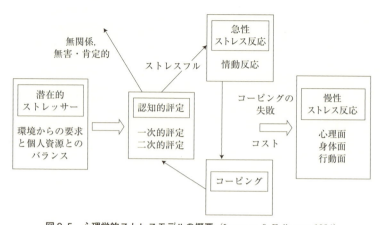

図 9-5 心理学的ストレスモデルの概要（Lazarus & Folkman, 1984）
出典：Lazarus, R. S., & Folkman, S. (1984). *Stress appraisal and coping.* New York, NY: Springer. Cited in; 小杉 正太郎（編著）（2002）．ストレス心理学　川島書店

評価やストレスへの対処は，年齢，過去経験，パーソナリティなどによって違ってくると考えられる。

②**ストレッサーの測定**：これまでにストレッサーの測定を行うためのテストがいろいろと開発されてきたが，代表的なものとしてホームズとレイ（Holmes & Rahe, 1967）の社会的再適応評定尺度（Social Readjustment Rating Scale: SRRS）がある（表9-2）。設問はライフイベントに関して作られ，43 項目よりなる。結婚にあらかじめ500 点の基準値を与えておき，その他の項目に対して

「これらの事件が起こったときに再適応を遂げるのにどのくらいの期間がかかるか」

を相対的に評定させたものである。そして，それぞれの項目の評定平均値をもとに各項目の順位づけを行い，その 10 分の 1 の値を「生活変化単位（Life Change Unit：LCU）」という値で示している。ちなみに，結婚は 50 点，配偶者の死は 100 点とするかたちで，それぞれライフイベントのスコアが与えられている。この研究によると，1 年間の合計が 300 点以上の人は，翌年に 80％病気になった。また，200 点から 300 点の人は，次年度 50％以上の人に心身の健康に問題が生じたという。彼らの方法に関しては，いくつものバリエーションが開発され，数多くの研究が行われてきた。これらの研究の多くは，ストレスと病気との因果関係を示しているが，配点方法など方法論的欠陥があるため疑問の余地が残されている（Schroeder & Costa, 1984）。

表 9-2 社会的再適応評定尺度（Holmes & Rahe, 1967）

順位	ライフイベント	LCU 得点
1.	配偶者の死亡	100
2.	離婚	73
3.	夫婦別居	65
4.	刑務所などへの収容	63
5.	近親者の死亡	63
6.	本人の大きなケガや病気	53
7.	結婚	50
8.	失業	47
9.	夫婦の和解	45
10.	退職・引退	45
11.	家族員の健康面・行動面での大きな変化	44
12.	妊娠	40
13.	性生活の困難	39
14.	新しい家族メンバーの加入	39
15.	合併・組織替えなど勤め先の大きな変化	39
16.	家計状態の大きな変化	38
17.	親友の死亡	37
18.	転勤・配置転換	36
19.	夫婦の口論回数の大きな変化	35
20.	1万ドル以上の借金	31
21.	借金やローンの抵当流れ	30
22.	仕事上の責任（地位）の大きな変化	29
23.	子女の離家	29
24.	義理の親族とのトラブル	29
25.	個人的な成功	28
26.	妻の就職または退職	26
27.	本人の進学または卒業	26
28.	生活条件の変化（家の新改築，環境悪化）	25
29.	個人的習慣の変更	24
30.	職場の上司とのトラブル	23
31.	勤務時間や労働条件の大きな変化	20
32.	転居	20
33.	転校	20
34.	レクリエーションのタイプや量の大きな変化	19
35.	宗教（教会）活動上の大きな変化	19
36.	社会（社交）活動の面での大きな変化	18
37.	1万ドル以下の借金	17
38.	睡眠習慣の大きな変化	16
39.	団らんする家族員の数の大きな変化	15
40.	食事習慣の大きな変化	15
41.	長期休暇	13
42.	クリスマス	12
43.	信号無視などちょっとした法律違反	11

出典：Holmes, T. H., & Rahe, R. H. (1967). The social readjustment rating scale. *Journal of Psychosomatic Research, 11*, 213-218.

③**ストレス対処**：人間はストレスの影響を和らげるべくさまざまな対処（coping）を行うことが知られている。対処とは，ストレス状況の要求をマネージメントしていく思考や行為を意味している（Lazarus & Folkman, 1984）。また，対処のしかたには，問題の状況自体に働きかけていくやりかたと問題の状況に対する反応を変えていくやりかたの2つがある。

　フォークマンら（Folkman et al., 1987）は，成人を対象にこうしたストレスへの対処のしかたを研究し，一貫した年齢差のあることをみいだしている。それによると，30歳代後半や40歳代前半の成人は，問題そのものに焦点を合わせ，それを解決しようとする傾向が強い。それに対して，60歳代後半の成人は，感情に焦点を当て，問題と距離を置いたり，状況を肯定的に再評価したりする傾向が強いという。こうした対処方略は，おおむね，男女とも同様である。フォークマンらは，肯定的に評価したり距離を置いたりするのはストレスのプロセスを短絡させ，簡単にしているもので，高齢者が若者に比べて訴えが少ない理由であると指摘している。また，フィスク（Fiske, 1980）は，人生初期のストレス対処の経験が，高齢者がストレスや加齢による喪失を処理する力の資源になることを指摘している。人生初期にほとんどストレスを経験しなかった高齢者は，加齢にともなうストレスの処理の準備ができていないという。

　ストレス対処能力を高めるためには，「健康な食習慣，運動，睡眠によって心身の健康を維持する」，「ストレスの正しい知識を得る」，「自分自身のストレスの状態を正確に理解できる」，「ものごとを現実的で柔軟にとらえる」，「自分の感情や考えを上手に表現する」，「時間を有効に使ってゆとりをもつ」，「ストレスマネージメント力をもつ」などが必要とされている。また，ストレスマネージメントには，通常3つのR，すなわち，レスト（rest），レクレーション（recreation），リラクセーション（relaxation）が必要とされているが，基本的なマネージメントはリラクセーションである。

6）睡　眠

　睡眠障害は年齢とともに増加する傾向にある。夜中や早朝に，寝つかれず，本を読んだり，電話をしたり，テレビを見たり，酒を飲んだり，音楽を聞いたり，風呂に入ったり，不眠症に陥る高齢者は少なくない。こうした不眠症や睡眠障害の原因として，いくつかの要因が考えられる。

　①**身体的異常**：不快や痛みをともなう身体的疾患は睡眠を妨害する。たとえば，便秘による不快感，関節炎による痛み，息切れなどが原因としては多い。また，夜，頻繁に排尿のため起きなくてはならないという場合もある。このような場合は，泌尿器の感染症，男性は前立腺肥大症も考えられる。

②薬：不眠症の人に対して睡眠剤を与えるのは最終的な手段である。なぜなら，その薬が，ふたたび睡眠障害の原因になる可能性が高いからである。催眠剤は連続使用すると2週間以内に効果がなくなる（Kales et al., 1970）。また，薬に対して急速に耐性ができてくるため，ますます多くの薬を使用する傾向がある。そうした薬の使用によって深い睡眠が減少し，浅い断続的な睡眠が増加する（Kales et al., 1978）。また，薬の後遺症で，翌日，運動や知覚に障害が出たり，憂うつになったりする（Bootzin & Engle-Friedman, 1987）。

③アルコール：アルコールは一つの鎮静剤であるため，睡眠に対して，催眠剤や精神安定剤と同様の影響をもつ。すなわち，常習的な飲酒によって，深い睡眠が減少し，断続的な睡眠になる。

④カフェインとニコチン：寝る前のコーヒーが睡眠によくないことはよく知られているが，タバコも不眠や断続的睡眠をもたらすことになる（Soldatos et al., 1980）

⑤ストレス：いろいろとストレスがあると眠れないということがしばしば起きる。不安や抑うつ状態にあると，寝つかれなかったり，早朝に目が覚めることがある。

⑥寝室：不眠症になるとベッドがあることでかえって目が覚めてしまうので，寝室以外の方が眠れるようである。対照的に正常な人は自分の寝室以外ではしばしば寝つけない（Bootzin et al., 1987）。眠くないときは寝室から出て，眠くなったら寝室へいくということを習慣づけることによって，不眠症を克服した例は多い（Bootzin, 1977）。

⑦居眠り：もう1つの悪い習慣は，昼寝や夕寝である。そのような居眠りをしてしまうと，それが夜の睡眠の一部になり，夜の睡眠は通常の睡眠の後半になってしまう（Webb, 1975）。対照的に朝寝は，夜の睡眠への影響は少ない。また，疲れを感じたときいつでも居眠りする癖をつけてしまうと，睡眠—覚醒の周期的リズムが崩れ，最適の睡眠時間がなくなる（Hauri, 1982）。その結果，慢性的な憂うつと疲労に陥ってしまう。また，高齢者の日中の過度な眠気は，根底にある病気を反映している場合がある（Morewitz, 1988）。

他方，白川（1999）の調査によると，高齢者の方が青壮年者よりも睡眠時間がむしろ長いという。したがって，高齢者が眠れないと訴えるのは，睡眠の量が足りないのではなく，質がよくないのだという。

4　高齢期の身体機能と認知機能の維持

　健康寿命を延ばしていくためには，自立した生活をできるだけ長く維持することが課題となる。その際，自立した生活を維持していくうえで脅威となるのは，身体機能の低下と認知機能の低下である。ここでは，健康寿命を延ばす観点から高齢者の自立を支える身体機能と認知機能の維持について考える。

1) 高齢期の身体機能の維持

　高齢期の身体機能の低下の問題のなかでも，自立の観点からは歩行能力の低下がきわめて重要な問題である。歩行能力の低下は，高齢者のフレイルを鋭敏に反映する指標である。歩行速度や歩行距離の低下を起点として，活動性の低下が生じ，それにともなう閉じこもり，認知機能の低下，うつ状態などさまざまな負の連鎖が生じる可能性がある。したがって，フレイルの予防の観点からは歩行機能を維持させるということが非常に重要になってくる。

　ステュデンスキら（Studenski & Pereta, 2011）は，約 35,000 人の高齢者を平均約 12 年間追跡し，歩行速度によって余命が予測できるかどうかを調べた。研究期間中に約 17,000 人が亡くなったが，結果，歩行速度が 0.1m／s 上がるごとに，死亡のリスクが 10％下がることが明らかになった（図 9-6）。どの性別でもどの年齢でも，歩行速度が速いほど余命年数が高くなっていた。このように歩行速度が低下することは，たんなる下肢機能の低下ではなく，健康や生命活動になんらかの障害が生じている指標になると考えられる。チェザーリ（Cesari, 2011）は，歩行速度は新たな"バイタルサイン"であると述べている。そのため，高齢者の歩行能力を高める運動介入として，①筋力トレーニングによる歩行機能改善，②バランス，歩行練習，機能的トレーニング（椅子からの立ち上がりなど）を組み合わせた複合的運動介入，③持久力向上のための運動介入などが種々の運動介入が推奨されている（永井，2015）。

　他方，サヴェーラら（Savela et al., 2013）は，Helsinki Businessman Study のデータを用いて，日常の身体活動を実施している人の方が，その後，フレイルになりにくいか検証した。中年期（平均 47.5 歳）の男性 514 名を，身体活動量が少ない群（87 名），中程度の群（256 名），多い群（171 名）の 3 つの群に分け，26 年後にフレイルになっていたか調べた。その結果，フレイルになったのは中年期の身体活動量が少ない群では 16％，中程度の群は 10％，多い群は 5％であった（図 9-7）。

　また，チャンら（Chang et al., 2013）は，中年期において日常の身体活動の多い人の方が，高齢期に下肢筋力や歩行速度が低下しにくいか検証している。4,753 名

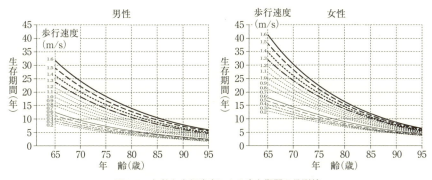

図9-6　年齢と歩行速度による生存期間の予測値
出典：Studenski, S., Perera, S. et al. (2011). Gait speed and survival in older adults. *Journal of the American Medical Association, 305*, 50-58.

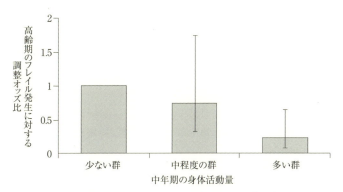

図9-7　中年期の身体活動量が高齢期のフレイル発生に及ぼす影響（Savela & Koistinen et al., 2013）
出典：Savela, S. L., Koistinen, P., Stenholm, S., Tilvis, R. S., Strandberg, A. Y., Pitkälä, K. H., Salomaa, V. V., & Strandberg, T. E. (2013). Leisure-time physical activity in midlife is related to old age frailty. *The Journals of Gerontology. Series A, Biological Sciences and Medical Sciences, 68* (11), 1433-1438.

の身体活動量を評価し，平均25年後の下肢筋力（膝伸展筋力），生活機能および歩行機能（6分間歩行テスト）との関係を分析した。その結果，中年期の身体活動量の多い人ほど，高齢期にこれらの能力が低下しにくいことが示されている。

　自立を維持し，健康寿命を延伸するためには，フレイルの予防が重要である。そのためには，前述したように歩行機能や身体活動の向上が不可欠である。このほか，有酸素運動だけでなく，レジスタンス運動を取り入れていくことによって，筋

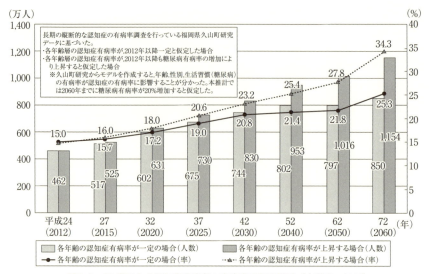

図9-8 65歳以上の認知症患者数と有病率の将来推計（内閣府，2016）
出典：内閣府（2016）．平成28年版高齢社会白書（概要版）高齢者の健康・福祉（第1章第2節第3項）　内閣府
〈http://www8.cao.go.jp/kourei/whitepaper/w-2016/html/gaiyou/index.html〉

量，筋肉が保持される，あるいは増加し，サルコペニア（筋量減少）やフレイルが予防され，生活習慣病にも良い効果をもたらすことが期待される。

2）高齢期の認知機能の維持

健康寿命の延伸には，フレイルとともに認知症の予防が重要となる。そのような観点から，ここでは認知症の予防に焦点を当て述べることにする。

65歳以上の高齢者の認知症患者数と有病率の将来推計によると，平成24（2012）年は認知症患者数462万人と，65歳以上の7人に1人（有病率15.0％）であったが，平成37（2025）年には約700万人，5人に1人になると見込まれている（図9-8）。認知症は誰でもかかりうる病気であるが，今のところ認知症を完全に回避する方法や根本的に治療する方法はない。しかし，適切な予防策によって認知症にかかりにくくすることは可能である。また，認知症にかかってしまったら，早期の治療によって症状の進行を遅らせることは可能である。ここでは，認知症の予防に効果的な生活習慣，教育歴による脳の予備能，社会参加・余暇活動による認知症発症リスク低減についてみていくことにしたい。

①認知症の予防と生活指導：遠藤（2013）は次のような5つの効果的な生活習慣をあげている。これらは決して難しいことではないが，継続する努力が必要であ

る。

(1) **適度な運動**：運動はフレイルの予防にもなるが，認知症の予防としても有効である。毎日 30（-60）分程度の散歩（脈がいつもの 1.2 倍 -1.5 倍 ［1 分間に 110-120 くらい］）になるような運動がよい。すでに発症したアルツハイマー型認知症にも，運動の効果があることが示されている。ただし，心臓や呼吸器，骨関節に問題がある場合には，運動の種類に制限があることもあるので，主治医に相談する。

(2) **バランスの良い食事**：認知症を予防する食材として野菜（食物繊維），果物（無機質），魚（不飽和脂肪酸：DHA, EPA）などが推奨されている。サプリメントについては，ビタミン B, C, E などは食品から摂取するのが理想的であるとしている。サプリメントを大量に摂取すると過剰症が現れることがある。単一の栄養素に頼るのではなく，魚，野菜，果物，穀類，繊維，オリーブ油，赤ワインなどをバランス良く摂取するような地中海料理が注目されている。

(3) **生活習慣病を予防する**：高血圧，脂質異常，糖尿病，肥満，冠動脈疾患，脳卒中，末梢動脈疾患などの生活習慣病の治療は，認知症進展を抑制する。もし，検診などで日常生活に是正が必要だと指摘されたら，手遅れにならないうちに，高齢になる前に，日常生活を見直す必要がある。

(4) **毎日誰かと楽しい会話をする**：人の脳は，他人と話をすることで活性化する。会話も知的活動の一つである。なお，他人との会話より，仲の良い姉妹との会話の方が，脳はより活性化していることが示されている。

(5) **1 年に一度は「ものわすれチェック」する**：認知症が疑わしい場合は，専門機関で診断を受けた方がよい。早期診断には，次のような理由がある。

　 i 　治る可能性があるタイプの認知症かもしれない。
　ii 　進行を食い止めるためにできることがある。
　iii 　動けるからだを維持する。
　iv 　仕事，家業，社会活動などの今後を考えることができる。
　 v 　認知症が進行した場合のことを準備できる。

② **教育歴による脳の予備能**：ヴァレンズエラ（Valenzuela, 2008）によれば，高学歴，職業的に成功していること，知性あるいは IQ などが高い場合，知的刺激を受けるような余暇を楽しんでいる人は，認知症に罹患するリスクが低い（オッズ比 0.50-0.56）。彼はこの理由として，脳の予備力によるものではないかと推察している。

また，スノウドン（Snowdon, 2001）は，職業を含めた生活環境が比較的均質であると考えられるノートルダム教育修道女会の修道女を対象にした Nun study で，若い頃の知的機能が AD（アルツハイマー病）の病態と密接に関連しうること

を示した。20歳代前半という非常に若い時期の言語能力、特に文章作成能力を調べることで、約60年後の認知症の発症を80％近く予想できるという。

教育水準が高い、あるいは知的機能が高いということは、認知予備能 cognitive reserve（CR）が高いことを意味し、ADの発症が遅れる。CRが高いということは、大脳の神経ネットワークが密で、シナプスの密度が増加している状態と考えられるため、ADによるシナプスや神経脱落が発現しても、予備的なネットワークを使用することで症状の発症がマスクされるのではないかという推測がなされている。つまり、CRが高いと、認知機能が低下するまで時間がかかるため、実際に脳内で病態が進行していても、臨床的な認知機能の低下が顕在化しにくく、「時間稼ぎができる」のではないかということである（木下，2013）。ただし、CRが高いと、いったん発症した時には進行が速いことも報告されており、これは、発症時点ですでに病理学的所見がかなり進行していることによるのかもしれない（Sakurai, et al., 2011）。

③社会活動・余暇活動による認知症発症リスクの低減：スカーミアスら（Scarmeas et al., 2001）は、ニューヨーク市マンハッタン北部に在住する認知症のない65歳以上の高齢者1,772名について前向きコホート研究を行った。ベースラインにおける被検者の余暇活動が調査され、神経学的および神経心理学的検査が毎年施行され、最高7年まで（平均2.9年）追跡調査された。社会参加・余暇活動についてはインタビューによって調査され、13項目（編み物などの趣味、散歩、友人や親戚宅への訪問、友人や親戚の訪問を受けること、体力調整訓練、映画鑑賞やスポーツ観戦、本・雑誌や新聞などを読むこと、テレビやラジオの視聴、ボランティア参加、カードやゲームをすること、クラブや集会行事への参加、文化セミナーなどの受講、教会に通うこと）のうち継続的に参加しているものがポイントとしてカウントされた。そして6ポイント以下の者を低活動群、7ポイント以上の者を高活動群として定義された。結果として、1,772人の被検者のうち、207人が認知症を発症し、この認知症発症リスクは、高活動群で低下していた。社会参加・余暇活動はおそらく認知予備能を増やすことで、認知症発症のリスクを低減しているのではないかと推測されている。

また、ヴァーギーズら（Verghese et al., 2006）は、MCIに関しても検討を行っている。地域社会に住む認知症もMCIもない75歳以上の高齢者437名について前向きコホート研究を行い、認知機能活動スケールと身体活動スケールを用いて調査を行った。結果として、追跡調査期間5.6年（中央値）において58名が健忘症MCI（amnestic MCI（aMVI））に移行した。認知活動スケールが1ポイント上昇することはaMCIのリスク低下と相関していたが、身体活動スケールの上昇とは関

連していなかった。

このほかにも，クロスワードパズルの予防効果（Pillai et al., 2011）や音楽活動の予防効果（Hanna-Pladdy et al., 2011）など，個別の社会活動や余暇活動においても予防効果が示されている。このようにそのメカニズムは明らかではないが，生活環境を豊かにすることによって認知症の進行を遅らせることが示唆されている。

コラム 9　主要死因別死亡率（人口10万人対）の推移（1947-2017）

　図9-9は，日本人の主要死因別死亡率が1947年から2017年にかけてどのように推移したかを示したものである。それによると，第2次大戦後，栄養状態の改善やサルファ剤，抗生物質などの出現にともない感染症疾患が大幅に減少し，結核対策も進んだ結果，これらに代わって悪性新生物（がん），脳血管疾患，心臓疾患など老化と結びついた疾患が増大してきた。1957年頃からこれらは3大成人病と称され，主たる克服対象となった。その後，1996年ごろからは，3大成人病をはじめとして糖尿病，慢性肝疾患などが，永い年月を経て各個人の生活習慣とそれらの疾患の発症との間に深い関係があることが明らかになってきていることから，成人病は新たに「生活習慣病」と称されるようになった。

　近年の特徴としては，生活習慣病の中でも脳血管疾患の死亡率が低下する一方で，悪性新生物（がん）と心疾患の死亡率が傾向的に上昇している点，高齢者が肺炎で死ぬことが多くなっている点などが目立っている。

　病気以外では，老衰で死ぬ人が少なくなった点（これは死亡診断書に医師が直接の死因を記述するようになったために減少しているという側面が大きい。もっとも最近上昇），不慮の事故による死亡率が1995年と2011年で飛び跳ねており，それぞれ阪神・淡路大震災，東日本大震災によるものである点，自殺者が1998年から上昇した点，などが目立っている。

　なお，悪性新生物（がん）の死亡率が上昇している理由の1つとして，悪性新生物による死亡率の高い高齢者の比率が上昇している点をあげることができる。もし高齢者比率が不変であるとしたら悪性新生物による死亡率は上昇しているであろうか。これを確かめるために，年齢調整死亡率（ある時点の人口構成のまま推移したと仮定した場合の死亡率）を調べてみると，実はがんの死亡率の上昇の大きな理由は高齢化によるものであり，高齢の要因を除くと，男性は1995年以降，女性は1960年以降から，がんによる死亡率は低下していることが分かる。がんは減少しているともいえるのである。

　高齢者が肺炎で死ぬことが多くなっている理由としては，誤嚥性肺炎で命を落とす高齢者が多くなったせいとみられている。つまり，70歳以上の高齢者

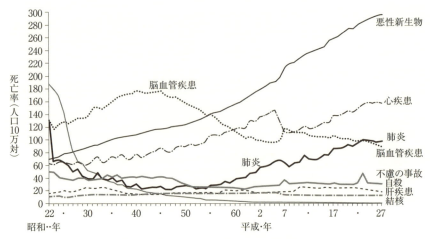

図9-9 主な死因別にみた死亡率（人口10万対）の年次推移（厚生労働省，2015）

注：1）平成6・7年の心疾患の低下は，死亡診断書（死体検案書）（平成7年1月施行）において「死亡の原因欄には，疾患の終末期の状態としての心不全，呼吸不全等は書かないでください」という注意書きの施行前からの周知の影響によるものと考えられる。
　　2）平成7年の脳血管疾患の上昇の主な要因は，ICD-10（平成7年1月適用）による原死因選択ルールの明確化によるものと考えられる。
出典：厚生労働省（2015）．平成27年人口動態統計月報年計（概数）の概況　厚生労働省
　　　〈http://www.mhlw.go.jp/toukei/saikin/hw/jinkou/geppo/nengai15/dl/gaikyou27.pdf〉

が飲み込む力を衰えさせてしまったために誤嚥を起こし，肺炎をこじらせて亡くなっていくケースが非常に増えているとみられる（西山，2017）。

10章

高齢期の社会関係と社会活動

1 成人期の社会関係の変化

1) 社会的コンボイの変化

　カーンとアントヌッチ（Kahn & Antonucci, 1980）は，人生を生きていく個人が自分の周りに築いていく社会関係（social relations）を，人生航路を進む「自分」という船を護送する船団に見立て，社会的コンボイというモデルを提起した。コンボイ（convoy）は，護送船団という意味である。彼らは，コンボイを個人の円をとりまくいくつかの同心円によって示した（図10-1）。中心の円（P）は問題，焦点となる人を，その周囲の3つの同心円がコンボイを示す。コンボイの調査の際には，このような個人を取り巻く3つの円でイメージされたコンボイの各領域の該当するメンバーをあげさせるのだが，これを Convoy Mapping Procedure（CDP）という。

　彼らによれば，第1の同心円は，配偶者や親友，特に親密な家族成員のように，長期にわたり安定しもはや役割に依存しないコンボイの成員をさす。その周りの第2の同心円は，家族や親戚，職場や近所の親しい友人などのように，役割の変化にある程度影響され，時間の経過とともに変化するコンボイの成員をさす。もっとも外側の第3の同心円は，上司，同僚，隣人などのように，役割の変化に大きく影響される構成員をさす。特に，第1の同心円がそもそも存在するのかどうかと，どれだけ多くの人が含まれるかが幸福感やストレス対処能力の予測因子になるとされる。

　このようなコンボイの構造は生涯を通じてどのように変化するのだろうか。第1の同心円の人の喪失は死や絶交などの結果である可能性が高く，第2，第3の同心円の変化は役割や居住地の変化を反映する傾向がある。図10-2は同一人物の異なる2時点でのコンボイを示した図である（Kahn & Antonucci, 1980）。

　上の図は2児をもつ既婚女性（P）の35歳の時のコンボイ，下の図は同一女性（P）の75歳の時のコンボイである。その女性はすでに夫を失い，2人の子どもは

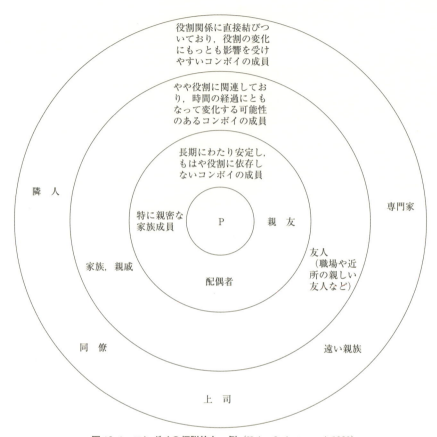

図10-1 コンボイの仮説的な一例（Kahn & Antonucci, 1980）
出典：Kahn, R. L., & Antonucci, T. C. (1980). Convoys over the life course: Attachment, roles, and social support. In P. B. Baltes, & O. Brim (Eds.), *Life-span development and behavior* (Vol. 3, pp. 253-268). New York, NY: Academic Press.

成人している。下図のコンボイは，上図のコンボイに比べて，全体として成員数が減少している。また，第1の同心円の成員は，相対的に安定していると仮定されているものの，40年かにいくつかの大きな変化を被っている。両親と配偶者は死んでしまい，穴埋めされないままとなっている。しかしながら，この老婦人は，今は成人しておもに支援してくれる娘を特に親密だと感じている。さらにPは今でも姉妹の1人（姉）と親密な関係を維持している。他の喪失は，Pがとても親しいと感じている隣人と，今は同じように夫を失っている旧友によって，ある程度補われ

1 成人期の社会関係の変化　189

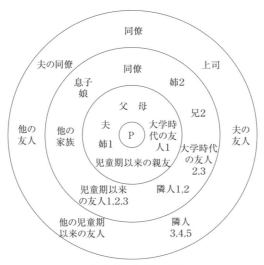

35歳, 既婚, 2児をもつ女性

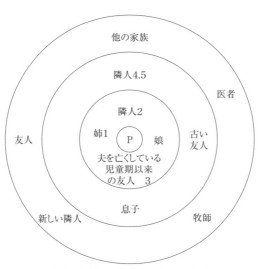

75歳, 夫を失い, 成人した2人の子どもを
もつ上図と同一の女性

図10-2　生涯発達におけるコンボイの構成の変化—ある女性の生涯の異なる2時点におけるコンボイ（Kahn & Antonucci, 1980）

出典：Kahn, R. L., & Antonucci, T. C. (1980). Convoys over the life course: Attachment, roles, and social support. In P. B. Baltes, & O. Brim (Eds.), *Life-span development and behavior* (Vol. 3, pp. 253-268). New York, NY: Academic Press.

ている。第2と第3の同心円内の成員もまた，年月とともに変化してきている。これらのカテゴリーのコンボイの成員数は，減少している。これらのカテゴリー内における大きな喪失は，職場の同僚，上司，夫の友人や夫の同僚である。こうした喪失は，今この女性の生活の中で重要な役割を演じている牧師や医師によって，部分的に穴埋めされている（Kahn & Antonucci, 1980）。

このようにコンボイは，個人が生きていくうえでの重要な社会関係を簡潔に反映している。以下では，成人期を生きていくうえで支えとなるコンボイの重要な構成員が，成人期あるいは高齢期を通じてどのような役割を担っているのか，またそうした社会関係がどのように変化していくのか，みていくことにしたい。すなわち，たいせつな社会関係として家族関係を中心に，夫婦関係，親子関係，祖父母−孫関係，きょうだい関係，友人関係，社会的支援（social support）についてみていく。

2）成人期における夫婦関係の変化

①配偶者の選択：夫婦関係は結婚から始まる。そうした意味で，最初にどのように配偶者を選択するのか，結婚からみていくことにしよう。

マースタイン（Murstein, 1982）は，パートナーの選択には，次の3つの段階があるとしている。

第1段階（刺激段階）：身体的魅力，知性，社会的地位のうち1つ以上の刺激が互いに相手を意識させる段階である。男性にとっては，相手の身体的魅力が特に刺激的である。女性は身体的魅力も求めているが，相手の社会的地位や高い教育，よい仕事がより刺激となる。そして，お互いの感じ方が近い者同士が接近するようになる。

第2段階（価値観段階）：仕事，結婚，宗教，社会，文化などの話題について語り合い，価値観が似ているほど深く魅かれる。

第3段階（役割段階）：頻繁に親密に付き合いを重ね，責任をもって役割を遂行する人か，誠実な人か見極める。

そのうえで決断することになるが，概して，男性の方がロマンチックであり，女性の方がプラグマチックであるという。

また，結婚が長続きするか，結婚成功の要因として，次の3つの要因があげられている（Cavanaugh, 1990）。

第1の要因は，結婚した時の二人の成熟度である。概してパートナーが若すぎるほど，結婚が成功する確率は低い。特に二人が10代ないしは20代前半の場合には結婚が長続きしない傾向がある（U.S. Census Bureau, 2003）。この理由は，一部は，その年代では，エリクソン（E. H. Erikson）のいう親密性が達成されていないためと考えられている。もう1つの理由は，経済的な安定性が低いことや結婚時の

妊娠が指摘されている（Cavanaugh & Branchard-Fields, 2006）。

第2の要因は，同類婚（homogamy）である。二人の価値観，目標，態度，社会経済的地位，民族的背景，宗教的信条などが類似しているほど結婚は成功する。同類婚は，多様な文化や社会を通じて重要な要因である（Diamond, 1986）。

第3の要因は，関係性が対等であることである。満足な幸福な結婚は，両パートナーが，関係性のすべての次元を通じて公正な交換が行われていると感じることが重要である。二人は，仕事と家族の両立をめぐって，しばしば公正さの問題に直面するが，お互いに公正感を得られるように二人で調整・努力することが重要である。

②家族のライフサイクルからみた夫婦の課題：藤原（1999）は，家族のライフサイクルの変化が夫婦関係に影響をもたらすことについて，次のように述べている。「結婚により新しい家族が誕生する。最初は夫婦二人だけだが，やがて子どもが誕生し，家族メンバーが増える。その後，子どもが成長し，家族は拡大期を迎える。やがて子どもたちは就職や結婚のために家族から独立する。この時期から家族は縮小に向かい，夫婦二人だけの生活に戻る。そして，最後に配偶者の死により結婚生活は消滅する。このように家族には，形成-拡大-縮小-消滅といったライフサイクルがある。ライフサイクルの移行は，家族構成の変化と発達によって生じる。夫婦関係も家族のライフサイクルに影響されて発達する。夫婦関係においても，各段階でのライフサイクル課題を効果的に処理，対処していくことが求められる」。表10-1は，もっとも標準的な家族の発達段階とその課題をまとめたものである（望月，1980）。以下，この段階に沿って，夫婦の課題の発達的変化についてみていく（藤原，1999）。

(1)**新婚期**：新婚期は子どもが誕生するまでをさす。いままでは異なった環境のもとで生活していた一組の男女が夫婦として生活をともにすることになる。そこでの重要な課題は，経済的な自立，生活習慣の調整，夫と妻の役割の構築，そして性生活への適応と家族計画である。

(2)**養育期**：第1子の誕生から小学校入学までの時期である。この時期の課題は，子どもの出産によって生じる。父あるいは母としての役割の遂行である。また，親としての役割と夫婦の役割の間で生じる役割葛藤をどのように調和させるのかも重要な課題である。この時期は，特に出産，育児で母親に負担がかかる。

(3)**教育期**：第1子の就学から青年期までをさす。子どもの成長にともなって親の役割を再検討する時期である。子どもの能力や適性に見合った進路の決定と比較的時間の余裕がでてきた妻の社会参加がこの時期の主要な課題となる。

(4)**排出期**：子どもが青年期に達してから独立するまでの時期である。この時期の

表 10-1 家族周期段階別にみた基本的発達課題（望月, 1980）

	基本的発達課題（目標）	目標達成手段（経済）	役割の配分・遂行	対社会との関係	備考
婚前期	・婚前の二者関係の確立 ・身体的・心理的・社会的成熟の達成	・経済的自立の準備 ・新居の設定（親との同居・別居）	・正しい性役割の取得 ・結婚後の妻の就業についての意見調整	・相互の親族や知人の是認の確保	・性衝動のコントロール ・デイト文化の確立
新婚期	・新しい家族と夫婦関係の形成 ・家族生活に対する長期的基本計画 ・出産計画	・安定した家計の設計 ・耐入消費財の整備 ・長期的家計計画（教育・住宅・老後）の確立 ・居住様式の確立 ・出産育児費の準備	・性生活への適応 ・夫婦間の役割分担の形成 ・夫婦の生活時間の調整 ・生活習慣の調整 ・リーダーシップ・パターンの形成	・親や親戚との交際 ・近隣との交際 ・居住地の地域社会の理解 ・地域の諸集団活動への参加	・社会的諸手続き（婚姻届、住民登録）の完了
養育期	・乳幼児の健全な保育 ・第2子以下の出産計画 ・子の教育方針の調整	・子の成長にともなう家計の設計 ・教育費・住宅費を中心とした長期家計計画の再検討	・父・母役割の取得 ・夫婦の役割分担の再検討 ・リーダーシップ・パターンの再検討	・近隣の子どもの遊戯集団の形成 ・保育所との関係 ・親族との関係の調整（祖父母と係）	・妻の妊娠時への夫の配慮
教育期	・子の能力・適性による就学 ・妻の再就職と社会活動への参加 ・子の進路の決定 ・家族統合の維持	・教育費の計画 ・住宅の拡大・建設費の計画 ・老親扶養の設計 ・余暇活動費の設計 ・子の勉強部屋の確保	・子の成長による親役割の再検討 ・夫の家族役割への参加 ・夫婦関係の再調整 ・余暇活動の設計 ・家族の生活時間の調整 ・妻の就業による役割分担の調整	・老後扶養をめぐっての親族関係の調整 ・PTA活動への参加 ・婦人会、地域社会活動への参加 ・婦人学級、成人学級など学習活動への参加 ・夫の職業活動の充実	・家族成員の生活領域の拡散への対処

1 成人期の社会関係の変化　193

排出期	・子どもの就職・経済的自立への配慮 ・子の情緒的自立への指導 ・子の配偶者選択・結婚への援助	・子の結婚資金の準備 ・老後の生活のための家計計画 ・子の離家後の住宅利用の検討	・子の独立を支持するための役割 ・子の離家後の夫婦関係の再調整 ・子の離家後の生活習慣の再調整	・地域社会活動への参加 ・奉仕活動への参加 ・趣味活動・文化活動への参加	・妻の更年期への対処
老年期	・安定した老後のための生活設計 ・老後の生きがい・楽しみの設計	・定年退職後の再就職 ・老夫婦向きの住宅の改善 ・健康維持への配慮 ・安定した家計の維持 ・遺産分配の計画	・祖父母としての役割の取得 ・安らぎのある夫婦関係の確立 ・夫婦としての再確認 ・健康維持のための生活習慣	・子どもの家族との関係の調整 ・地域社会活動・奉仕活動・趣味・文化活動参加の維持 ・子どもの家族との協力関係の促進 ・老人クラブ・老人大学への参加 ・地域活動への参加（生活経験を社会的に生かすこと）	・健康維持 ・内閉的生活の傾向への対処
孤老期	・ひとりぐらしの生活設計	・ひとりぐらしの家計の設計 ・ひとりぐらしの住宅利用 ・遺産分配の計画	・子どもによる役割の補充 ・社会機関による役割の補充	・社会福祉サービスの受容 ・老人クラブ・老人大学への参加 ・新しい仲間づくり、友人関係の活用	・孤立はしても孤独にならないこと

出典：望月 嵩（1980）．現代家族の生と死　望月 嵩・木村 汎（編）現代家族の危機（pp.2-22）有斐閣

課題は，子どもの就職と結婚，そして親の役割と責任の開放にともなって，夫婦関係を再調整することである．子どもの独立への援助を行いながら，子どもを生きがいとした生活設計から夫婦関係を中心とした，老後のプランを描いておく必要がある．

(5) **老年期**：子どもがすべて独立して夫婦二人きりになってから，どちらか一方が欠けるまでの時期が老年期である．老後のための生活設計，夫の退職にともなう生活移行，子ども夫婦との関係調整など，この時期の課題は重大でかつ多い．

(6) **孤老期**：配偶者の死から自分の死までの時期．女性の平均寿命が長いこと，そして妻の方が夫よりも年齢が若いことから，この時期を迎える確率は女性の方が高く，その期間はおよそ10年である．この時期の課題は，一人暮らしの生活に慣れること，遺産の配分，自分の人生の幕引きをする準備．また，子どもの家族と同居する場合には，新たな適応課題が発生するかもしれない．

③ **夫婦関係満足度の変化**：夫婦の結婚満足度に関する研究によると，これまでは，夫婦の結婚満足度は，結婚当初がもっとも高く，子どもたちが巣立つまで低下し，その後，高齢期に上昇する（Miller et al., 1997）．その結果，夫婦の結婚満足度曲線はUカーブを描くことになる（図10-3）．その解釈としては，結婚直後に満足度が高いのは「ハネムーン効果」であり，その後，子どもの出産，子育てを期に夫婦間の対立が増し，満足度は低下する．しかし，子どもが巣立つと，夫婦間の対立は減り，夫婦だけの時間が増え，満足度は増加するというものである．日本でも，これを支持している研究がある（岩井, 2002；稲葉, 2004）．

これに対して，近年，いろいろと反証が出されている．1つの有力な説は，不満足なカップルは夫婦関係を解消（離婚）するため，一定の時期を過ぎると満足度の低いケースがサンプルから脱落していくために，満足度の平均値が上昇しているように見えるにすぎない．あるいは，結婚年数の長い年齢の高い夫婦は結婚の価値観が若者と異なるため満足度が高いとする説である（VanLaningham et al., 2001）．他方，永井（2011）は，女性のパネルデータを用いて分析し，妻の夫婦関係満足度はUカーブを描くことなく，ほぼ一貫して低下すること，特に結婚初期の低下が著しいこと，6歳以下の子どもの存在は夫婦関係満足度を低下させることを示した．また，結婚初期には夫の平日の家事育児時間，休日の家事育児時間が夫婦関係満足度を上昇させ，結婚生活後半では夫の年収と夫の休日の家事・育児時間（夫婦のコミュニケーションの時間がとれることを意味していると思われる）が夫婦関係満足度を上昇させることが示された．

このようにみてくると，夫婦関係満足度は，夫婦のコミュニケーションの影響が大きいことが示唆される．そのような観点から，年代別にみた夫婦間の話し合いの

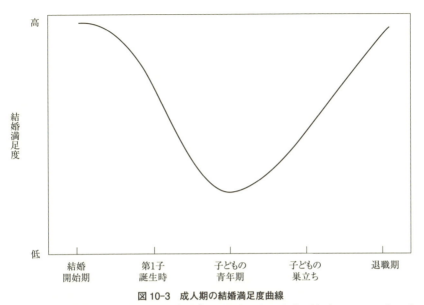

図10-3　成人期の結婚満足度曲線
出典：Berry, R. E., & Williams, F. L. (1987). Assessing the relationship between quality of life and marital and income satisfaction: A path analytic approach. *Journal of Marriage and the Family, 49*, 107-116.

程度をみた藤原ら（1986）の研究が注目される（図10-4）。この結果は「あなたはつね日頃自分の考えていることや感じていることを気がねなく夫（妻）と話している方だと思いますか」という問いに対して「よく話す」に反応した比率を年代別に示したものである。それによると，「よく話す」は，女性の方が男性よりも全体として高い傾向がある，逆に男性は女性に比べてだんまり気味である，特に子育て盛り，教育盛りの30代，40代にその傾向が強い，女性も年をとるにつれて話す比率が低下してくる，男性は子育て盛り，教育盛りの頃にもっとも話す比率が低いが，50代になると比較的よく話すようになる，男性は結婚当初と年をとってから比較的話す傾向がある，などがうかがわれた。こうした夫婦のコミュニケーションが特に女性の結婚満足度に影響していると推察される。夫が妻とのコミュニケーションを高めるほど，妻の結婚満足度は上昇すると考えられる。

　④**離婚・再婚**：図10-5は，男女別に，5歳階級で15歳以上の配偶関係の割合を示したものである。有配偶は，男女とも20代前半から30代前半にかけて急速に増加していく。30代後半以降も有配偶は増え続けるが，伸びは緩やかなものとなる。男性は70代前半まで増え続け，その後減少に転じる。女性は50代後半がピー

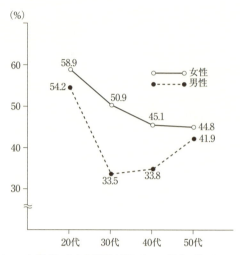

図10-4　年代別にみた夫婦間の話し合いの程度（藤原ら，1986）
出典：藤原 武弘・石井 眞治・黒田 耕誠・春日 キスヨ（1986）．21世紀へ向けての女性に関する市民意識　広島市民生局

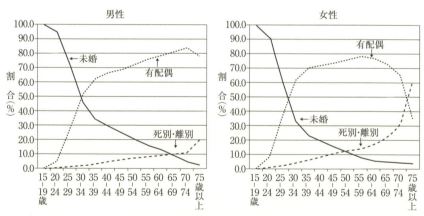

図10-5　配偶関係，年齢（5歳階級），男女別15歳以上人口の割合―全国（平成27年）（総務省統計局，2016）
出典：総務省統計局（2016）．平成27年国勢調査抽出速報集計結果 結果の概要　総務省
〈http://www.stat.go.jp/data/kokusei/2015/kekka/pdf/gaiyou1.pdf〉

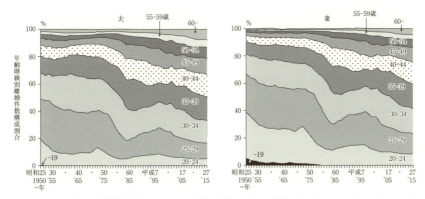

図 10-6 夫・妻の年齢階級別にみた離婚件数構成割合の年次推移—昭和 25- 平成 27 年—（厚生労働省，2017）
出典：厚生労働省（2017）．平成 29 年我が国の人口動態 厚生労働省
〈http://www.mhlw.go.jp/toukei/list/dl/81-1a2.pdf〉

クで，その後減少に転じる。男女とも有配偶の減少は，配偶者の死によるとみられる。男性は 70 代後半から一人暮らしが増え始めるとみられる。女性は 60 代後半から減少が目立ち始め，70 代前半以降一人暮らしが急激に増えるとみられる。

他方，有配偶の増加と反対に未婚は男女とも 20 代前半から急激に減少し，30 代後半以降減少がゆるやかとなる。そのなかで，死別・離別が徐々に増加している。死別と離別が一緒になっているので分かりにくいが，おそらくこのカーブの急速な増加は有配偶の急速な減少と対応しており，死別によるものと推定される。

また，平成 27 年の離婚件数 22 万 6,215 組のうち，未成年の子がいる離婚は 13 万 2,166 組（全体の 58.4％）で，親が離婚した未成年の子の数は 22 万 9,030 人，未成年の子がいない離婚は 9 万 4,049 組（同 41.6％）となった。親権を行うもの別に離婚件数の年次推移をみると，平成 27 年は「妻が全児の親権を行う」は 11 万 1,428 組（未成年の子がいる離婚件数に占める割合は 84.3％）で，その割合は昭和 40 年代以降増加傾向にある。「夫が全児の親権を行う」は 1 万 5,971 組（12.1％），「夫妻が分け合って親権を行う」4,767 組（同 3.6％）となった。

離婚件数の年齢階級別構成割合の年次推移（図 10-6）をみると，20 歳代以下は，戦後まもなく夫は約 50％，妻は約 65％であったが，昭和 50 年代に急激に低下し，平成 27 年は夫・妻ともに戦後の割合の 1／3 となった。30 歳代は戦後から昭和 50 年代半ばにかけて上昇し，その後は低下傾向の後再び上昇していたが，平成 19 年以降は低下しており，夫・妻ともに 40％を下回っている。40 歳代は昭和 40

年代以降上昇傾向にあり，夫は平静5年以降，妻は4年以降低下が続いたものの，14年以降再び上昇傾向となっており，近年は20％台となっている。50歳以上は，昭和50年代以降は夫・妻とも上昇傾向にあり，平成27年は夫21.6％，妻14.3％となった。

3）親子関係

①親になること：親になることには，恩恵とコストがある。恩恵としては，子どもは個人的な満足と愛情の源，"世代性"の充足，伴侶性の（companionship）の源，代理経験などを与えてくれる（Frieze et al., 1978）。他方，コストとしては，子どもは，経済的負担に加え，夫婦の性的関係の中断，活動の共有の減少をもたらす。さらに，子どもの年齢による子育ての難しさが指摘されている（Rossi, 1980）。そのため大多数の夫婦は子どもをもつことに前向きであるが，子どもをもたない夫婦も増えている。子どもをもたない夫婦は，幸福な結婚，自由，生活水準の高さを重視するが，子ども中心社会の非難を受ける，高齢期に孤独感を感じるなどのリスクもある（Van Hoose & Worth, 1982）。

親の役割は，父親と母親で異なる。母親は毎日毎日の育児で子どもの要求に直面する。父親は稼ぐことと子どもの訓練である。しかし，現代は，共働きも多く，伝統的な役割分業のままでは，子育て期の母親にかかる負担が大きい。多世代同居が当たり前であった時代には，家の中に祖母をはじめ，母親の負担を軽減する仕組みや知恵があった。しかし，核家族化が進行し，かつての家の中での支援体制に期待することはほとんどできなくなってしまった。その結果，孤立無援の中で，疲労困憊し育児ノイローゼになってしまう母親も少なくない。シングルマザーの場合はより一層厳しい状況にある。そのため，仕事と家庭の両立をめぐる夫婦の対立だけでなく，DVや児童虐待も起きている。

そうしたなか，父親の育児・家事参加の必要性が叫ばれている。図10-7は，夫の家事・育児分担と妻の出産意欲，就労継続を示したものである。夫の育児得点が高いほど，追加子ども予定数が多く，また，第1子出産時の妻の就労継続率が高い。ちなみに，日本の父親は世界で一番家事負担が少ないといわれている。近年，若い父親の家事負担が増加傾向にあるとされるが，本来50-50を目標とすべきであろう。また，保育園など子育て期の夫婦を支援する社会的システムの拡充は喫緊の課題となっている。

ところで，発達心理学では，母性や愛着の問題は中心的なテーマであり，母子関係に関する研究が盛んである。他方，父子関係の研究はあまり行われてこなかった。しかし，ミチャーリッヒ（Mitscherlich, 1963）の現代を「父親なき社会」だとする指摘が出て以降，父親の存在意義に対する社会的関心が高まってきている。

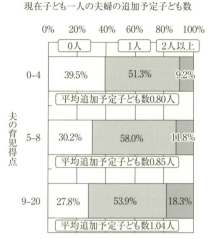 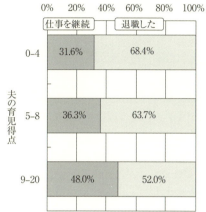

図10-7　夫の家事・育児分担と妻の出産意欲，就労継続（国立社会保障・人口問題研究所，2005）

注）「夫の育児得点」は，「遊び相手をする」，「風呂に入れる」，「食事をさせる」，「寝かしつける」，「おむつを替える」の領域別に，「月1-2回」（1点），「週1-2回」（2点），「週3-4回」（3点），「毎日・毎回」（4点），「やらない」（0点）とし，5領域の得点を合算したもの。
出典：国立社会保障・人口問題研究所（2005）．「第3回全国家庭動向調査」（2005年）Cited in：厚生労働省（2008）．夫の家事・育児分担と妻の出産意欲　厚生労働省
〈http://www.mhlw.go.jp/shingi/2008/09/dl/s0926-3c_0002.pdf〉

　父親不在には，「権威喪失して弱体化した父親」と「母親化した父親」の2つの問題があるとされる（大日方，1994）。「弱体化した父親」は，主として職住分離と女性の就業率の上昇によってもたらされたと考えられている（有地，1981）。自らの勤労態度を通して生活実践の厳しさ，父親としての存在意義を子どもに伝える機会をもたないまま，外での労働で疲れ果てた姿だけを子どもの前にさらけ出さざるを得ないという状況下では，父親としての権威や存在価値は弱体化せざるを得ないという（大日方，1994）。

　他方，父親の「母親化」は，夫が妻と共に家事・育児を分担する傾向を批判的に指摘しているものである。しかし，子どもの社会化を担当することが父親の本来の機能であるとして，父母間に育児上の分担を肯定する考え方は，暗黙裡に母親を非社会的存在とみなす危険性がある。女性の高学歴化と社会参加が進み，男女共同参画型の社会が求められている昨今の社会的動向を考えれば，社会的な視点を持って育児に当たることは，親の性差を越えて必要である（大日方，1994）。

　②巣立ち・巣立ち後の接触：進学や就職，あるいは結婚を機に，子どもは家を離

れていく．これは子どもの成長を見守ってきた親にとっては，子どもの独立は嬉しい反面，辛い時期でもある．距離的に近ければ，比較的頻繁に接触することも可能であるが，遠方になるとめったに会えなくなってしまう．近年は，通信手段が格段に進歩しているが，直接会うのとはおのずと違いがある．そのため，子どもが家を離れる時期に，母親の中には喪失感から空の巣症候群（empty nest syndrome）を呈する者も少なくない．ただし，これはたんなる精神問題というだけでなく，女性の更年期にあたり，更年期障害が絡んでいる場合もある．この空の巣症候群や更年期障害の程度には個人差が大きいとされる．そうした症状を呈することなく，子どものストレスから解放され，自分の生活を楽しめるようになったという人も多い．最近，男性更年期という症状もいわれるようになってきた．女性の更年期が50歳頃であるが，男性更年期は60歳頃といわれる．男性の場合もホルモンの分泌が変化することが影響しているとみられるが，この時期には定年退職による喪失感からうつ症状を呈する者もいる．

③**老親の世話**：親が健康で自立した生活ができているうちは，子どもたちも親の世話を忘れて生活できる．また，一方の親の自立が難しくなっても，もう一方の親が健在でなんとか介護できているうちは，子どもたちは親の生活を心配しつつも，親の世話を猶予してもらえるかもしれない．しかし，親の一方が単身となり，介護が必要となった場合には，子どもたちも老親の世話をすることが求められるようになる．その際，親と同居し親を介護するか，親を施設に入れるか問われることになる．親が施設を望めば，介護の問題は一応解決する．ただし，親を施設に入れることに対するある種の罪悪感をいだくことになるかもしれない．親も，面倒をみてくれない子どもに複雑な感情をいだいているかもしれない．

他方，親と同居して介護する場合もいろいろと問題が生じてくる．子どもが1人の場合は誰が看るかという問題はないが，きょうだいがいる場合は，親の意向もあるが，誰が看るかが問題となる．近年は娘と同居し，娘の介護を期待する傾向があるといわれる．その場合は娘の負担が大きくなる．息子と同居の場合には，一般に息子は就労しているために，主たる介護者は息子の嫁が担うことが多い．この場合は，息子の嫁の負担が大きくなる．介護負担は重いので，介護者自身が健康を害してしまう場合も多々ある．したがって，まわりの家族の協力はもちろん必要であるが，在宅介護サービス等の社会的支援を利用してその負担を上手に軽減することが重要である．

近年は「高齢者の高齢化」が一層進み，高齢者が自分の親を介護するいわゆる「老老介護」も増えてきている．そのため，「介護難民」（施設に入所できず，家でも適切な介護が受けられない状態），「認認介護」（双方が認知症の場合），「虐待問

題」,「孤立」,「成人後見人のトラブル」など深刻な問題も発生している。それゆえ，これらの問題に包括的に対応できる社会的支援システムがますます求められている。

4）祖父母・孫関係

祖父母である期間は50歳前後に始まり，80歳過ぎまで約30年間続くと考えられる。また，孫は生後30年近く孫としての経験をすることになる。長寿化の現代，祖父母と孫の関係性も重要になっている。

①世代継承性：エリクソン（Erikson, 1950）の世代性（最近は，生殖性を世代性と訳す場合が多い）は，第7段階の心理社会的課題であり，「次世代を確立させ導くことへの関心」と定義されている。その後，「子どもを産み出すこと（procreativity），生産性（productivity），創造性（creativity）を包含するものであり，さらなる同一性の開発に関わる一種の自己－生殖（self-generation）も含めて，新しい存在や新しい製作物や新しい観念を生み出すこと（ジェネレーション）を表している」と再定義された（Erikson & Erikson, 1997）。マクアダムス（McAdams et al., 1992）は，世代性を「成人期全体に通じた個体性と関係性への欲求を基本とした，創造性（creativity），世話（offering），世代継承性（maintaining）への関心および行動」と定義している。さらに，特に成人女性においては，家庭外役割を担うことが，世代性やアイデンティティと強く関連していることが示唆されている（西田，2002：岡本，2002）。

また，深瀬・岡本（2010）によれば，世代性が中年期を過ぎても発達する可能性について，次のような示唆が得られている。

(1)祖父母が孫に多大の関心を持つとみられているわが国の文化的局面が，高齢者の反応を刺激し，老年期に世代性が高くなる（丸島，2000）。

(2)孫や孫をケアする我が子とのかかわりで，祖父母が世代性を再強化する（杉村，1995）。

(3)引退後には，中年期の現実的拘束やプレッシャーからある程度自由になり，また世代継承への思いも一層強まって，世代性尺度の得点が高くなる（串崎，2005）。

田畑ら（1996）は，孫・祖父母関係評価尺度を作成し，孫から見た祖父母の機能および祖父母から見た孫の機能を検討した。それによると，孫から見た祖父母の機能では，「存在受容」,「日常的，情緒的援助」,「時間的展望促進」,「世代継承性促進」の各機能がみいだされた。他方，祖父母から見た孫の機能では，「時間的展望促進」,「道具的，情報的援助」,「存在受容」,「世代継承性促進」,「日常的，情緒的援助」の各機能が示された。

杉井（2006）は，祖父母と孫の関係性はそれぞれの加齢と成長によって変化し，

孫の年齢によって異なることを明らかにした。それによれば，孫が小学校期には孫と祖父母との関係はもっとも良好であり，孫が中・高生になると祖父母との関係はやや悪くなり，孫が大学生になると客観的な判断ができるようになるためか，祖父母との関係が好転する。

②おばあさん仮説：一般に動物は，繁殖が終わると寿命も尽きる。しかし，ヒトに「おばあさん」が存在し，女性は閉経後もかなり長い間生き続ける。普通に考えれば，このようなことは進化しないはずなので，このことには，何か特別な進化的利益があったと考えざるをえない。それを説明するために，クリスティン・ホークス（K. Hawkes）をはじめとする何人かの人類学者たちは，これは，女性が自らの繁殖から解放された後，その知恵と経験を生かして自分の娘や血縁者の子育てを援助することにより，結局は，繁殖成功度を上昇させることができたからではないかという仮説を提出した。これを「おばあさん仮説」と呼ぶ（長谷川，2002）。

樋口（2006）は，その著『祖母力』の中で「一世代おいた時間的距離と，祖父母自身の人生が終幕に近づく予感は，目先のことにこだわりがちな父母にない，祖父母ならではの息の長いものの見方考え方につながってくる」と述べている。

5) きょうだい関係

図10-8によれば，発達的にはきょうだいのつながりは青年期と高齢期にもっとも強い（Schmeeckle et al., 1998）。多くの成人にとって，特に高齢者にとっては，きょうだい関係はもっとも密接なものとなる。高齢期のきょうだいの密接さは児童期・青年期までさかのぼり，家族としての経験を共有したことに基づいている。ただし，きょうだいには，それまでのいきさつによって，程度の差はあれ，対立やうらみのような負の感情がある場合もある。したがって，きょうだいのペアによる親密のパターンは，その結びつきの強さ，接触頻度，対立感情などによって異なる。そのなかで，姉妹の結びつきはもっとも強く，もっとも親密であるといわれている（Lee et al., 1990）。逆に，兄弟はあまり頻繁に接触しないという（Connidis, 1988）。

6) 友人関係

これまで夫婦関係，親子関係，祖父母・孫関係，きょうだい関係など家族関係を中心にみてきた。ここでは家族関係と異なる親密な関係として友人関係をみておくことにしたい。これまでの研究では，高齢者の生活における手段的サポートは家族関係が優先的に果たしているが，友人関係は趣味や会話を楽しむなどの情緒的サポートを果たしていることが明らかにされている（前田，1992；浅川ら，1999；西村ら，2000）。

他方，ふだんよく会う友人関係だけでなく，めったに会えないが親密な友人関係もまた内的適応に重要な影響を与えていることが示されている。藤田（1999）は，

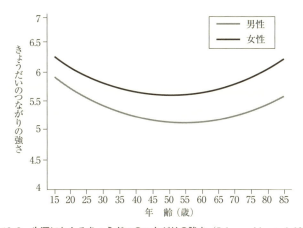

図10-8　生涯にわたるきょうだいのつながりの強さ（Schmeeckle et al, 1998）
出典：Schmeeckle, M., Giarusso, R., & Wang, Q. (1998). When being a brother or sister is important to one's identity: Life stage and gender differences. Paper presented at the annual meeting of the Gerontology Society, Philadelphia, PA.

人間関係に関する作文の内容分析から，高齢者の「現在，現実を支えている友人関係」は生きがいやアクティブさに影響を与えており，「過去の友人関係は自尊心や自負心」に影響を与えていることを明らかにした。特にバトラー（Butler, 1963）の「回想」の視点から，高齢者の過去の友人関係が思い出だけの存在ではなく，人生を振り返り，現在の適応状態に重要な機能を果たしているとしている。また，丹野（2010）は，ふだんよく会う親密な友人との「自己開示」は，高齢者の「日常の安心感」を間接的に促進するのに対して，めったに会えない濃密な友人における「肯定・受容」が特に高齢者の「人生の受容」を直接的に促進していることを明らかにした。

ところで，表10-2は，高齢者の友人の有無に関する国際比較である。それによれば，日本の高齢者は，欧米に比べて友人が少ない傾向がある。「友人がいる」と答えた人の内訳をみると，「同性の友人がいる」は欧米よりもむしろ多いのであるが，「同性と異性の友人がいる」は逆に欧米に比べてかなり低いのが特徴である。特に注目されるのは，「いずれもない」としている人が4人に1人もおり，欧米に比べてかなり多いということである。前述のように，高齢者の生活において友人が存在することの意味は決して小さくない。個人としても社会としても高齢者の友人を増やす対応が望まれる。

7) 社会的支援

「社会関係」とは，対人的な相互作用や交流に関する多くの概念や測定を包含する包括的用語である（Antonucci et al., 1996）。社会関係には，大きく構造的側面と機能的（内容的）側面がある。社会的ネットワーク（social network）は，特に社会関係の構造的側面に着目する際に用いられることが多く，高齢者研究の場合，ある個人を中心として，その人が周囲に持つ関係を分析することが多い。それに対して，社会的支援（social support）は，特に社会関係の機能面に着目する際に用いられることが多く，大きくは，共感，安心，好意，尊敬などを示す情緒的サポート（emotional support）と，サービスや実体的な援助を提供する手段的サポート（instrumental support）に分けられ，これに情報的サポートが加わることもある（野口，1991；小林，2008）。

社会的支援には受領と提供の両方の面があるが，ここでは，高齢者が誰からサポートを受けるか，すなわちサポート源（source）に着目する。カンター（Canter, 1979）の階層的補完モデルによれば，高齢者はサポート源として，親族，特に子どもなどの家族をもっとも好み，次に友人・近所の人，最後に公的組織を好み，より優先順位の高い関係が利用できない（いない，遠くに住むなど）場合に，他の集団が代替として補完的役割を果たす。

たとえば，図10-8は，全国の70歳以上の高齢者を対象に実施した調査で「心配事があるときに耳を傾けてくれる」「いたわりや思いやりを示してくれる」人としてもっとも当てはまる人をたずねた結果である（小林ほか，2005）。それによると，これら2項目の情緒的サポートのうち1項目以上であげられた関係が占める割

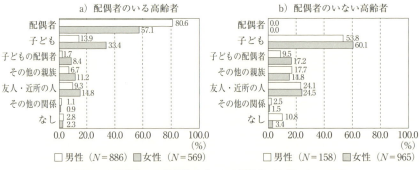

図10-9　高齢者への情緒的サポートの提供者（小林ほか，2005）
出典：小林 江里香・杉原 陽子・深谷 太郎・秋山 弘子・Liang, J.（2005）．配偶者の有無と子どもとの距離が高齢者の友人・近隣ネットワークの構造・機能に及ぼす効果　老年社会科学, *26*(4), 438-450.

合は，配偶者がいる場合は「配偶者」，配偶者がいない場合には「子ども」をサポート源とする高齢者が圧倒的に多いことを示している。なお，この図には示されていないが，手段的サポート（日常生活の手助け，病気の世話）についても同様の傾向が報告されている。

小林（2008）によれば，この年齢層の男女には，男性の方が有配偶率が高いという構造的な違いがあるが，図10-8によれば，配偶者のいる人に限っても，女性では配偶者をサポート源とする割合が男性より低く，子どもからサポートを受ける割合が男性より高いことが分かる。社会関係における男性高齢者と女性高齢者の違いは内外の多くの研究で指摘されており，男性は女性に比べてサポート源が配偶者に集中する傾向や，サポートネットワークのサイズが小さいことが報告されている（Antonucci & Akiyama, 1987; 玉野ほか，1989；野邊，1999）。

なお，高齢者が余暇活動を一緒にする相手（コンパニオン：companion）としては，友人が配偶者と同程度かそれ以上に多く，子どもをあげる人は少ない（西村ら，2000）。ただし，コニディスら（Connidis & Davies, 1990）によれば，米国ではコンパニオンも配偶者が多い。また，河合ら（1992）は，老年期において子どもとの関係でのサポートの授受は相互的で，60歳代は子どもに対してサポートの提供者であるが，70歳代を境に逆転して，80歳代ではサポートの受領者となっていたと述べている。

2　高齢期の社会活動

1）活動理論

デューク縦断老化研究（the Duke Longitudinal Study of Aging）では，当初60歳から94歳（中央値70歳）の志願者270人を25年間追跡し，長寿の予測因子として，「女性であること」，「肉体的に活発であること」，「禁煙」，「すぐれた認知機能をもつこと」，「より高い社会経済的地位」，「より多くの社会的活動」，「より高い生活満足度」，「より高い仕事の満足度」，「より高い幸福感」，「性生活に満足していること」などが有効であることが明らかにされた。長寿の予測因子は，同時に生存者の良好な健康とも関係していた（Palmore, 1982）。

他方，デューク大学医療センターの第2次縦断老化研究は，生存（長生き），健康（障害のないこと），生活満足感（幸福感）の3つが結合した幸福な老い（successful aging）の予測因子の分析を行った。幸福な老いの該当者は，75歳以上まで生存し，良好な健康状態にあり，全体として幸福であることを示していた。多変量逐次回帰分析によると，幸福な老いを説明する予測因子として有意なもの

は，「2次的活動（その人が所属する組織の数，出席した会合の数，読書に費やした時間，言及された余暇活動の数などにもとづくもので，家族や友達と一緒に行う1次的活動とは対照的である）」，「仕事に対する満足感」，「肉体的活動」，「肉体的機能の力」，「幸福感」などであった。また，健康，社会的活動，性的享楽は，長寿の予測因子であると同時に，生活満足度のもっとも強い予測因子であることが示された（Palmore, 1982）。

その後に行われたメネック（Menec, 2003）の研究においても，デューク縦断老化研究の成果は支持されている。それによると，6年間のフォローアップの結果，活動量の多い高齢者ほど幸福感，良好な身体機能，死亡率の低下と関連し，社会的もしくは生産的活動は幸福感や死亡率と関連することを示している。

これらの知見は，幸福な老いに関する活動理論（activity theory）（Havighurst, 1961）を支持するもので，そこでは幸福な老いを説明するもっとも強い予測因子は集団活動と肉体的活動の2つであった。パルモア（Palmore, 1982）は，これらの変数の間には，たぶん，相互に因果関係が存在すると推測している。つまり，活動的である人はより健康で幸福であり，その逆もまた同じであるという。ただし，このことは活動しさえすれば，幸福に老いる免罪符が得られるということを意味しているわけではない。その活動から派生する自尊心や満足感が寿命にとって重要であることに留意する必要がある。自尊心を傷つけられたり，満足感の得られない活動の場合には，幸福な老いに逆の効果を持つことをも同時に示唆していると受けとめるべきであろう。

2）離脱理論

幸福な老いをめぐって，活動理論と離脱理論（disengagement theory）との間で論争があり，前述のような活動理論を支持する研究が多いものの，明確な決着がついているわけではない。

離脱理論によれば，離脱は個人と社会との相互作用から起きてくると考えられている（Cumming & Henry, 1961）。すなわち，心身のエネルギーの限界，あるいは死が近いというところから高齢者は社会への積極的参加から退くという側面がある。一方，社会としてもいつまでも高齢者に依存するわけにいかないため活発な社会的役割から退かせ，若い人との新陳代謝をはかるという側面がある。離脱はごく自然なことであり，もっとも幸福に老いる（successful aging）ための最善の方法と考えられている。

これに対して，活動理論では，幸福に老いるには，できるだけ中年のときの活動性と態度を維持していくことであると考えられている（Havighurst, 1963）。デューク縦断研究の調査参加者の間では，離脱は常に社会にあまり関与していない

人にみられるパターンであることが指摘されている（Maddox, 1970）。パールムッター（Perlmutter, 1992）によれば，多くの研究者は離脱をたんなるパーソナリティの成人発達の1つのパターンにすぎないとみているという。

他方，エリクソンら（Erikson & Erikson, 1997）は，これまでの8段階に加えて，第9段階目の超高齢期を設定した。エリクソンらは，第9段階の人生経験に含まれる失調要素を甘受できるのならば，老年的超越に向かう道への前進に成功するとしている。この老年的超越はスウェーデンの老年社会学者トーンスタム（Tornstam, 2005）によって離脱理論の立場から提唱された概念である。トーンスタムは，幸福な老いには，活動を維持するというのではなく，加齢変化にうまく適応する別の道筋があることを老年的超越という概念によって明確にしたといわれている。

したがって，高齢者でもまだ社会参加できる健康，心身機能，そして意欲があれば活動的で生産的な状態を維持することが，個人としても社会としてもメリットがあるが，健康状態，心身機能，意欲が低下し社会参加が困難である場合は，徐々に活動を減らし社会から退くことが，個人にとっても社会にとっても望ましいのかもしれない。加齢変化は個人差が大きく，いつがそのときかは，個人によって大きく異なってくると考えられる。しかし，人間はすでにそうした状況判断ができるように，加齢変化に適応しつつあるのかもしれない。

3）退職過程

高齢期における典型的な社会関係の変化に退職（retirement）がある。アチュリー（Atcley, 1976）によれば，退職とは「個人が強制され，あるいは余裕があるために，フルタイム以下の仕事しかもたず，その所得の一部を，多年の労働の結果としての退職年金などでまかなっている状態」と定義される。

また，アチュリーは，退職過程を①退職前期，②ハネムーン期，③幻滅期，④再志向期，⑤安定期，⑥終結期という6段階に分けた。「退職前期」は，退職後の適応のために，退職後の経済生活を設計し，余暇時間の使用法を修得する時期であり，そのために退職予定者は企業で行われる退職準備プログラムに参加することもある。「ハネムーン期」は，退職によってこれまでの仕事から解放され，今まで仕事でできなかったことをいろいろやろうとする活動的で楽しい時期である。しかし，「ハネムーン期」はそう長続きはせず，思い描いていた生活と現実とのギャップに苦しむ「幻滅期」が訪れる。この失意の段階の後に，気を取り直して，生活を現実的な軌道に乗せる「再志向期」がやってくる。そして，退職後の生活が安定し充実する「安定期」に至る。最終的には，病気や死亡によって自立した生活が行えなくなる「終結期」が来る。

このように退職過程は，退職後の生活再建の過程であるが，誰もが同じような段階を経験するわけではない。人によって退職後の生き方はさまざまであり，一様ではない。退職と同時に引退し，これまでの世界と縁を切った生活を始める人もいる。

退職は生活のさまざまな面に影響をもたらす。毎日続けてきた仕事という活動がなくなってしまう。したがって，毎日が日曜日の状態となり，当初は肩の荷が下り，解放感にひたることができるかもしれないが，やがてすることが何もない日々が苦痛に感じられる。あらかじめ退職後の活動を設計している人はよいが，何も準備のない人にとっては最初に直面する課題である。退職すると通勤や仕事にともなう運動をしなくなる。そのまま何もしないと，運動不足から健康や身体機能が低下する可能性がある。また，仕事の中で接触していた人との交流も途絶えてしまう。人と会うことは人間にとってもっとも刺激的なことであり，脳を活性化させてくれる。妻や近隣の人との会話もあまりない場合には，コミュニケーション不足から脳の活動が低下してしまうかもしれない。仕事を辞めると，給料やボーナスも入らなくなる。これまでの給料に比べてはるかに少ない。退職金や貯金等で補填するにしても先々の生活を考えると，生活費を抑制せざるをえなくなってくる。収入が減るのに対して，医療費・介護費などの支出は増大してくる。年をとってからの病気は慢性化して治らないばかりか，いくつもの疾患をかかえることになる。このように退職過程では，いくつもの喪失が重なってくるために，生きがいを感じられなくなってしまう人や抑うつ状態になる人が出てくる。そのために，退職過程にある人たちの社会的支援が必要になっているが，特に情緒的サポートが重要になっていると考えられる。

4) プロダクティブ・エイジング

プロダクティブ・エイジングという概念は，1975 年，バトラー（R. Butler）がその著 *Why Survive? Being Old in America*『老後はなぜ悲劇なのか？』の中で提唱された。この言葉には，市民の権利として「全生涯を通じて自分自身の生活費を稼ぐ機会を持つべきであり，能力や機能ではなく年齢によってその機会を否定さるべきではない」という彼の強い思いが込められている。彼は，その本の第 4 章「働く権利」の中で，「むだにされている人生経験」，「雇用における年齢差別」，「老人に対する偏見としての退職」，「生産性と独創性は老後になっても衰えない」，「晩年の仕事の分野」，「働くことを選ぶ自由」，「老人を対象とした政府雇用プログラム」，「サービス社会へ向けて」などの節を設け，その考え方を縷々述べている。特に「老人を対象とした政府雇用プログラム」や「サービス社会に向けて」では，具体的な政策提案も提示して健康で自立した高齢者が求めているのは福祉の場ではな

く，働く場であるということを強く訴えている。

　アメリカでは，1969 年に雇用における年齢差別禁止法案が通過し，何度かの改正を経て 1988 年の法案により強制退職は実質的な終わりに近づいた。これは，上院でもっとも高齢のクロード・ペッパー（Claude Pepper）議員の手で進められ，アメリカ史上，もっとも高齢の大統領ロナルド・レーガン（Ronald W. Reagan）によってサインされた興味深い法律である。日本ではこのような法律は成立していない。たしかに，高齢者の働く権利を年齢で差別しないという考えは，ヒューマニズムの観点からも評価されるべきであろう。しかし，裏を返せば，法律で禁止しなければならないほど，アメリカの雇用における年齢差別は強いものであるということである。日本でそのような法律が出される動きがないのは，ある意味で日本には敬老精神があり，弾力的に運用されているので，雇用における年齢差別はそれほどひどくはないということなのかもしれない。

　バトラーの提唱したプロダクティブ・エイジングは，当時のアメリカ社会にある年齢差別を払拭し，社会的役割を得ようとする高齢者を支援することを意図した考え方であった。しかし，プロダクティブを生産という意味だけで捉えてしまうと，仕事を得ようとする高齢者を支援する反面で，経済的価値を生まない高齢者を排除することにもつながりかねない面があった。それは，高齢者が社会的役割を得るうえでの年齢差別をなくしたいと考えていたバトラーにとっては，まったく不本意なことであった。

　そこでバトラーらは，プロダクティブ・エイジングの中核概念であるプロダクティブ・アクティビティについて議論を重ね，次のような考え方に至った。すなわち「収入のあるなしにかかわらず，社会的に価値あるものやサービスを生産する活動」をプロダクティブ・アクティビティと考えるというものであった。具体的な活動としては，有償労働だけでなく，ボランティア活動，介護，家事，庭仕事，子どものケアなどが挙げられ，経済的な価値の有無は問わず，誰かのためになる活動，社会に貢献する活動はすべてプロダクティブ・アクティビティに含むとした（Burr et al., 2007）。このようにプロダクティブ・アクティビティの範囲を広げることによって，高齢者がそれぞれ自分に合ったプロダクティブ・アクティビティに参加し，なんらかの社会的役割を得ることによって良好な自尊感情を保つことができるようになると考えられる。また，そうした社会参加を通じて新たな人間関係が構築され，高齢者のソーシャルネットワークやソーシャルサポートが広がることが期待される（中原，2016c）。

コラム10　孤立死（孤独死）

「孤立死」と「孤独死」については，法的には明確な定義はなく，調査機関によって定義が異なる。東京都観察医務院では，孤独死を「異常死のうち，自宅で死亡した1人暮らしの人」と定義し，厚生労働省では，孤立死を「社会から孤立した結果，死後長時間放置された事例」と定義している。

孤立死は全国的に増えているが，特に人間関係が希薄だといわれる東京における孤立死が急増している。東京都監察医務院によると，2003年には1,441名だった東京23区内の孤立死が2012年には2,727名に，10年間で約2倍にまで到達している（図10-9）。また，都市再生機構が運営管理する賃貸住宅約75万戸において，単身の居住者で死亡から相当期間経過後（1週間を超えて）に発見された件数（自殺や他殺を除く）は，65歳以上の高齢者に多い。

孤立死のなかには，健康状態や経済状況に問題があるにもかかわらず，必要な行政サービスを利用できず，電気・水道・ガスなどの公共料金や家賃を長期間滞納するなど，社会的に孤立した末に病死，餓死に至る悲惨なケースが後を絶たない。

孤立に陥りやすい高齢者の特徴として，単身世帯，暮らし向きが苦しい，健

図10-10　年間孤独死者数の推移（東京23区内）（東京都監察医務院，2012）
出典：東京都監察医務院（編）（2012）東京都23区における孤独死統計：世帯分類別異状死統計調査

康状態がよくないなどがあげられており，さらに，高齢単身世帯や高齢夫婦世帯の増加，雇用労働化の進行，生活の利便性の向上等が関係しているとされる。

　このため，高齢者の孤立死を未然に防ぐ対策として，「近所や家族とのコミュニケーションをとる」「高齢者向けのサービスを利用する」また，子どもができる親の孤独死予防として「施設へ入所するための費用をためる」「ホームセキュリティを整える」などが考えられている。しかし，高齢者の孤立死はケースによって異なる面が多く，画一的ではなく，きめの細かい個別の対応が求められる。

11章

高齢期のQOL・生活満足度・幸福感・生きがい

　幸福な老いは，健康や心身機能，社会関係や社会活動を高めるだけでなく，内面生活において幸福を感じているかということが重要である。そのような観点から，幸福な老いの研究では，健康，心身機能，社会関係・社会活動へのアプローチとともに，QOL，生活満足度，幸福感，生きがいなど個人の内面生活へのアプローチが行われてきた。ここでは，そうした主観的な側面の研究について見ていくことにしたい。

1　高齢期のQOL

1）QOLの概念と構成要素

　現代生活は物質的にはかなり豊かになってきた。しかし，はたして現代生活は精神的に豊かになったといえるのであろうか。QOLは，このような観点から，生活を物質的な面からのみでなく，精神的面も含めて質的にとらえる考え方で，医療，看護，福祉，工学等の諸分野で用いられている重要な概念である。

　QOL（Quality of Life）という言葉は，一般に「生活の質」と訳されているが，Lifeには「生活」のほかに，「生命」，「生涯」，「人生」などの意味がある。したがって，QOLはたんに「生活の質」だけでなく，「生命の質」や「人生の質」という意味を含む幅広い概念である。

　柴田（1996）は，これまでのQOL研究について，社会政策的，医学的，社会心理学的，老年学的の4つの流れのなかで進められてきたとしている（図11-1）。

　社会政策的研究は，1970年代（米国では1960年代）以降，社会経済の成熟化にともない，物質的追求から質的追求への関心が高まるなかで生じた。医学的研究は，生命倫理的な問題（生命の選択や尊厳死）や，治療の目的と評価およびその選択に関する問題の各観点から進められ，健康に関するQOL（健康関連QOL）の評価に関する研究が行われた。社会心理学的研究は，健康を客観的に扱う医学とは異なり，健康を主観的に評価する立場に立ち，健康や心理的側面を主観的に評価する検討がなされた（主観的QOL）。老年学的研究は，社会政策，医学，社会心理学の

11章　高齢期のQOL・生活満足度・幸福感・生きがい

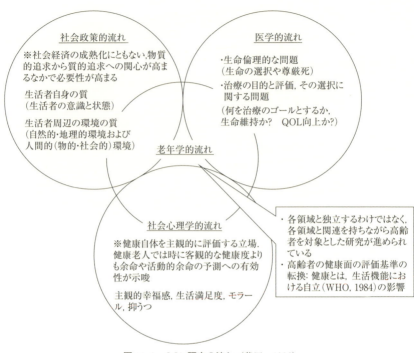

図 11-1　QOL 研究の流れ（柴田，1996）

出典：柴田　博（1996）．高齢者の Quality of life（QOL）．日本公衆衛生雑誌，*43*, 941-945.

各領域と関連を持ちながら研究が進行してきた。

しかし，QOL の概念規定や定義に関して，国際的に統一されたものはいまだ確立されていない。また，出村・佐藤（2006）によれば，QOL の構成要素は，次のように，研究者によって異なっている。

①ロートン（Lawton, 1991）：ADL や健康状態などの行動的能力（Behavioral competence），健康度・認知力・人間関係・仕事等に対する満足感（Perceived QOL），収入や住居，家庭などの人的および物的環境を含む客観的環境（Objective environment），うつや不安などの心理的な well-being（Psychological well-being）。

②パールマンほか（Pearlman et al., 1988）：社会的役割の形成と喜び，肉体的健康，知的機能，感情状態，生活満足度もしくは幸福感。

③フェランズほか（Ferrans et al., 1985）：家族，健康，自己に対する満足感，家族や近隣に対する満足感。

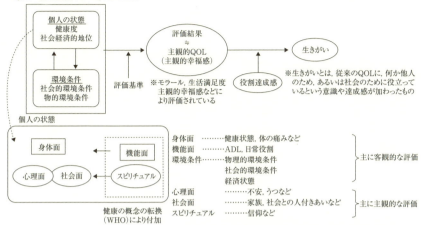

図 11-2　QOL の構成要素（古谷野，1996／出村・佐藤，2006 改変）
出典：古谷野 亘（1996）．老年精神医学関連領域で用いられる測度 QOL などを測定するための測度（1）　老年精神医学, *47*, 990-1003. Cited in；出村 慎一・佐藤 進（2006）．日本人高齢者の QOL 評価—研究の流れと健康関連 QOL および主観的 QOL　体育学研究, *51*, 103-115.

④**石原**（1992）：ADL や健康状態に関する身体的機能，家族，配偶者や近隣との人間関係，満足感や不安感などの主観的幸福感を含む心理的な側面，住居，収入などの生活環境．

⑤**太田ほか**（2001）：生活活動力，健康満足感，人的サポート，経済的ゆとり満足感，精神的健康，精神的活力（環境条件を検討していない）．

⑥**上田**（1998）：QOL を客観的 QOL と主観的 QOL に分類し，客観的 QOL には生命の質（生物レベル：機能低下〈impairment〉に関わる次元），生活の質（個人生活レベル：能力低下〈disability〉に関わる次元），人生の質（社会生活レベル〈handicap〉に関わる次元））．

古谷野（1996）は，これらの先行研究を概観したうえで，QOL の構造として，個人の状態および個人を取り巻く環境条件に対する主観的評価の結果（満足感，幸福感）が QOL であるとするモデルを提案している．ここでは，古谷野（1996）にもとづいて出村・佐藤（2006）が改変したモデルを示すこととする（図 11-2）．

2) 健康関連 QOL の構成要素

出村・佐藤（2006）によれば，QOL 研究は，大きく医学的領域における考え方と老年学および社会心理学領域における考え方により進められてきたという。医学領域では，健康（病気）との関係を強く意識し，治療の効果を測定することを目的に，主に事実として第三者による観察が可能な要素により QOL をとらえようとしている。これに対して，老年学および社会心理学領域では，健康との関連は意識しつつも，日常生活全体や人生に対する，本人にしかわかりえない主観的な要素により QOL をとらえようとしている。

前者は主に健康関連 QOL と呼ばれ，身体機能，メンタルヘルス，日常役割機能，体の痛み，健康観，活力，社会生活機能などの要素により評価される。後者は主観的 QOL と呼ばれ，モラール，生活満足度，主観的幸福感として評価される。両者のアプローチは，高齢者の QOL をとらえるうえでともに重要である。ここでは，健康関連 QOL の研究について概観する，主観的 QOL の研究に含まれる生活満足度や主観的幸福感については次節においてみていくこととする。

これまで医学的研究では，疾患ごとの個別評価がなされる傾向にあったが，近年，包括尺度が作成される傾向にある。健康関連 QOL として，Medical Outcome Study Short Form 36（SF-36），World Health Organization QOL（WHO QOL），Sickness Impact Profile（SIP），EuroQOL 5 Dimensions（EQ-5D）。疾患特異的尺度がその疾患特有の症状やその影響をより詳細に測定することを目的としているのに対し，健康関連 QOL の包括的尺度は，さまざまな疾患を持つ患者や健康な人に共通する要素（身体機能，メンタルヘルス，日常役割機能，社会生活機能など）によって構成される。そのため，包括的尺度は，有疾患者から健康な人までを連続的に測定でき，また，疾患が異なっていても比較可能であるという利点がある（福原・鈴鴨，2001）。

主要な健康関連 QOL（主に包括的尺度）の構成要素は次のようなものである。

① SF-36：身体機能，日常役割機能（身体的および精神的），体の痛み，全体的健康観，心の健康，社会生活機能，活力の 8 領域。

② SIP：身体的健康因子（移動，歩行，整容・動作，睡眠・休息，食事），精神的健康因子（情緒的行動，社会とのかかわり，注意集中行動，コミュニケーション），その他（仕事，家事，レクリエーション・娯楽）の 3 領域 12 要素。

③ WHO QOL：身体的側面，心理的側面，自立のレベル，社会関係，生活環境，精神性・宗教・信念の 6 領域。

これらの構成要素は，尺度により若干異なるが，基本的に，身体機能，メンタルヘルス，日常役割機能，社会生活機能などの要素が含まれ，健康の概念および構成

要素と密接に関連している（出村・佐藤，2006）。

2 高齢期の生活満足度・幸福感

　これまでに，多くの研究が，成人の生活満足や幸福について検討し，多くの研究者が，生活満足や幸福の重要な要素を明らかにしようとしてきた。ここでは，生活満足度や幸福感に関する尺度の研究，生活満足度や幸福感の加齢変化やその要因に関する研究，パーソナリティと幸福感との関係に関する研究に分けてみていくことにしたい。

1) 生活満足度や幸福感の尺度

　工業化と高齢化が進んだ1960年代当時，アメリカの老年学者は老化プロセスへの適応（adjustment to aging process）とか幸福な老い（successful aging）に関心が高かった。そのような背景から，老いへの適応の程度を示す概念として心理的幸福（psychological well being）もしくは主観的幸福（subjective well-being）という概念が使われるようになった。また，心理的幸福をより具体的に操作化した概念として生活満足度（life satisfaction）やモラール（morale）といった概念が用いられるようになった（和田，1990）。そして，生活満足は，ニューガーテンらのグループ（Neugarten et al., 1961）によって，生活満足度尺度（life satisfaction index, 略称LSI）が作成されている。この尺度は，生活への熱意対無感動，決断力と不屈の精神，目標と現実の乖離，自己イメージ，幸福や抑うつの気分という5つの要因で構成されている。また，モラールは，ロートン（Lawton, 1972）によってPGCモラール尺度（Philadelphia Geriatric Center Morale Scale）が作成されている。この尺度は，つねに活動的な態度，自らの老化に対する認識，現在のあり方に対する評価，不安や心理的動揺，楽観的思想，孤独感や不満感，という6つの因子から構成されている。パールムッターら（1992）は，生活満足や幸福の研究では，その評定において気分がしばしば重要な役割を演じている点を指摘している。

　また，ロートン（Lawton, 1975）によって改定PGCモラール尺度が開発され，今日最もよく使われる幸福な老いの尺度になっている（表11-1）。もともと22項目であったが，17項目に改定され，「心理的動揺」，「老いに対する態度」，「不満足感」の3因子からなる。この自記式尺度によって測定される幸福度は，ロートンによってsubjective well-beingと呼ばれ，日本語では「主観的幸福感」と訳されている。

2) 生活満足度・幸福感の加齢変化とその要因

　キャメロン（Cameron, 1975）は4歳から99歳までの6,000人を越える人々の生

表 11-1　改訂 PGC モラール・スケール（Lawton, 1975／古谷野，1996）

あなたの現在のお気持ちについてうかがいます。当てはまる答の番号に○をつけてください。

1. あなたの人生は，年をとるにしたがって，だんだん悪くなっていくと思いますか［II］
   1. そう思う　　　　　2. そうは思わない
2. あなたは去年と同じように元気だと思いますか［II］
   1. はい　　　　　2. いいえ
3. さびしいと感じることがありますか［III］
   1. ない　　　　　2. あまりない　　　　　3. しじゅう感じる
4. 最近になって小さなことを気にするようになったと思いますか［I］
   1. はい　　　　　2. いいえ
5. 家族や親戚，友人の行き来に満足していますか［III］
   1. 満足している　　　　　2. もっと会いたい
6. あなたは，年をとって前よりも役に立たなくなったと思いますか［II］
   1. そう思う　　　　　2. そうは思わない
7. 心配だったり，気になったりして，眠れないことがありますか［I］
   1. ある　　　　　2. ない
8. 年をとるということは，若いときに考えていたよりも，よいことだと思いますか［II］
   1. よい　　　　　2. 同じ
9. 生きていても仕方がないと思うことがありますか［III］
   1. ある　　　　　2. あまりない
10. あなたは若いときと同じように幸福だと思いますか［II］
    1. はい　　　　　2. いいえ
11. 悲しいことがたくさんあると感じますか［III］
    1. はい　　　　　2. いいえ
12. あなたには心配なことがたくさんありますか［I］
    1. はい　　　　　2. いいえ
13. 前よりも腹を立てる回数が多くなったと思いますか［I］
    1. はい　　　　　2. いいえ
14. 生きることは大変きびしいと思いますか［III］
    1. はい　　　　　2. いいえ
15. いまの生活に満足していますか［III］
    1. はい　　　　　2. いいえ
16. 物事をいつも深刻に考えるほうですか［I］
    1. はい　　　　　2. いいえ
17. あなたは心配事があると，すぐにおろおろするほうですか［I］
    1. はい　　　　　2. いいえ

出典：Lawton, M. P. (1975). The Philadelphia Geriatric Center Morale Scale: A revision. *Journal of Gerontology*, 30 (1), 85-89. Cited in; 古谷野 亘（1996）．老年精神医学関連領域で用いられる速度 QOL などを測定するための測度（1）　老年精神医学, 47, 990-1003.

活満足を検討した。彼は幸福，悲しみ，あるいは神経的気分のようなかたちで表現される生活満足は，すべての年齢で等しいと結論づけている。生活満足は，主に社会階層，性別，個人の直接の生活状況によって決定され，年齢には関係ないとい

う。同様に，コズマとストーンズ（Kozma & Stones, 1983）は，18ヶ月の縦断的検討により，年齢と生活満足とは関係ないということをみいだしている。

ラーソン（Larson, 1978）は，30年間のレビューを行い，年齢は全体的生活満足にはほとんど関係しないと結論づけている。概して30年間の研究は唯一のもっとも決定的な要因として健康を指摘している。ラーソンはまた，金，住居，社会階層，社会的相互作用，結婚状態，転居などが重要な影響を及ぼすことを指摘している。ウィリッツとクライダー（Willits & Crider, 1988）は，すべての年齢で，健康が幸福に関係し，その関係の強さは年齢が高いほど強いことを示している。また，50歳までは，健康が全体的な生活満足や職務満足感の第一の説明変数であり，第二に友人関係が地域社会の満足感の説明変数となるとしている。しかし，バーロン（Bearon, 1989）によれば，中年女性にとっては，家族が最大の満足の資源であるとともに最大の不満の原因でもあるという。一方，高齢女性にとっては，居住環境を含めた幸福な結婚が最大の満足の源泉であり，家族と健康が同程度に不満の原因になっているという。

離脱理論が盛んだった頃には，仕事をやめた高齢者の方が，仕事を継続している高齢者よりも生活満足が高いということが仮定されていた。しかし，その後の研究では，もっとも生活満足の高いのは，むしろ一生懸命仕事に打ち込んでいる活動的な人であることが示されている（Perlmutter et al., 1992）。ただ，活動水準は幸福にはほとんど関係しないという報告もある（Okun et al., 1984）。ライヒラ（Reich et al., 1987）は，こうした食い違いは，高水準の活動性が幸福に対して否定的効果と肯定的効果をもちうることによって説明されるとしている。

一方，シュルツ（Schulz, 1982）は，生活満足の性質は年齢によって変化していないか，という興味深い問題を提起した。言い換えれば，75歳で満足を感じるということと25歳で満足を感じるということは同じなのだろうかということである。シュルツは，人々の生活についての感情は強度においては加齢により変化することはないが，感情のより質的な側面は異なるということを論じている。成人期の生活経験は，否定的感情によって成人前期の肯定的経験を色づけするかもしれないし，肯定的感情によって否定的経験を色づけするかもしれない。たとえば，成人前期の仕事の喪失は，そのときはきわめて否定的にみられるけれども，その後，中年によりよい仕事を獲得すれば，こうした見方をはるかに肯定的なものに変えてしまうだろう（Cavanaugh, 1990）。

シュルツは，高齢者は必ずしも若年者に比べてより否定的な感情や態度を持っているとはいえないと主張している。健康状態の劣化，収入の減少，あるいは配偶者の死のような否定的事件の増加は不可避的に否定的感情の増加につながっているわ

けではない．こうした関係がみられないのは，一部には人生についての期待が変化していることによるものであり，そのことが喪失の否定的な結果を相殺しているとみられる．総じて，生活満足が加齢により変化するかということは年齢に依存するというよりは，人生経験とそれに関係した感情に依存する複雑な問題であるといえる（Cavanaugh, 1990）．

3）パーソナリティと幸福感

コスタとマクレイ（Costa & McCrae, 1980b）は，パーソナリティと幸福感との関係について，3つの研究を行っている．研究対象となったのは，正常加齢研究の対象者のうちの1,100人で，社会経済的には多様な層からなり，大半が退役軍人であった．3ヵ月間の間隔でパーソナリティ特性と主観的幸福感の測定を意図した4つの質問紙の系列が実施された．最初の研究では，多数の異なる尺度にわたって，パーソナリティと幸福感との間に似たような関係があることが示された．また，幸福感と不幸感には，それぞれ異なるクラスターのパーソナリティ特性が関与していることが明らかになった．恐れ，怒り，衝動の統制力不足は不幸感に関連するのに対して，社会性，テンポ，バイタリティなどは幸福感に関連していた．したがって，幸福感と不幸感はパーソナリティ面からみると両極の関係にあるというのではなく，パーソナリティの異なる側面を反映していると考えられるのである．

コスタとマクレイは，次の研究で，特に，神経質が不幸感に関係しているか，外向性が幸福感に関係しているか，ということを検証し，おおむね肯定的結果を得ている．こうした関係は対象者の心理学的成熟とは関係がなかった．さらに，彼らは，パーソナリティの異なる次元がそれぞれ幸福感や不幸感に関係してくるということを検証する一方，こうした関係が長期間にわたって持続するのか，短期的な雰囲気で変わるようなものか，ということを検討した．10年間にわたる追跡研究の結果，最初のパーソナリティテストで得られた得点は，後の幸福感を正確に予測することをみいだしている．また，この研究は，パーソナリティは長期にわたって比較的安定していることも示している．

3　高齢期の生きがい

「生きがい」は，日本人の生活に根差した言葉で古くから使用されてきたが，いまだにその定義や概念は統一されておらず，その測定法も確立されていない．それにもかかわらず，「高齢者の生きがいづくり」とか「高齢者の生きがい対策」とかいうかたちで，個人や社会で広く使われている．ある意味で，QOL（生活の質）や主観的幸福感が確立していない日本にあっては，日本版のQOLや主観的幸福感

の代替の役割を果たしているといっても過言ではないくらい，よく使用されている。欧米の主観的幸福感やモラールを「生きがい」と定義して，日本人の「生きがい」に関する研究が行われたこともある（杉山・他，1981ab；古谷野，1981）。しかし，今日では，「生きがい」は，わが国固有の概念であり，主観的幸福感とは異なるものであると考えられている。

1）生きがいとは何か

「生きがい」は日本人の生活に根差した言葉であり，生活感をともなう種々の意味が含まれているが，神谷（1980）はその著『生きがいについて』で生きがいを大きく2つの領域に分けた。すなわち，「生きがい感」と「生きがい対象」の2つである。神谷（1980）の生きがい論を整理した直井（2004）によれば，「生きがい感」とは生きがいを感じている精神状態を指す場合で，「心の張り」，「充実感」，「幸福感」，「満足感」といったものを感じている状態を指す。他方，「生きがい対象」とは，生きがいの対象または源泉を指す場合で，高齢者に多いのは「孫が生きがい」，「趣味が生きがい」などがあげられるとしている。こののちに現れた多くの生きがい論の根底には，この神谷の生きがい論があると考えられる。

たとえば，長谷川ほか（2001）は，「生きがい」を，「今ここで生きているという実感，生きていく動機となる個人の意識」と定義したうえで，「生きがいの対象（配偶者，子ども，家族，健康状態，健康度自己評価，他人との交流を含む社会活動性，他者との関係における役割，趣味，趣味の内容として動植物を育てること，など）」と「それに伴う感情（自己実現と意欲，生活充実感，生きる意欲，存在感，安定感（動揺），効力感（無力感），主動感など）」を統合した主体性を持つ自己の心の働きから捉えた「生きがい」の実証的研究を行っている。

ところで，生きがいという言葉が日本独自の意味を持っているという時，その独自性について，神谷（1980）や長谷川ほか（2001）は，日常生活の中で普通にあるいは自然に湧いてくる感情といった意味合いが含まれている点にあるとしている。かりに，日常生活の中で普通に自然に湧いてくる感情といった意味合いで生きがいを捉えるならば，人々が普通，どのような意味で生きがいという言葉を使っているのか，ということについてもっと検討してみる必要があると考えられる。ここでは，そのような観点からシニアプラン開発機構の生きがい研究会が全国のサラリーマンを対象に1991年から5年おきに4回実施した「サラリーマンの生活と生きがいに関する調査」の結果についてみていくこととしたい。

2）生きがい感の構造とその年齢差・性差

表11-2は，シニアプラン開発機構が，1991年，1996年，2001年に，全国のサラリーマン（男性3：女性1の割合）を対象に，生きがいの意味（内容的には生き

表 11-2　生きがいの意味，3時点での比較（2つまでの多重回答）（シニアプラン開発機構，2002）

(％)

生きがい構成要素	第1回調査 (N=3,189)	第2回調査 (N=2,909)	第3回調査 (N=3,051)
生活の活力やはりあい	35.2	26.2	26.1
生活のリズムやメリハリ	7.1	9.7	10.2
心の安らぎや気晴らし	24.9	24.9	26.7
生きる喜びや満足感	47.0	43.7	40.5
人生観や価値観の形成	9.7	7.9	8.7
生きる目標や目的	19.6	20.4	17.5
自分自身の向上	22.3	15.8	18.3
自分の可能性の実現や何かをやり遂げたと感じること＊	—	24.7	28.2
他人や社会の役に立っていると感じること	25.5	19.1	17.1

出典：シニアプラン開発機構（2002）．第3回サラリーマンの生活と生きがいに関する調査　シニアプラン開発機構

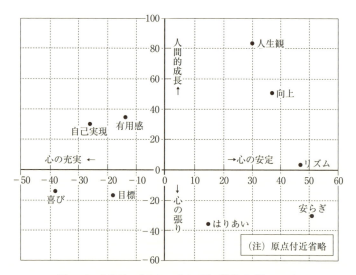

図 11-3　生きがい感のカテゴリー間の関係（西村，2017）
出典：西村 純一（2005a）．サラリーマンのいきがいの構造――年齢差および精査の検討―― 東京家政大学紀要，45, 209-214. を西村（2017）が改変．Cited in; 西村 純一（2017）．生きがい再考：生きがいの構造，生きがいの相関者及び生きがいの年齢的変遷と男女差 生きがい研究，23, 48-71．長寿社会開発センター

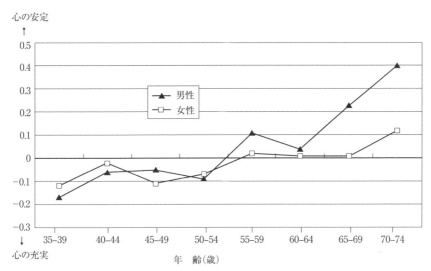

図 11-4　心の充実対心の安定の次元のサンプルスコアの平均値の年齢差と性差（西村，2017）
出典：西村 純一（2005a）．サラリーマンのいきがいの構造――年齢差および性差の検討―― 東京家政大学紀要, 45, 209-214. を西村（2017）が改変．Cited in; 西村 純一（2017）．生きがい再考：生きがいの構造，生きがいの相関者及び生きがいの年齢的変遷と男女差 生きがい研究, 23, 48-71.　長寿社会開発センター

がい感）について2つまでの多重回答で調査した結果である．なお，女性は専業主婦ではなく，現役もしくは定年退職まで就労を継続した女性である点に留意する必要がある．それによると，生きがいの意味のとらえ方としては，上位3位までをあげると「生きる喜びや満足感」ととらえる人がもっとも多く，次いで「自分の可能性の実現や何かをやり遂げたと感じること」，「心の安らぎや気晴らし」といった順であった．したがって，一般的には生きがいの意味を「生きる喜びや満足感」と感じている人が比較的多いといえるが，生きがいの感じ方はかなり多様であるといえる．そこで，この多重回答のパターンを等質性分析（石村，2001）によって分析した結果，図 11-3 に示すような生きがい感のカテゴリー間の関係（生きがい感の構造）が示された（西村，2005a，2017）．

　第1次元は，「生きる喜びや満足感」や「自分の可能性の実現や何かをやりとげたと感じること」をマイナス方向に，「心の安らぎや気晴らし」や「生活のリズムやメリハリ」をプラス方向に判別し，心の充実 対 心の安定の対比を反映する次元と考えられる．他方，第2次元は，「生活の活力やはりあい」や「心の安らぎや気晴らし」をマイナス方向に，「人生観や価値観の形成」や「自分自身の向上」をプ

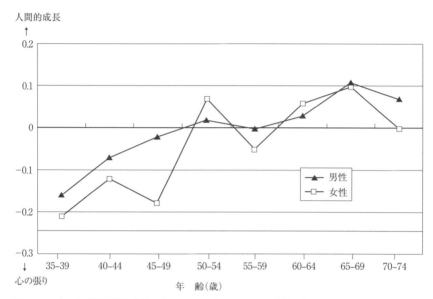

図 11-5　心の張り対人間的成長の次元のサンプルスコアの平均値の年齢差と性差（西村，2017）
出典：西村 純一　2005a　サラリーマンの生きがいの構造—年齢差および性差の検討—　東京家政大学紀要　45, 209-214. より西村（2017）が改変

ラス方向に判別し，心の張り・安らぎ 対 人間的成長の対比を反映する次元であると考えられる。

　図 11-4 は，心の充実 対 心の安定の対比の年齢的変化を男女別に示したものである。男女とも年齢が高いほど，生きがい感が心の充実よりも心の安定を求める方向に変化している。男性は 50 代以降にその傾向が強まるのに対して，女性は 50 代から 60 代にかけて横ばい状況がみられる。図 11-5 は，心の張り・安らぎ 対 人間的成長の対比の年齢的変化を男女別に示したものである。男女とも年齢の高いほど，生きがい感が心の張り・安らぎよりも人間的成長を求める方向に変化している。

　なお，生きがい感を構成する 2 つの次元をそれぞれ従属変数，同時に調査した種々の変数を独立変数としたステップワイズ法による重回帰分析を行った結果，次のような相関関係が示された。第 1 次元の心の充実の方向性は，とくに仕事の達成欲求と強く関係していた。他方，心の安定の方向性は，マイペースのライフスタイルや安定した生活志向と関係していた。また，第 2 次元の心の張り・安らぎの方向性は，配偶者や家族に対する愛情と関係しており，生きる張りや安らぎは配偶者や

家族との愛情がその基盤となっていることが示された。他方，人間的成長の方向性は，内面生活や信念にもとづく社会的活動を重視する傾向と関係していた（西村，2017）。

3) 生きがい対象の構造とその年齢差・性差

表11-3は，同調査における生きがい対象に関する調査結果を示したものである。上位3位までをあげると，「子ども・孫・親などの家族・家庭」がもっとも多く，次いで「趣味」，「仕事」の順であった。しかし，生きがい対象（3つまでの多重回答）のパターンも多様である。そこで，この多重回答のパターンを等質性分析によって分析した結果，図11-6に示すような生きがい対象のカテゴリー間の関係（生きがい対象の構造）が示された（西村，2005b；西村，2017）。

第1次元は，「ひとり気ままにすごすこと」や「自然とのふれあい」をマイナス方向に，「仕事」や「配偶者」，「子ども・孫・親などの家族・家庭」をプラス方向に判別し，気ままな生活志向 対 仕事と家庭重視の対比を反映する次元であると考えられる。第2次元は，「自分自身の健康づくり」や「スポーツ」をマイナス方向に，「自分自身の内面の充実」や「学習活動」をプラス方向に判別し，健康・スポーツ重視 対 内面充実・学習活動重視の対比を反映している。

表11-3　生きがいの対象，2時点の比較（3つまでの多重回答）（シニアプラン開発機構，2002） （%）

生きがいの対象	第2回（N=2,909）	第3回（N=3,051）
仕事	41.4	39.6
趣味	48.0	47.2
スポーツ	15.4	15.6
学習活動	6.0	7.0
社会活動	9.0	7.6
自然とのふれあい	22.6	18.0
配偶者・結婚生活	21.8	24.6
子ども・孫・親などの家族・家庭	46.1	56.6
友人など家族以外の人との交流	17.6	18.1
自分自身の健康づくり	20.3	18.6
一人で気ままにすごすこと	8.9	6.7
自分自身の内面の充実	13.6	12.2

出典：シニアプラン開発機構（2002）．第3回サラリーマンの生活と生きがいに関する調査　シニアプラン開発機構

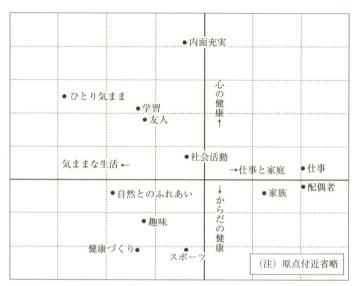

図11-6　生きがい対象のカテゴリー間の関係（西村，2017）
出典：西村 純一（2005b）．サラリーマンの生きがいの対象の構造――年齢差および性差の検討―― 立教大学社会学部応用社会学研究，47, 143-148. より西村（2017）が改変

　図11-7は，気ままな生活志向 対 仕事と家庭重視の対比の年齢的変化を男女別に示したものである．男女とも年齢が高いほど，生きがい対象が仕事と家庭よりも趣味・自然・友人を重視した方向へ変化している．とくに女性は早くからその傾向が表れている．図11-8は，健康づくり・スポーツ重視 対 内面充実・学習活動重視の対比の年齢的変化を男女別に示したものである．男女とも年齢が高いほど，生きがい対象が内面充実・学習活動よりも健康づくり・スポーツを求める方向に変化している．男性は50代以降にその傾向が強まるのに対して，女性はさほど健康づくり・スポーツへはシフトしていかない．
　生きがい対象についても同様に重回帰分析を行った結果，次のような相関関係が示された．第1次元の気ままな生活の方向性は，趣味や自然とのふれあいの満足度，個人的な友人・仲間とのつきあいと関係していた．他方，仕事・家族の方向性は，仕事と家族重視の価値観と関係していた．第2次元のからだの健康の方向性は，趣味やスポーツを通じた仲間やサークルの活動と関係していた．また，心の健康の方向性は，学習や研究などの知的活動や社会的活動を重視する傾向と関係していた（西村，2017）．

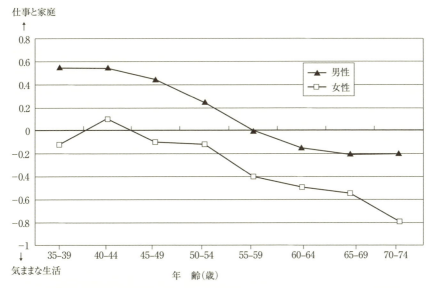

図 11-7　気ままな生活対仕事と家庭を大切にする生活の次元のサンプルスコアの平均値の年齢差と性差（西村，2017）

出典：西村　純一（2005b），サラリーマンのいきがい対象の構造――年齢差および性差の検討――立教大学社会学部応用社会学研究，47, 143-148. を西村（2017）が改変．Cited in; 西村　純一（2017）．生きがい再考：生きがいの構造，生きがいの相関者及び生きがいの年齢的変遷と男女差　生きがい研究，23, 48-71．長寿社会開発センター

4）生きがいのパラドックス

　シニアプラン開発機構の生きがい研究会では，第１回の「サラリーマンの生きがいと生活に関する調査」実施するに当たって，「定年による喪失により，現役のサラリーマン（35-54歳）に比べ定年移行期（55-64歳）や年金生活期（65-74歳）は生きがいをもっている人が少ない」という仮説があった。そこで，この仮説を検証すべく，同調査では，サラリーマン個々人が生きがいを持っているかについて「現在持っている」「前は持っていたが，今は持っていない」「持っていない」「わからない」のいずれかを質問した。表 11-4 は，第３回の調査結果を示したものである。第１回，第２回と同様に，「生きがいを持っている」人は，男女ともライフステージが上がるにつれて増える傾向があった。他方，「生きがいを持っていない」人は，男女ともライフステージが上がるにつれて減る傾向があった。この結果は，定年退職にともなう種々の喪失により，サラリーマンの生きがいは低下するという仮説に反する結果であり，その後議論の的となった。

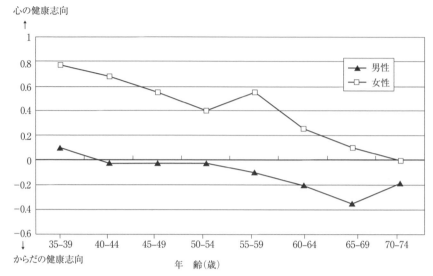

図 11-8　からだの健康志向対心の健康志向の生きがい対象の対比の年齢差と性差（西村，2017）
出典：西村 純一（2005b）．サラリーマンのいきがい対象の構造――年齢差および性差の検討――
立教大学社会学部応用社会学研究，47, 143-148. を西村（2017）が改変．Cited in; 西村 純一
（2017）．生きがい再考：生きがいの構造，生きがいの相関者及び生きがいの年齢的変遷と男
女差 生きがい研究，23, 48-71．長寿社会開発センター

表 11-4　生きがいの有無，ライフステージ推移にともなう変化（第 3 回調査）（シニアプラン開発機構，2002） (%)

		35-44 歳	45-54 歳	55-64 歳	65-74 歳	計
男性	持っている	58.6	61.0	71.8	81.8	69.2
	前は持っていたが今は持っていない	4.6	6.6	7.7	8.4	7.0
	持っていない	12.8	11.7	5.2	2.9	7.7
	わからない	23.0	19.7	14.1	5.1	14.8
女性	持っている	48.7	53.7	68.9	77.1	61.9
	前は持っていたが今は持っていない	4.2	8.5	8.2	7.4	7.2
	持っていない	18.0	12.4	7.1	2.9	10.2
	わからない	28.6	23.4	12.2	9.1	18.4

出典：シニアプラン開発機構（2002）．第 3 回サラリーマンの生活と生きがいに関する調査　シニアプラン開発機構

3 高齢期の生きがい 229

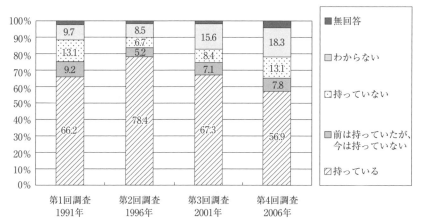

図11-9 「生きがい」の有無（第1回 - 今回調査，全体）（％）（シニアプラン開発機構, 2007）
出典：シニアプラン開発機構（2007）．第4回サラリーマンの生活と生きがいに関する調査

　この結果については，いまもなお十分な解明はできていないが，一つの解釈として次のように考えられる。定年移行期には多くの喪失を経験するわけであるが，そうした喪失感を補償し精神状態を防衛するメカニズムとして生きがいが必要になるのではないか。いわば，定年移行期を生きる知恵として，生きがいが必要になるのではないかということである。
　また，シニアプラン開発機構が行った4回の調査結果を通してみる（図11-9）と，興味深い現象がもう一つあった（シニアプラン開発機構, 2007）。それは，まだバブル経済の絶頂期にあった1991年には生きがいを持っている人は66.2％だったが，バブル経済が崩壊しリストラ・倒産・中高年の自殺が増えた1996年には生きがいを持っている人が78.4％に増えたことである。そして，景気回復の兆しがほのかに見えてきた2001年になると，生きがいを持っている人は67.3％に減り，景気がよくなってきたといわれた2006年には生きがいを持っている人は56.9％にまで減少している。このように景気が悪くなると生きがいを持っている人が増え，景気が良くなると生きがいを持っている人が減るという結果も一見分かりにくいが，サラリーマンの喪失感を補償するメカニズムとして生きがいが必要とされているのかもしれない。
　ところで，高齢者の主観的幸福感や心理的安寧は若い時と比較しても差がなく，むしろ若年者と比較して気分（感情）も安定していることが報告されている（Carstensen et al., 2000）。高齢期には喪失体験を多く経験するにもかかわらず，

心理的な幸福感が保たれるというような現象は「エイジングのパラドックス」と呼ばれている（増本，2016）。また，エイジングのパラドックスを説明する一つの理論としては，社会情動的選択性理論（Socioemotional Selectivity Theory: SST）がある（Carstensen, 2006）。それによると，高齢者は残された時間が限られていると認識する結果，感情的に価値のある行動をするように動機づけられるとしている。そして，高齢者がストレスフルな状況でもポジティブな人生を歩むことができるのは，高齢者が感情をコントロールすることや，感情的な満足感を重視し，それらを得るために認知的あるいは社会的資源を投資するからだと考えられている（増本，2016）。「生きがいのパラドックス」も「エイジングのパラドックス」の一環として説明できるかもしれない。

コラム 11　ポジティブ・エイジング 7 つの戦略

　おわりに，近年のポジティブ心理学（Seligman & Csikszentmihalyi, 2000）の背景から生まれてきたポジティブ・エイジング（前向きな老い）の考え方やその戦略（Hill, 2008）についてを紹介しておきたい。ヒル（Hill, 2008）によれば，ポジティブ・エイジングとは，我々が，老いのなかに，老いという衰退過程を超越した意味をみいだすことにより，自分自身の晩年における経験をコントロールする過程と考えられている。
　ヒル（Hill, 2008）は，ポジティブ・エイジングを実践する人は，次の4つの特性があるとしている。そして，これらの特性は，老いによって生じるフレイルに対処する上で大きな力を発揮する。
(1)老いによる問題を乗り切るために資源を動員する。
(2)幸福感が維持される人生選択を下す。
(3)老いにともなう衰えに対処するための柔軟性を培う。
(4)高齢期におけるポジティブなこと（ネガティブなことではなく）に焦点を当てる。
　これらの特性は，成人発達のほぼすべての理論の不可欠な要素であり，高齢期の成熟の基礎的要素となる。また，これらのポジティブ・エイジングの特性は，高齢期において最適な適応を促進する戦略を実践することによって得られる。ヒル（Hill, 2008）は，老年学の科学的研究に基づいて，次の7つの戦略を特定している。
　①**高齢期における意義をみいだすこと**：我々は人生の意義を喪う危機に直面する時がある。とくに，我々の愛する人の死，生活環境の変化，そして加齢による記憶力の低下など。しかし，ポジティブ・エイジングでは，喪失や衰えのなかにも意義をみいだせると考える。また，その対応として次のような方法が

ある。(1)人生における重要なことに焦点を当てると同時に価値の低いものを手放す機会として，衰えをリフレーミングする。(2)意義をみいだせる人生を選択する。(3) SOC 理論（Selection Optimization and Compensation：目標の選択，資源の最適化，補償）による適応的方略で対処する。(4)困難を個人的成長の機会としてリフレーミングする。

②**学ぶのに遅すぎるということはない**：生涯にわたる学習を実施することで，高齢期の知力を維持することができる。純粋に知識を探求する好奇心，発見，そして自己革新としての内省の役割は，生涯にわたる学習の重要な要素となる。ポジティブ・エイジングの学習方法では，晩年において学習能力を強化するのに適用できる潜在能力を覚醒するための新しい資源を見つけることが必要になる。

③**過去を使って英知を培うこと**：晩年における成熟の完全な表現は英知である。人はたんに年をとっているから賢明なのではない。現在と将来をより良いものにするために，過去からどれだけ学ぶことができるかに応じた分だけ，晩年に英知が得られる。自分が変化に対してどの程度の耐性を持っているのかを探り，自分が知っていることや自分が誰であるかをどのように使えば現在と将来を改善できるか考える。そして，ポジティブ・エイジングのスキルを通して，幸福感を維持し，人生の満足感をみいだす方法を他者に教えることが可能になる。

④**生涯にわたる関係の強化**：我々はみな，社会的ネットワークまたはコンボイ構造の関係のなかで生きている。この社会的コンボイにおける我々の役割は，他者との交流の頻度と質から得られる。孤独感や喪失など老いの過程における人間関係に関する問題に対処するうえで，親密な関係を築く行動の理解が必要である。親密な関係を築くスキルは，社会的ネットワークを管理するのに役立ち，ポジティブ・エイジングの重要な資源となる。

⑤**支援を提供し，支援を受けることにより成長を促すこと**：支援には，援助を提供することと援助を受け取ることの両方が関与している。ポジティブ・エイジングを促進する支援の提供の原理を学ぶ。また，支援を受け取ること，支援をありがたく受け入れる方法を知ることで，自分が他者の成長を促す助けとなる。

⑥**自分自身と他者を許すこと**：許すこととは，他者，自分自身，そして状況を許すことである。健康増進への道としての許しの本質と概念を学ぶ。やさしさ，思いやり，および共感などの感情は，人が許せる（寛大な）生き方を展開していくに伴って生まれる。

⑦**感謝する姿勢を持つこと**：感謝することでいかにポジティブ・エイジングが促進されるかについて理解する。感謝は，強力なリフレーミング戦略であり，この戦略により問題や困難に立ち向かい，自分が成長する機会に変えることができる。

これら7つの戦略は，晩年の幸福感を得るために資源を動員するための生き

方を具体化するものである．これらの戦略は，誰でも学ぶことができ，修得した際には，肯定的な生き方が培われ，人生が与える最も困難な問題のいくつかに適応するのに必要なものを得ることができる．

文　献

A

Abra, J. (1989). Changes in creativity with age. *International Journal of Aging and Human Development, 28* (2), 105-126.

Allport, G. W. (1961). *Pattern and growth in personality.* New York, NY: Holt.（オルポート, G. W.（著）今田 恵（監訳）(1968). 人格心理学上・下　誠信書房）

Alpaugh, P. K., & Birren, J. E. (1977). Variables affecting creative contributions across the adult life span. *Human Development, 20,* 240-248.

Anastasi, A. (1976). *Psychological testing* (4th ed.). New York, NY: Macmillan.

Antonucci, T. C., & Akiyama, H. (1987). An examination of sex differences in social support among older men and women. *Sex Roles, 17* (11-12), 737-749.

Antonucci, T. C., Sherman, A. M., & Akiyama, H. (1996). Social networks, support, and integration. In J. E. Birren (Ed.), *Encyclopedia of gerontology. Age, aging, and the aged* (Vol.2, pp.505-515). San Diego, CA: Academic Press.

Arenberg, D., & Robertson-Tchabo, E. A. (1977). Learning and aging. In J. E. Birren, & K. W. Schaie (Eds.), *Handbook of the psychology of aging.* New York, NY: Van Nostrand Reinhold.

有地 亨 (1981). 問い直される父親なき社会，子らの暴力頻出の中で　朝日新聞 1981 年 9 月 2 日

Arlin, P. K. (1975). Cognitive development in adulthood. *Developmental Psychology, 11,* 612-616.

浅川 達人・古谷野 亘・安藤 孝敏・小玉 好信 (1999). 高齢者の社会関係の構造と量　老年社会科学, *21,* 329-338.

麻生 誠・泉 敏郎（編著）(1989). 人間発達と生涯学習　生涯学習実践講座②　亜紀書房

Asso, D. (1983). *The real menstrual cycle.* New York, NY: Wiley.

Atchley, R. C. (1976). *The sociology of retirement.* Cambridge, MA: Schenkman.

Atkinson, R. C., & Shiffrin, R. M. (1971). The control of short-term memory. *Scientific American, 225,* 82-90.

Avioli, L. V. (1982). Aging, bone, and osteoporosis. In S. G. Korenman (Ed.), *Endocrine aspects of aging* (pp.199-230). New York, NY: Elsevier Biomedical.

Axelrod, S., & Cohen, L. D. (1961). Senescence and embedded-figure performance in vision and touch. *Perceptual and Motor Skills, 12,* 283-288.

B

Baddeley, A. D. (1982). *Your memory: A user's guide.* London: Multimedia Publications.（バッドリー, A. D.（著）川幡 政道（訳）(1988). 記憶力——そのしくみとはたらき——　誠信書房）

Bahrick, H. P., Bahrick P. O., & Wittlinger R. P. (1975). Fifty years of memory for names and faces: A cross-sectional approach. *Journal of Experimental Psychology, 104,* 54-75.

Balota, D. A., Duchek, J. M., & Paullin, R. (1989). Age-related differences in the impact of spacing, lag, and retention interval. *Psychology and Aging, 4,* 3-9.

Baltes, P. B. (1968). Longitudinal and cross-sectional sequences in the study of age and

generations effects. *Human Development, 11*, 145-171.
Baltes, P. B. (1979). Life-span developmental psychology. In P. B. Baltes, & O. G. Brim Jr. (Eds.), *Life-span developmental and behavior* (Vol.2, pp.255-279). New York, NY: Academic Press.
Baltes, P. B. (1983). Life span developmental psychology: Observation on history and theory revisited. In R. M. Lerner (Ed.), *Developmental psychology* (pp.79-111). Hillsdale, NJ: Erlbaum.
Baltes, P. B. (1987). Theoretical propositions of life-span developmental psychology: On the dynamics between growth and decline. *Developmental Psychology, 23*, 611-626.
Baltes, P. B., Cornelius, S. W., Spiro, A., Nesselroade, J. R., & Willis, S. (1980). Integration versus differentiation in fluid/crystallized intelligence in old age. *Developmental Psychology, 16*, 625-635.
Baltes, P. B., Dittmann-Kohli, F., & Dixon, R. A. (1984). New perspectives on the development of intelligence in adulthood: Toward a dual-process conception and a model of selective optimization with compensation. In P. B. Baltes, & O. G. Brim Jr. (Eds.), *Life-span development and behavior* (Vol. 6, pp.33-76). New York, NY: Academic Press.
Baltes, P. B., Dittmann-Kohli, F., & Kliegl, R. (1986). Reserve capacity of the elderly in aging-sensitive tests of fluid intelligence: Replication and extension. *Psychology and Aging, 1*, 172-177.
Baltes, P. B., & Goulet, L. R. (1971). Exploration of developmental variables by manipulation and simulation of age differences in behavior. *Human Development, 14*, 149-170.
Baltes, P. B., Lindenberger, U., & Staudinger, U. M. (2006). Lifespan theory in developmental psychology. In W. Damon, & R. Lerner (Eds.), *Handbook of child psychology* (6th ed.). New York, NY: Wiley.
Baltes, P. B., & Nesselroad, J. R. (1979). History and rationale of longitudinal research. In J. R. Nesselroade, & P. B. Baltes (Eds.), *Longitudinal research in the study of behavior and development* (pp.1-39). New York, NY: Academic Press.
Baltes, P. B., & Reese, H. W. (1984). The life-span perspective in developmental psychology. In M. H. Bornstein, & M. E. Lamb (Eds.), *Developmental psychology*. Hillsdale, NJ: Erlbaum.
Baltes, P. B., Reese, H. W., & Lipsitt, L. P. (1980). Life-span developmental psychology. *Annual Review of Psychology, 31*, 65-110.
Baltes, P. B., Reese, H. W., & Nesselroade, J. R. (1988). Life-span developmental psychology: to research methods (2nd ed.). Hillsdale, NJ: Erlbaum.
Baltes, P. B., & Willis, S. (1982). Plasticity and enhancement of intellectual functioning in old age. In F. Craik, & S. Trehub (Eds.), *Aging and cognitive processes*. New York, NY: Plenum Press.
Bandura, A. (1986). *Social foundations of thought and action*. Englewood Cliffs, NJ: Prentice-Hall.
Barnes-Farrell, J. L. & Pitrowski, M. J. (1989). Workers' perceptions of discrepancies between chronological age and personal age. *Psychology and Aging, 4* (3), 376-377.
Bar-Or, O. (1977). Age-related changes in exercise perception. In G. Borg (Ed.), *Physical work and effort* (pp.255-266). New York, NY: Pergamon Press.
Barret, G. V., Alexander, R. A., & Forbes, J. B. (1977). Analysis of performance measurement and training requirements for driving decision-making in emergency situations. *JSAS Catalogue of Selected Documents in Psychology, 7*, 126.
Barrett, T. R., & Wright, M. (1981). Age-related facilitation in recall following semantic

processing. *Journal of Gerontology, 36*, 194-199.
Barron, F. (1969). *Creative person and creative process.* New York, NY: Holt, Reinhart & Winston.
Barsalou, L. W. (1998). The content and organization of autobiographical memories. In U. Neisser, & E. Winograd (Eds.), *Remembering reconsidered: Ecological and traditional approaches to the study of memory* (pp.193-243). Cambridge, UK: Cambridge University Press.
Bart, P. (1970). Portnoy's mother's complaint. *Transaction, 8* (Nov.-Dec.), 69-74.
Bartoshuk, L. M., Rifkin, B., & Marks, L. E. (1986). Taste and aging. *Journal of Gerontology, 41*, 51-57.
Bartoshuk, L M., & Weiffenbach, J. M. (1990). Chemical senses and aging. In E. L. Schneider, & J. W. Rowe (Eds.), *Handbook of the biology of aging* (3rd ed.). San Diego, CA: Academic Press.
Basseches, M. (1984). *Dialectical thinking and adult development.* Norwood, NJ: Ablex.
Baugher, D. (1978). Is the older worker inherently incompetent? *Aging and Work, 1*, 243-250.
Bayley, N., & Oden, M. H. (1955). The maintenance of intellectual ability in gifted adults. *Journal of Gerontology, 10* (9), 1-107.
Baylor, A. M., & Spirduso, W. W. (1988). Systematic aerobic exercise and components of reaction time in older women. *Journal of Gerontology, 43*, 121-126.
Bearon, L. B. (1989). No great expectations: The underpinnings of life satisfaction for older women. *Gerontologist, 29*, 772-778.
Bellville, J. W., Forrest, W. H. Jr., Miller, E., & Brown, B. W., Jr. (1971). Influence of age on pain relief from analgesics: A study of postoperative patients. *Journal of the American Medical Association, 217*, 1835-1841.
Bengtson, V. L., Reedy, M. N., & Gordon, C. (1985). Aging and self-conceptions. In J. E. Birren, & K. W. Schaie (Eds.), *Handbook of the psychology of aging* (2nd ed., pp.544-593). New York, NY: Van Nostrand Reinhold.
Benjamin, B. J. (1982). Phonological performance in gerontological speech. *Journal of Psycholinguistic Research, 11*, 159-167.
Bergman, M., Blumenfeld, V. G., Cascardo, D., Dash, B., Levitt H., & Margulies, M. K. (1976). Age-related decrement in hearing for speech. *Journal of Gerontology, 31*, 533-538.
Berntsen, D., & Rubin, D. C. (2002). Emotionally charged autobiographical memories across the life span: The recall of happy, and, traumatic, and involuntary memories. *Psychology and Aging, 17*, 636-652.
Berry, M., West, R. L., & Scogin, F. R. (1983). Predicting everyday and laboratory memory skill. Paper presented at the meeting of the Gerontological Society of America, San Francisco, CA.
Berry, R. E., & Williams, F. L. (1987). Assessing the relationship between quality of life and marital and income satisfaction: A path analytic approach. *Journal of Marriage and the Family, 49*, 107-116.
Binet, A., & Simon, T. (1905). Méthodes nouvelles pour le diagnostic du niveau intellectuel des arnormaux. *L'Année Psycholgique, 11*, 191-244.
Birren, J. E. (1959). Principles of research on aging. In J. E. Birren (Ed.), *Handbook of aging and the individual.* Chicago, IL: The University of Chicago Press.
Birren, J. E. (1964). *The psychology of aging.* Englewood Cliffs, NJ: Prentice-Hall.
Birren, J. E. (1969). The concept of functional age: Theoretical background. *Human Development, 12*, 214-215.

Birren, J. E., & Renner, V. J. (1977). Research on the psychology of aging. In J. E. Birren & K. W. Schaie (Eds.). *Handbook of the psychology of aging* (pp.3-38). New York, NY: Van Nostrand Reinhold.
Birren, J. E., & Clayton, V. (1975). History of gerontology. In D. Woodruff, & J. Birren (Eds.), *Aging*. New York NY: Van Nostrand.
Birren, J. E., & Cunningham, W. (1985). Research on the psychology of aging: Principles, concepts, and thory. In J. E Birren, & K. W. Schaie (Eds.), *Handbook of the psychology of aging* (2nd ed., pp.3-34). New York NY: Van Nostrand Reinhold.
Birren, J. E., & Schaie K. W. (1977). *Handbook of the psychology of aging*. New York, NY: Van Nostrand Reinhold.
Birren, J. E., & Schroots, J. J. F. (1980). A psychological point of view toward human aging and adaptability. Proceedings of the 9th International Conference of Social Gerontology, Quebec, Canada, pp.443-454.
Birren, J. E., & Schroots, J. J. F. (1984). Steps to an ontogenetic psychology. *Academic Psychology Bulletin, 6*, 177-190.
Birren, J. E., & Shock, N. W. (1950). Age changes in rate and level of visual dark adaptation. *Journal of Applied Physiology, 2*, 407-411.
Blakeslee, S. (1989). *Cynicism and mistrust tied to early death*. The New York Times, January 17, 1989.
Booth-Kewley, S., & Friedman, H. S. (1987). Psychological predictors of heart disease. *Psychological Bulletin, 101*, 343-362.
Bootzin, R. R. (1977). Effects of self-control procedures for insomnia. In R. B. Stuart (Ed.), *Behavioral self-management* (pp.176-195). New York, NY: Brunner/Mazel.
Bootzin, R. R., & Engle-Friedman, M. (1987). Sleep disturbances. In L. Carstensen, & B. Edelstein (Eds.), *Handbook of clinical gerontology* (pp.238-251). New York, NY: Pergamon.
Borg, G. (1974). The human organism at work. In L. A. Larson (Ed.), *Fitness, health and work capacity* (pp.141-163). International Commitee for Standardization of Physical Fitness Tests.
Borg, G., & Linderholm, H. (1967). Perceived exertion and pulse rate during graded exercise in various age groups. *Acta Medica Scandinavica*, Suppl., *472*, 194-200.
Borkan, G. A., & Norris, A. H. (1980a). An assessment of biological age using of profile of physical parameters. *Journal of Gerontology, 35*, 177-184.
Borkan, G. A., & Norris, A. H. (1980b). Biological age in adulthood. *Human Biology, 52*, 787-802.
Borkan, G. A. et al. 1982 Comparison of visually estimated age with physiologically predicted age as indicators of rates of aging. *Soc. Sci. Med. 16* : 197-204.
Botwinick, J. (1967). *Cognitive processes in maturity and old age*. New York, NY: Springer.
Botwinick, J., & Strandt, M. (1974). Memory, related functions, and aging. Springfield, IL: Charles C. Thomas.
Boxenbaum, H. J. (1986). Time concepts in physics, biology, and pharmacokinetics. *Journal of Pharmacokinetics and Biopharmaceutics, 10*, 201-227.
Broverman, I., Broverman, D. M., Clarkson, F. E., Rosenkrantz, P. S., & Vogel, S. R. (1970). Sex-role stereotypes and clinical judgements of mental health. *Journal of Consulting and Clinical Psychology, 34*, 1-7.
Brown, K. S., & Forbes, W. F. (1976). Concerning the estimation of biological age. *Journal of*

Gerontology, 31, 428-437.
Bruce, P. R., Coyne, A. C., & Botwinick, J. (1982). Adult age differences in metamemory. *Journal of Gerontology, 37,* 354-357.
Buell, S. J., & Coleman, P. D. (1979). Dendritic growth in the aged human brain and failure of growth in senile dementia. *Science, 206,* 854-856.
Buell, S. J., & Coleman, P. D. (1981). Quantitative evidence for selective dendritic growth in normal human aging but not in senile dementia. *Brain Research, 214,* 23-41.
Bühler, C. (1935). The curve of life as studied in biographies. *Journal of Applied Psychology, 19,* 405-409.
Burke, D. M., & Peters, L. (1986). Word associations in old age. *Psychology and Aging, 1,* 283-292.
Burr, J. A., Mutchler, J. E., & Caro, F. G. (2007). Productive activity clusters among middle-aged and older adults: Intersecting forms and time commitment. *The Journal of Gerontology, Series B: Psychological Sciences and Social Sciences, 62* (4), S. 267-275.
Busse, E., & Maddox,, G. (1985). *The Duke longitudinal studies of normal aging: 1955-1980.* New York, NY: Springer.
Butler, R. N. (1963). The life review: An interpretation of reminiscence in the aged. *Psychiatry, 256,* 65-76.
Butler, R. N. (1975). *Why survive? Being old in America.* New York, NY: Harper & Row. (バトラー, R. N. (著) グレッグ・中村 文子 (訳) (1991) 老後はなぜ悲劇なのか？ メヂカルフレンド社)

C

Cameron, P. (1975). Mood as an indicant of happiness: Age, sex, social class, and situational differences. *Journal of Gerontology, 30,* 216-224.
Camp, C. J., Markley, R. P., & Kramer, J. J. (1983). Spontaneous use of mnemonics by elderly individuals. *Educational Gerontology, 9,* 57-71.
Campbell, A. (1976). Subjective measure of wellbeing. *American Psychologist, 31,* 117-124.
Cantor, M. H. (1979). Neighbors and friends: An overlooked resource in the informal support system. *Research on Aging, 1* (4), 434-463.
Carstensen, L. L., Pasupathi, M., Mayr, H., & Nesselroade, J. R. (2000). Emotional experience in everyday life across the adult life span. *Journal of Personality and Social Psychology, 79* (4), 644-655.
Carstensen, L. L. (2006). The influence of a sense of time on human development, *Science, 312* (5782), 1913-1915.
Cattell, R. B. (1971). *Abilities: Their structure, growth, and action.* Boston, MA: Houghton Mifflin.
Cavanaugh, J. C. (1986-1987). Age differences in adults' self-reports of memory ability. *International Journal of Aging and Human Development, 4,* 241-277.
Cavanaugh, J. C. (1990). *Adult development and aging.* Belmont, CA: Wadsworth.
Cavanaugh, J. C., & Blanchard-Fields, F. (2006). *Adult development and aging* (5th ed.). Belmont, CA: Wadsworth.
Cavanaugh, J. C., & Perlmutter, M. (1982). Metamemory: A critical examination. *Child Development, 53,* 11-28.
Cavanaugh, J. C., & Poon, L. W. (1989). Metamemorial predictors of memory performance in

young and old adults. *Psychology and Aging, 4*, 365-368.

Cerella, J., Poon, L. W., & Fozard, J. L. (1982). Age and iconic read-out. *Journal of Gerontology, 37*, 197-202.

Cesari, M. (2011). Role of gait speed in the assessment of older patients. *JAMA, 305*, 93-94.

Chang, M., Snaedal, J., Einarsson, B., Bjornsson, S., Saczynski, J. S., Aspelund, T., Garcia, M., Gudnason, V., Harris, T. B., Launer, L. J., & Jonsson, P. V. (2013). Midlife physical activity preserves lower extremity function in older adults: Age gene/environment susceptibility-Reykjavik study. *Journal of the American Geriatrics Society, 61*, 237-242.

Chase, W. G., & Simon, H. A. (1973). Perception in chess. *Cognitive Psychology, 4*, 55-81.

Cicirelli, V. G. (1976). Categorization behavior in aging. *Journal of Gerontology, 31*, 676-680.

Clayton, V. (1982). Wisdom and intelligence. *International Journal of Aging and Human Development, 15*, 315-321.

Comfort, A. (1977). *A good age*. London: Mitchell Beazley. (カンフォート, A. (著) 宗 恵子 (訳) (1986). グッド・エイジ 高齢期の生き方 小学館)

Connidis, I. A. (1988). Sibling ties and aging. Paper presented at the meeting of the Gerontological Society of America, San Francisco, CA.

Connidis, I. A., & Davies, L. (1990). Confidants and companion in later life: The place of family and friends. *Journal of Gerontology, 45* (4), S.141-149.

Cooper, R. M., Bilash, I., & Zubek, J. P. (1959). The effect of age on taste sensitivity. *Journal of Gerontology, 14*, 56-58.

Cornelius, S. W. (1984). Classic pattern of intellectual aging: Test familiarity, difficulty, and performance. *Journal of Gerontology, 39*, 201-206.

Corso, J. F. (1971). Sensory processes and age effects in normal adults. *Journal of. Gerontology, 26*, 90-105.

Corso, J. F. (1987). Sensory-perceptual processes and aging. In K. W. Schaie (Ed.), *Annual Review of Gerontology and Geriatrics* (Vol.7, pp.29-55). New York, NY: Springer.

Cosh, J. A. (1953). Studies on the nature of vibration sense. *Clinical Science, 12*, 131-151.

Costa, P. T., Jr., & McCrae, R. R. (1980a). Functional age. In S. S. Haynes, & M. Feinleib (Eds.), *Epidemiology of aging*. Bethesda, MD: National Institute of Health.

Costa, P. T., Jr., & McCrae, R. R. (1980b). Still stable after these years: Personality as a key to some issues in adulthood and old age. In P. B. Baltes, & O. G. Brim Jr. (Eds.), *Life -span developmental and behavior* (Vol.3, pp.65-102). New York, NY: Academic Press.

Costa, P. T., Jr., & McCrae, R. R. (1985). *The NEO Personality Inventory manual*. Odessa, FL: Psychological Assessment Resources.

Costa, P. T., Jr., & McCrae, R. R. (1988). Personality in adulthood. *Journal of Personality and Social Psychology, 54*, 853-863.

Costa, P. T., Jr., & McCrae, R. R. (1989). *Personality continuity and the changes of adult life. APA Master Lectures*. Washington, DC: American Psychological Association.

Costa, P. T., Jr., & McCrae, R. R. (1992). *Revised NEO Personality Inventory (NEO-PI-R) and NEO Five-Factor Inventory (NEO-FFI) Professional Manual*. Odessa, FL: Psychological Assessment Resources.

Costa, P. T., Jr., McCrae, R. R., Zonderman, A. B., Barbano, H. E., Lebowitz, B., & Larson, D. M. (1986). Cross-sectional studies of personality in a national sample: 2. Stability in neuroticism,

extraversion, and openness. *Psychology and Aging, 1*, 144-149.
Coyne, A. C. (1983). Age, task variables, and memory knowledge. Paper presented at the meeting of the Gerontological Society of America, San Francisco, CA.
Craik, F. I. M. (1977). Age differences in human memory. In J. E. Birren, & K. W. Schaie (Eds.), *Handbook of the psychology of aging*. New York, NY: Van Nostrand Reinhold.
Craik, F. I. M., & Masani, P. A. (1969). Age and intelligence differences in coding and retrieval of word lists. *British Journal of Psychology, 60*, 315-319.
Crosson, C. W., & Robertson-tchabo, E. A. (1983). Age and preference for complexity among manifestly creative women. *Human Development, 26*, 149-155.
Cumming, E., & Henry, W. E. (1961). *Growing old: The process of disengagement*. New York, NY: Basic Books.
Cunningham, W. R. (1980). Age comparative factor analysis of ability variables in adulthood and old age. *Intelligence, 4*, 133-149.
Cunningham, W. R., & Birren, J. E. (1980). Age changes in the factor structure of intellectual abilities in adulthood and old age. *Educational and Psychological Measurement, 40*, 271-290.
Curcio, C. A., Buell, S. J., & Coleman, P. D. (1982). Morphology of the aging central nervous system: Not all downhill. In J. A. Mortimer, F. J. Pirozzolo, & G. I. Maletta (Eds.), *The aging motor system, Vol.3, Advances in neuro-gerontology* (pp.7-35). New York, NY: Praeger.
Currey, J. D. (1984). Effects of differences in mineralization on the mechanical prppeties of bone. *Philosophical Transactions of the Royal Society of London (Biology), 304* (1121), 509-518.
Cutler, S. (1987). Attitudes; Crime; Group membership. In G. L. Maddox (Ed.), *The encyclopedia of aging: A comprehensive resource in gerontology and geriatrics* (2 vols.). New York, NY: Springer. (マドックス, G. J.（編）エイジング大事典刊行委員会（監訳）(1990). エイジング大事典　早稲田大学出版部)

D

Damon, A. (1972). Predicting age from body measurements and observations. *Aging and Human Development, 3*, 169-173.
Deary, I. J. (2001). *Intelligence: A very short introduction*. Oxford, UK: Oxford University Press. (イアン・ディアリ（著）繁桝算男（訳）(2004). 知能　岩波書店)
出村慎一・佐藤　進 (2006). 日本人高齢者のQOL評価—研究の流れと健康関連QOLおよび主観的QOL　体育学研究, *51*, 103-115.
Denney, N. W. (1979). Problems solving in later adulthood. In P. B. Baltes, & O. G. Brim (Eds.), *Life-span development and behavior*, Vol. 2. New York, NY: Academic Press.
Denney, N. W. (1981). A model of cognitive development across the life span. Paper presented at the meeting of the American Psychological Association, Los Angeles, CA.
Denney, N. W. (1982). Aging and cognitive changes. In B. B. Wolman (Ed.), *Handbook of developmental psychology* (pp.37-66). Englewood Cliffs, NJ: Prentice-Hall.
Denney, N. W., & Palmer, A. M. (1981). Adult age differences on traditional and practical problem-solving measures. *Journal of Gerontology, 36*, 323-328.
Denney, N. W., & Pearce, K. A. (1981). A developmental study of adults' performance on traditional and practical problem-solving tasks. Unpublished manuscript, University of Kansas, Lawrence, KS.

Dennis, W. (1966). Creative productivity between the ages of 20 and 80 years. *Journal of Gerontlogy, 21*, 1-18.

Dillingham, A. E. (1981). Age and workplace injuries. *Aging and Work, 4*, 1-10.

Diamond, J. (1986). "I want a girl just like the girl…" *Discover, 7* (11), 65-68.

Dittmann-Kohli, F., & Baltes, P. B. (1990). Toward a neofunctionalist conception of adult intellectual development. In C. Alexander, & E. Langer (Eds.), *Beyond formal operations: Alternative endpoints to human development.* New York, NY: Oxford University Press.

Dixon, R. A., & Hultsch, D. F. (1983). Structure and development of metamemory in adulthood. *Journal of Gerontology, 38*, 682-688.

Dohr, J. H., & Forbess, L. A. (1986). Creativity, arts, and profiles of aging: A reexamination. *Educational Gerontology, 12*, 123-138.

Doll, R., Peto, R., Boreham, J., & Sutherland, I. (2000). Smoking and dementia in male British doctors: Prospective study. *British Medical Journal, 320* (7242), 1097-1102.

Doty, R. L., Deems, D. ., & Stellar, S. (1988). Olfactory dysfunction in Parkinsonism: A general deficit unrelated to neurologic signs, disease stage, or disease duration. Neurology, 38, 1237-1244.

Dunnete, M. D., Arvey, R. D., & Banas, P. A. (1973). Why do they leave? *Personnel, 50* (May-June), 25-39.

E

Eisdorfer, C. (1960). Rorschach rigidity and sensory decrement in a senescent population. In E. Palmore (Ed.), *Normal aging.* Durham, NC: Duke University Press. (パルモア, E. (編) 荒井保男 (訳) (1976). 正常な老化　菊屋書房)

Eysenck, H. J. (1991). *Smoking, personality and stress: Psychosocial factors in the prevention of cancer and coronary heart disease.* New York, NY: Springer.

Eisner, A., Fleming, S. A., Kleins, M. L., & Mauldinf, W. M. (1987). Sensitivities in older eyes with good acuity: Cross-sectional norms. *Investigative Ophthalmology and Visual Science, 28*, 1824-1831.

Elain, Z., & Neil, C. (1989). Training older and younger adults to use software. *Educational Gerontology, 15*, 615-631.

Elias, P. K., Elias, M. F., Robbins, M. A., & Gage, P. (1987). Acquisition of word-processing skills by younger, middle-aged, and older adults. *Psychology and Aging, 2*, 340-348.

遠藤　英俊 (2013). 認知症の予防と生活指導　医薬ジャーナル社

Epstein, S. (1979). Traits are alive and well. In D. Magnussen, & N. S. Endler (Eds.), *Personality at the crossroads: Current issues in interactional psychology.* Hillsdale, NJ: Erlbaum.

Erber, J. T. (1974). Age differences in recognition memory. *Journal of Gerontology, 29*, 177-181.

Ericsson, K. A., Krampe, R. T., & Tesch-Römer, C. (1993). The role of deliberate practice in the acquisition of expert performance. *Psychological Review, 100* (3), 363-406.

Ericsson, K. A. (1996). *The road to excellence: The acquisition of expert performance in the arts and sciences, sports, and games.* Mahwah, NJ: Lawrence Erlbaum Associates.

Erikson, E. H. (1950/1963). *Childhood and society.* New York, NY: W. W. Norton. (エリクソン, E. H. (著) 仁科 弥生 (訳) (1977/1980). 幼年期と社会 1, 2　みすず書房)

Erikson, E. H. (1968). *Identity: Youth and crisis.* New York, NY: W. W. Norton.

Erikson, E. H., & Erikson, J. M. (1981). On generativity and identity. *Harvard Educational Review, 51*, 249-269.

Erikson, E. H., Erikson, J. M., & Kivnick, H. Q. (1986). *Vital involvement in old age.* New York: W. W. Norton.（エリクソン，E. H.・エリクソン，J. M.・キヴニック，H. Q.（著）朝長 正徳・朝長 梨枝子（訳）（1990）. 老年期：生き生きしたかかわりあい みすず書房）

Erikson, E. H., interviewed by E. Hall (1987). Erik Erikson. In E. Hall *Growing and changing.* New York, NY: Random House.

Erikson, E. H., & Erikson, J. M. (1997). *The life cycle completed.* New York, NY: W. W. Norton.（エリクソン，E. H.・エリクソン，J. M.（著）村瀬 孝雄・近藤 邦夫（訳）（2001）. ライフサイクル，その完結 みすず書房）

Evans, R. I. (1967). *Dialog with Erik Erikson.* New York, NY: Harper & Row.（エヴァンズ，R. I.（著）岡堂 哲夫・中園 正身（訳）（1981）. エリクソンは語る 新曜社）

Exton-smith, A. N. (1985). Mineral metabolism. In C. E. Finch, & E. L. Schneider (Eds.), *Handbook of biology of aging* (2nd ed., pp.511-539). New York NY: Van Nostrand Reinhold.

Eysenck, H. J. (1991). *Smoking, personality and stress: Psychosocial factors in the prevention of cancer and coronary heart disease.* New York, NY: Springer.

F

Feldman, R. M., & Reger, S. N. (1967). Relations among hearing, reaction time, and age. *Journal of Speech and Hearing Research, 10*, 479-495.

Ferrans, C. E., & Powers, M. J. (1985). Quality of life index: Development and psychometric properties. *ANS Advances in Nursing Science, 8* (1), 15-24.

Fiske, M. (1980). Tasks and crises of the second half of life and the interrelationships of commitment, coping, and adaptation. In J. Birren, & B. Sloan (Eds.), *Handbook of mental health and aging.* Englewood Cliffs, NJ: Prentice-Hall.

Fitzgerald, J. M. (1978). Actual and perceived sex and generational differences in interpersonal style. *Journal of Gerontology, 33*, 394-401.

Fitzgerald, J. M. (1999). Autobiographical memory and social cognition: Development of the remembered self in adulthood. In T. M. Hess, & F. Blanchard-Fields (Eds.), *Social cognition and aging* (pp.147-171). San Diego, CA: Academic Press.

Flavell, J. H., & Wellman, H. M. (1977). Metamemory. In R. V. Kall, & J. W. Hagen (Eds.), *Perspectives on the development of memory and cognition.* Hillsdale, NJ: Erlbaum.

Flynn, J. R. (1984). The mean IQ of Americans: Massive gains 1932 to 1978. *Psychological Bulletin, 95*, 29-51.

Flynn, J. R. (1987). Massive IQ gains in 14 nations: What IQ test really measure. *Psychological Bulletin, 101*, 171-191.

Foley, J. M., & Murphy, D. M. (1977). Sex role identity in the aged. Paper presented at the 30th Annual Scientific Meeting of the Gerontological Society, San Francisco, CA.

Folkman, S., Lazarus, R., Pimley, S., & Novacek, J. (1987). Age differences in stress and coping process. *Psychology and Aging, 2*, 171-184.

Fozard, J. L. (1990). Vision and hearing in aging. In J. E. Birren, & K. W. Schaie (Eds.), *Handbook of the psychology of aging* (3rd ed.). San Diego, CA: Academic Press.

Frank, S. J., Towell, P. A., & Huyck, M. (1985). The effects of sex role traits on three aspects of psychological well-being in a sample of middle-aged women. *Sex Roles, 12*, 1073-1087.

Frey, K. A. (1981). Middle-aged women's experience and perceptions of menopause. *Women and Health, 6*, 25-36.

Fried, L. P., Tangen, C. M., Watson, J., Newman, A. B., Hirsch, G., Gottdiener, J., Seeman, T., Tracy, R., Kop, W. J., Burke, G., & McBurnie, M. A. (2001). Frailty in older adults: Evidence for a phenotype. *The Journals of Gerontology Series A: Biological Sciences and Medical Sciences, 56A* (3), M146-156.

Friedman, M., & Rosenman, R. H. (1959). Association of specific overt behavior pattern with blood and cardiovascular findings. *Journal of the American Medical Association, 169*, 1286-1296.

Frieze, I. H., Parsons, J. E., Johnson, P. B., Ruble, D. N., & Zellman, G. L. (1978). *Women and sex roles: A social psychological perspective.* New York, NY: Norton.

深瀬 裕子・岡本 祐子 (2010). 老年期における心理社会的課題の特質——Eriksonによる精神分析的個体発達分化の図式 第Ⅷ段階の再検討—— 発達心理学的研究, *21*, 266-277.

福原 俊一・鈴鴨 よしみ (2001). 健康プロファイル型尺度 (SF‐36を中心に) 池上 直己・福原 俊一・下妻晃二郎・池田 俊也 (編) 臨床のためのQOLハンドブック (pp.2-6) 医学書院

福地 義之助 (1988). 呼吸器系の加齢と肺機能の変化 太田 邦夫 (監修) 老化指標データブック 朝倉書店

福永 哲夫 (2003).「生活フィットネス」の性年齢別変化 体力科学, 83, 9-16.

藤田 綾子 (1999). 高齢者の対人関係ネットワーク 高木 修・土田 昭司 (編著) 対人行動の社会心理学 シリーズ21世紀の社会心理学Ⅰ (pp.118-125) 北大路書房

藤原 武弘・石井 眞治・黒田 耕誠・春日 キスヨ (1986). 21世紀へ向けての女性に関する市民意識 広島市民生局

藤原 武弘 (1999). 人間関係からみた夫婦 関 峋一 (編) 成人期の人間関係 (pp.51-71) 培風館

古川 俊之 (1976). 寿命モデル (2) 老化の測定 数理科学, *151*, 50-55.

Furukawa, T., Inoue, M., Kajiya, F., Inada, H., Takasugi, S., Fukui, S. Takada, H., & Abe, H. (1976). Assessment of biological age by multiple regression analysis. *Journal of Gerontology, 30*, 422-434.

G

Gardner, H. (1993). *Creating minds: An anatomy of creativity seen through the lives of Freud, Einstein, Picasso, Eliot, Graham, and Gandhi.* New York, NY: Basic Books.

Garn, S. M. (1975). Bone loss and aging. In R. Goldman, & M. Rockstein (Eds.), *The physiology and pathology of aging* (pp.39-57). New York, NY: Academic Press.

George, L. K. (1984). The institutionalized. In E. B. Palmore (Ed.), *Handbook of the aged in the United States* (pp.339-354). Westport, CT: Greenwood Press.

Gittings, N. S., & Fozard, J. L. (1986). Age changes in visual acuity. *Experimental Gerontology, 21*, 423-434.

Gittings, N. S. et al. (1987). Age changes in stereopsis, visual acuity, and color vision. Paper presented at the annual meeting of the Gerontological Society of America, Washington, D. C.

Glaser, R., & Chi, M. T. H. (1988). Overview. In M. T. H. Chi, R. Glaser, & M. J. Farr (Eds.), *The nature of expertise.* Hilsdale, NJ: Lawrence Erlbaum Associates.

Gould, R. (1972). The phases of adult life: A study in developmental psychology. *American*

Journal of Psychiatry, 129, 521-531.

Gray, R. H. (1976). The menopause-epidemiological and demographic considerations. In R. J. Beard (Ed.), *The menopause: A guide to current research and practice* (pp.25-40). Baltimore, MD: University Park Press.

Greenough, W. T., & Green, E. J. (1981). Experience and the changing brain. In J. L. McGaugh & S. B. Kiesler (Eds.), *Aging: Biology and behavior* (pp.159-200). New York, NY: Academic Press.

Gregg, V. (1986). *An introduction to human memory.* London: Routledge & Kegan Paul. (グレッグ, V. (著) 高橋 雅延・川口 敦生・菅 眞佐子 (訳) (1988). ヒューマンメモリ サイエンス社)

Guilford, J. P. (1967). *The nature of human intelligence.* New York, NY: McGraw-Hill.

Gurin, G., Feld, S., & Veroff, J. (1960). *Americans view their mental health: A Nationwide Interview Survey.* New York, NY: Basic Books.

Guttman, D. (1987). *Reclaimed powers: Toward a new psychology of men and women in later life.* New York, NY: Basic Books.

H

Haan, N. (1985). Common personality dimensions or common organization across the life span? In J. M. A. Munnichs, P. Mussen, E. Olbrich, & P. G. Coleman (Eds.), *Life-span change in gerontological perspective* (pp.17-44). New York, NY: Academic Press.

Haan, N., Millsap, R., & Hartka, E. (1986). As time goes by: Change and stability in personality over fifty years. *Psychology and Aging, 1,* 220-232.

Hagestad, H. O., & Neugarten, B. L. (1985). Age and the life course. In R. H. Binstock, & E. Shanas (Eds.), *Handbook of aging and the social sciences* (2nd ed., pp.35-61). New York, NY:Van Nostrand Reinhold.

Haight, B. K. (1988). The therapeutic role of a structured life review process in homebound elderly subjects. *Journal of Gerontology: Psychological Sciences, 43,* 40-44.

Hall, E. (1987). Erik Erikson: The father of identity crisis. In E. Hall, Growing and changing (chaps.1, 10, 11). New York: Random House.

Hall, G. S. (1922). *Senescence: The last half of life.* New York, NY: D. Appleton.

Hanna-Pladdy, B., MacKay, A. (2011). The relation between instrumental musical activity and cognitive aging. *Neuropsychology, 25,* 378-386.

Harris, L. (1975). *The myth and reality of aging in America.* Washington, D.C.: National Council on Aging.

Harris, L. (1981). *Aging in the eighties.* Washington, D. C.: National Council on Aging.

Harris, R. L., Ellicott, A. M., & Holmes, D. S. (1986). The timing of psychosocial transition and changes women's lives: An examination of women aged 45-60. *Journal of Personality and Social Psychology, 51,* 409-416.

長谷川 明弘・藤原 佳典・星 旦二 (2001). 高齢者の「生きがい」とその関連要因についての文献的考察——生きがい・幸福感との関連を中心にして—— 総合都市研究, 75, 147-170.

長谷川 和夫・那須 宗一 (編) 1975 ハンドブック老年学 (pp.19-22) 岩崎学術出版社

長谷川 和夫 (1989). 老化 那須 宗一 (監修) 老年学事典 (pp.5-6) ミネルヴァ書房

長谷川 眞理子 (2002). ヒト, この不思議な生き物はどこから来たのか ウェッジ

Hashtroudi, S., Johnson, M. K., & Chrosniak, L. D. (1990). Aging and qualitative characteristics of

memories for perceived and imagined complex events. *Psychology and Aging, 5*, 119-126.
波多野 誼余夫（2001）．適応的熟達化の理論をめざして　教育心理学年報, *40*, 45-47.
Hauri, P. (1982). *The sleep disorders*. Kalamazoo, MI: Upjohn.
Havighurst, R. J. (1948). *Developmental tasks and education*. New York, NY: D. Mckay.
Havighurst, R. J. (1953). Human development and education. New York, NY: Longmans, Green.
　　（ハヴィガースト, R. J.（著）荘司 雅子（訳）(1959)．人間の発達課題と教育　牧書店）
Havighurst, R. J. (1961). Successful aging. *Gerontologist, 1*, 4-7.
Havighurst, R. J. (1963). Successful aging. In R. H. Williams, C. Tibbitts, & W. Donohue (Eds.), *Process of aging, social and psychological perspectives* (Vol.1, pp.299-320). New York, NY: Atherton.
Havighurst, R. J. (1972). Developmental tasks and education. New York, NY: David McKay Company.
Hayes, J. R. (1989). *The complete problem solver* 2nd ed. Hillsdale: Lawrence Erlbaum Associates.
Hayslip, B., Jr., & Panek, P. E. (2002). *Adult development and aging* (3rd ed.). Malabar, FL: Krieger.
Hershey, D., & Wang, H. H. (1980). *A new age scale for humans*. Toronto: Lexington Books.
Hertzog, C., Dixon, R. A., Schulenberg, J. E., & Hultsch, D. F. (1987). On the differentiation of memory beliefs from memory knowledge: The factor structure of the metamemory in adulthood scale. *Experimental Aging Research, 13*, 101-107.
Hertzog, C., & Schaie, K. W. (1986). Stability and change in adult intelligence: 1 Analysis of longitudinal covariance structures. *Psychology and Aging, 1*, 159-171.
樋口 恵子（2006）．祖母力　新水社
Hill, R. D. (2008). *Seven strategies for positive aging*. New York, NY: W. W. Norton.
Hirsch, M. J. 1959 Changes in astigmatism after age of faty. *Amer. J. Optom., 36*, 395-403.
Hofland, B. F., Willis, S. L., & Baltes, P. B. (1981). Fluid intelligence performance in the elderly: Retesting and conditions of assessment. *Journal of Educational Psychology, 73*, 573-586.
Hogue, C. C. (1982). Injury in late life: Part I. Epidemiology. *Journal of the American Geriatric Society, 30*, 183-190.
Holiday, S. G., & Chandler, M. J. (1986). *Wisdom: Explorations in human competence. Contributions to human development*, Vol. 17. Basel, Switzerland: Karger.
Holmes, T. H., & Rahe, R. H. (1967). The social readjustment rating scale. *Journal of Psychosomatic Research, 11*, 213-218.
堀 薫夫（1989）．「アメリカ成人発達論の背景と展開」,「教育の中のエイジングの問題」　社会教育基礎理論研究会（編）生涯学習Ⅶ　成人性の発達（pp.61-138, pp.245-273）　雄松堂
Horn, J. L. (1968). Organization of abilities and the development of intelligence. *Psychological Review, 75*, 242-259.
Horn, J. L. (1970). Organization of data on life-span development of human abilities. In L. R. Goulet, & P. B. Baltes (Eds.), *Life-span developmental psychology: Research and theory*. New York, NY: Academic Press.
Horn, J. L. (1978). Human ability systems. In P. B. Baltes (Ed.), *Life-span development and behavior* (Vol.1, pp.212-255). New York, NY: Academic Press.
Horn, J. L., & Cattell, R. B. (1966). Refinement and test of the theory of fluid and crystallized intelligence. *Journal of Educational Psychology, 57*, 253-270.

Horn, J. L., & Cattell, R. B. (1967). Age differences in fluid and crystallized intelligence. *Acta Psychologica, 26*, 107-129.

Hornblum, J., & Overton, W. (1976). Area and volume conversation among the elderly: Assessment and training. *Developmental Psychology, 12*, 68-74.

Horner, K. L., Rushton, J. P., & Vernon, P. A. (1976). Relation between aging and research productivity of academic psychologists. *Psychology and Aging, 1*, 319-324.

星 薫 (1990). 老人の記憶　宮川 知彰・荒井 保男 (編) 老人の心理と教育　放送大学振興会

星野 命 (編) (1989). 性格心理学　新講座6 ケース研究　金子書房

Howard, D. V., McAndrews, M. P., & Lasaga, M. I. (1981). Semantic priming of lexical decisions in young and old adults. *Journal of Gerontology, 36*, 707-714.

Hoyenga, K. B., & Hoyenga, K. T. (1979). *The question of sex differences*. Boston, MA: Little, Brown.

Hoyer, W. J. (1987). Acquisition of knowledge and the decentralization of *g* in adult intellectual development. In C. Schooler, & K. W. Schaie (Eds.), *Cognitive functioning and social structure over the life course*. Norwood, NJ: Ablex.

Hubbard, R., Santos, J. F., & Farrow, B. J. (1979). Age differences in sex role diffusion. Paper presented at the 32nd Annual Scientific Meeting of the Gerontological Society, New York, NY.

Hulicka, I. M., & Grossman, J. L. (1967). Age group comparisons for the use of mediators in paired-associate learning. *Journal of Gerontology, 22* (1), 46-51.

Hultsch, D. F. (1971). Adult age differences in free classification and free recall. *Developmental Psychology, 4*, 338-342.

Hultsch, D. F. (1975). Adult age differences in retrieval. *Developmental Psychology, 11*, 197-201.

Huyck, M. H., & Hoyer, W. (1980). *Adult development and aging*. Belmont, CA: Wadsworth.

Hyde, J. S., & Phyllis, D. E. (1979). Androgyny across the life span. *Developmental Psychology, 15*, 334-336.

I

猪飼 道夫 (1973). 身体運動の生理学　杏林書院

井島 由佳・西村 純一 (2014). 女子大学卒業者の初職転職理由に関する研究：A 女子大学卒業者を中心にして　東京家政大学紀要, *54* (1), 63-71.

池田 央 (1971). 行動科学の方法　東京大学出版会

稲葉 昭英 (2004). 配偶者との関係の変化　渡辺 秀樹・稲葉 昭英・嶋崎 尚子 (編) 現代家族の構造と変容 (pp.261-276)　東京大学出版会

Inglis, J., & Caird, W. K. (1963). Age differences in successive responses to simultaneous stimulation. *Canadian Journal of Psychology, 17*, 98-105.

入来 正躬 (1988). 視覚, 体温　太田 邦夫 (監修) 老化指標データブック (pp.148-149, p.287)　朝倉書店

石村 貞夫 (2001). SPSS によるカテゴリーデータ分析の手順 (pp.131-168)　東京図書

石原 治・内藤 佳津雄・長嶋 紀一 (1992). 主観的尺度に基づく心理的な側面を中心とした QOL 評価表作成の試み　老年社会学, *14*, 43-51.

岩原 昭彦 (2016). 熟達化　佐藤 眞一・権藤 恭之 (編著) よくわかる高齢者心理学 (pp.94-95) ミネルヴァ書房

岩井 紀子 (2002). 結婚生活は幸せか　岩井 紀子・佐藤 博樹 (編) 日本人の姿　JGSS にみる意識と行動 (pp.9-15) 有斐閣

J

Jaquish, G. A., & Ripple, R. E. (1981). Cognitive creative abilities and self-esteem across the adult life-span. *Human Development, 24*, 110-119.

Jones, H. E., & Conrad, H. S. (1933). The growth and decline of intelligence: A study of a homogeneous group between the ages of ten and sixty. *Genetic Psychology Monographs, 13*, 223-298.

Jonson, M. A., & Choy, D. (1987). On the definition of age-related norms for visual function testing. *Applied Optics, 26*, 1449-1454.

Jung, C. G. (1933/1960). The stages of life. In H. Read, M. Fordham, & G. Adler (Eds.), *The collected works of C. G. Jung* (Vol.8). New York, NY: Pantheon.

K

陰山 英男 (2004). 奇跡の学力：土堂小メソッド　文藝春秋

Kahn, R. L., & Antonucci, T. C. (1980). Convoys over the life course: Attachment, roles, and social support. In P. B. Baltes, & O. G. Brim Jr. (Eds.), *Life-span development and behavior* (Vol.3, pp.253-286). New York, NY: Academic Press. (バルテス, P. B.・ブリム Jr., O. G. (編) 東洋・柏木 惠子・髙橋 惠子 (監訳) (1993). 生涯発達の心理学　2巻　気質・自己・パーソナリティ　新曜社)

Kales, A., Allen, W. C., Scharf, M. B., & Kales, J. D. (1970). Hypnotic drugs and effectiveness: All night EEG studies of insomniac subjects. *Archives of General Psychiatry, 23*, 226-232.

Kales, A., Scharf, M. B., & Kales, J. D. (1978). Rebound insomnia: A new clinical syndrome. *Science, 201*, 1039-1040.

神谷 美恵子 (1980). 生きがいについて　みすず書房

Kannel, W., & Hubert, H. (1982). Vital capacity as a biomarker of aging. In M. Reff, & E. Schneider (Eds.), *Biological markers of aging*. Bethesda, MD: National Institute of Health.

神田 健郎 (1989). 運動調節系の加齢変化　朝長 正徳・佐藤 昭夫 (編) 脳・神経系のエイジング (pp.107-123) 朝倉書店

Kastenbaum, R. (1986). Life-course. In G. L. Maddox (Ed.), *The encyclopedia of aging: A comprehensive resource in gerontology and geriatrics* (2 vols.). New York, NY: Springer. (マドックス, G. J. (編) エイジング大事典刊行委員会 (監訳) (1990). エイジング大事典　早稲田大学出版部)

Katzman, R. (1987). Alzheimer's disease: Advances and opportunities. *Journal of the American Geriatrics Society, 35*, 69-73.

Kaufert, P. A. (1985). Midlife in the Midwest: Canadian women in Manitoba. In J. K. Brown, & V. Kern (Eds.), *In her prime: A new view of middle aged women*. South Hadley, MA: Bergin & Garvey.

Kausler, D. 1987 Memory and memory theory. In G. L. Maddox (Ed.) *The encyclopedia of aging: A comprehensive resource in gerontology and geriatrics* (2 vols.). New York: Springer. (マドックス, G. J. (編) エイジング大辞典刊行委員会 (監訳) エイジング大辞典　早稲田大学出版部)

河合 千恵子・下仲 順子（1992）．老年期におけるソーシャル・サポートの授受——別居家族との関係の検討 老年社会科学, 14, 63-72.

河合 隼雄・西村 洲衞男（1967）．ユング 詫摩 武俊（編）性格の理論（pp.25-44） 誠信書房

Kenney, R. A. (1982). *Physiology of aging*. Chicago, IL: Year Book Medical.

切替 一郎・野村 恭也（1982）．新耳鼻咽喉科（第 7 版） 南山堂

木下 彩栄（2013）．教育歴と認知症の関係 中島 健二・天野 直二・下濱 俊・冨本 秀和・三村 將（編）認知症ハンドブック（pp.202-206） 医学書院

Kline, D. W., & Schieber, F. (1985). Vision and aging. In J. E. Birren, & K. W. Schaie (Eds.), *Handbook of the psychology of aging* (2nd ed.). New York, NY: Van Nostrand Reinhold.

Klingman, A. M., Grove, G. L., & Balin, A. K. (1985). Aging of human skin. In C. E. Finch, & E. L. Schneider (Eds.), *Handbook of the biology of aging* (2nd ed., pp.820-841). New York, NY: Van Nostrand Reinhold.

小林 江里香・杉原 陽子・深谷 太郎・秋山 弘子・Liang, J.（2005）．配偶者の有無と子どもとの距離が高齢者の友人・近隣ネットワークの構造・機能に及ぼす効果 老年社会科学, 26（4), 438-450.

小林 江里香（2008）．高齢者の社会関係 権藤 恭之（編）高齢者心理学（pp.151-169） 朝倉書店

Kogan, N. (1974). Categorizing and conceptualizing styles in younger and older adults. *Human Development, 17*, 218-230.

Kohn, R. R. (1978). *Principles of mammalian aging* (2nd ed., p. 170). Englewood Cliffs, NJ: Prentice-Hall.

Kohn, A. (1987). Art for art's sake: Profile of Teresa Amabile. *Psychology Today, 21*, 52-57.

国立社会保障・人口問題研究所（2005）．第 3 回全国家庭動向調査（2005 年）

Koplowitz, H. (1984). A projection beyond Piaget's formal-operation stage: A general system stage and a unitary stage. In M. L. Commons, F. A. Richards, & C. Armon (Eds.), *Beyond formal operations* (pp.272-295). New York, NY: Praeger.

Kosnik, W., Winslow, L., Kline, D., Rasinski, K., & Sekuler, R. (1988). Visual changes in daily life throughout adulthood. *Journal of Gerontology, 43*, 63-70.

Koss, E., Weiffenbach, J. M., Haxby, J. V., & Friedland, R. P. (1988). Olfactory detection and identification performance are dissociated in eraly Alzheimer's disease. *Neurolog, 38*, 1228-1232.

厚生労働省（2006）基本チェックリストの考え方について 老健局老人保健課事務連絡 平成 18 年 3 月 28 日
〈http://www.mhlw.go.jp/topics/2007/03/dl/tp0313-1a-11.pdf〉

厚生労働省（2009）．平成 21 年度「不慮の事故死亡統計」の概況

厚生労働省（2016）．平成 27 年度簡易生命表の概況

厚生労働省（2015）．平成 27 年度人口動態統計月報年計（概数）の概況

厚生労働省（2017）．平成 29 年度 我が国の人口動態

高年齢者雇用開発協会（1988）．定年到達者等の 60 歳代前半期における就業と生活

小杉 正太郎（編）（2002）．ストレス心理学 川島書店

古谷野 亘（1981）．生きがいの測定——改定 PGC モラール・スケール—— 老年社会科学, 3, 83-85.

古谷野 亘（1996）．老年精神医学関連領域で用いられる速度 QOL などを測定するための測度（1） 老年精神医学, 47, 990-1003.

Kozma, A., & Stones, M. J. (1983). Predictors of happiness. *Journal of Gerontology, 38*, 626-628.

Kramer, D. A. (1983). Post-formal operations? A need for further conceptualization. *Human Development, 26*, 91-105.

Kramer, D. A., & Wooduff, D. S. (1984). Categorization and metaphoric processing in young and older adults. *Research on Aging, 6*, 271-286.

Krauss, I. (1987). Employment; Reaction time. In G. L. Maddox (Ed.), *The encyclopedia of aging: A comprehensive resource in gerontology and geriatrics* (2 vols.). New York, NY: Springer. (マドックス, G. L. (編) エイジング大事典刊行委員会 (監訳) (1990). エイジング大事典 早稲田大学出版部)

Kuhn, D., Langer, J., Kohlberg, L., & Haan, N. (1977). The development of formal operation in logical and moral judgment. *Genetic Psychology Monographs, 95*, 97-188.

蔵本 築 (1988). 循環器系 太田 邦夫 (監修) 老化指標データブック (pp.202-203) 朝倉書店

串崎 幸代 (2005). E. H. Erikson のジェネラティヴィティに関する基礎的研究――多面的なジェネラティヴィティ尺度の開発を通じて―― 心理臨床学研究, 23, 197-208.

楠見 孝 (2014). ホワイトカラーの熟達化を支える実践知の獲得 組織科学, 48 (2), 6-15.

葛谷 雅文 (2005). 老年医学における Sarcopenia & Frailty の重要性 日本老年医学会雑誌, 46 (4), 279-285.

L

Labouvie-Vief, G. (1976). Toward optimizing cognitive competence in later life. *Educational Gerontology, 1*, 75-92.

Labouvie-Vief, G. (1980). Beyond formal operations: Uses and limits of pure logic in life-span development. *Human Development, 23*, 141-161.

Labouvie-Vief, G. 1982 Issues in life-span development. In B. Wolman (Ed.) *Handbook of developmental psychology.* (pp.54-62) Englewood Cliffs, NJ: Prentice-Hall.

Labouvie-Vief, G. (1985). Intelligence and cognition. In J. E. Birren, & K. W. Schaie (Eds.), *Handbook of the psychology of aging* (pp.500-530). New York, NY: Van Nostrand Reinhold.

Labouvie-Vief, G., & Schell, D. (1982). Learning and memory in late life. In B. Wolman (Ed.), *Handbook of developmental Psychology.* Englewood Cliffs, NJ: Prentice-Hall.

Larson, R. (1978). Thirty years of research on the subjective well-being of older Americans. *Journal of Gerontology, 33*, 109-125.

Laurence, M. W. 1967 A developmental look at the usefulness of list categorization as an aid to free recall. *Canadian Journal of Psychology, 21*, 153-165.

Lawton, M. P. (1972). The dimensions of morale. In D. P. Kent, R. Kastenbaum, & S. Sherwood (Eds.), *Research planning and action for the elderly.* New York, NY: Behavioral Publications.

Lawton, M. P. (1975). The Philadelphia Geriatric Center Morale Scale: A revision. *Journal of Gerontology, 30* (1), 85-89.

Lawton, M. P. (1991). A multidimensional view of quality of life in frail elders. In J. E. Birren, J. Lubben, J. Rowe, & D. Deutchman (Eds.), *The concept and measurement of quality of life in the frail elderly* (pp.3-29). San Diego, CA: Academic Press.

Lazarus, R. S., & Folkman, S. (1984). *Stress, appraisal, and coping.* New York, NY: Springer.

Lebo, C. P., & Redell, R. C. (1972). The presbycusis component in occupational hearing loss. *Laryngoscope, 82*, 1399-1409.

Lee, T. R., Mancini, J. A., & Maxwell, J. W. (1990). Sibling relationships in adulthood: Contact

patterns and motivation. *Journal of Marriage and the Family, 52,* 431-440.
Lehman, H. C. (1953). *Age and achievement.* Princeton, NJ: Princeton University Press.
Levine, B. (2004). Autobiographical memory and the self in time: Brain lesion effects, functional neuroanatomy, and lifespan development. *Brain and Cognition, 55,* 54-68.
Levine, B., Svoboda, E., Hay, J. F., Winocur, G., & Moscovitch, M. (2002). Aging and autobiographical memory: Dissociating episodic from semantic retrieval. *Psychology and Aging, 17,* 677-689.
Levinson, D. J. with Darrow, C. N., Klein, E., Levinson, M. H., & McKee, B. (1978). *The seasons of a man's life.* New York, NY: Alfred A. Knopf. (レヴィンソン, D. J.（著）南 博（訳）(1980). 人生の四季──中年期をいかに生きるか── 講談社)
Levinson, D. J., & Levinson, J. D. (1996). *The seasons of a women's life: Fascinating exploration of the events, thoughts, and life experiences that all women share.* New York, NY: Alfred A. Knopf.
Livson, F. B. (1981). Paths to psychological health in the middle years: Sex differences. In D. Eichorn, N. Haan, J. Clausen, M. Honzik, & P. Mussen (Eds.) *Past and present in middle life* (pp.183-194). New York, NY: Academic Press.
Lovelace, E. A. et al. (1982). Prediction and evaluation of memory performance by young and old adults. Paper presented at the meeting of the Gerontological Society at America, Boston, MA.
Lowenfeld, I. E. (1979). Pupillary changes related to age. In H. S. Thompson, R. Daroff, L. Frisán, J. S. Glaser, & M. D. Sanders (Eds.), *Topics in neuro-ophthalmology* (pp.124-150). Baltimore, MD: Williams & Wilkins.
Lowenthal, M., Thurnher, M., & Chiriboga, D. (1975). *Four stages of life.* San Francisco, CA: Jossey-Bass.

M

Madden, D. J. (1984). Data-driven and memory-driven selection attention in visual search. *Journal of Gerontology, 39,* 72-78.
Madden, D. J. (1986). Adult differences in the attentional capacity demands of visual search. *Cognitive Development, 1,* 335-363.
Madden, D. J. (1987). Aging, attention, and the use of meaning during visual search. *Cognitive Development, 2,* 201-216.
Maddox, G. I. (1970). Persistence of lifestyle among the elderly. In E .Palmore (Ed.), *Normal aging.* Durham, NC: Duke University Press.
Maddox, G. I., & Douglas, E. B. (1974). Self-assessment of health. In E. Palmore (Ed.), *Normal aging* Ⅱ. Durham, NC: Duke University Press.
前田 尚子（1992）. 非親族からのソーシャルサポート 折茂 肇（編）新老年学（pp.1116-1128） 東京大学出版会
Martin, I. R., Friedman, H., & Schwaltz, J. E. (2007). Personality and mortality risk across the life span: The importance of conscientiousness as a biopsychosocial attribute. *Health Psychology, 26* (4), 428-436.
Martin, P. et al. (1992). Personality, life events and coping in the oldest-old. *International Journal of Aging and Human Development,* 34, 19-30.

丸島 令子 (2000). 中年期の生殖性 (generativity) の発達と自己概念との関連性について 教育心理学研究, 48, 52-62.

Masters, W. H., & Johnson, V. E. (1966). *Human sexual response*. Boston, MA: Little, Brown.

Masui, Y., Gondo, Y., Inagaki, H., & Hirose, N. (2006). Do personality characteristics predict longevity? Findings from the Tokyo Centenarian Study. *Age, 28*, 353-361.

増井 幸恵 (2008). 性格 権藤 恭之 (編) 高齢者心理学 (pp.134-150) 朝倉書店

増井 幸恵 (2016). 老年的超越理論 佐藤 眞一・権藤 恭之 (編) 高齢者心理学 (pp.36-37) ミネルヴァ書房

増本 康平 (2016). 社会情動的選択性理論 佐藤 眞一・権藤 恭之 (編) 高齢者心理学 (pp.38-39) ミネルヴァ書房

松尾 睦 (2006). 経験からの学習:プロフェッショナルへの成長のプロセス 同文館出版

松本 洸 (1980). 老人の感覚と知覚 井上 勝也・長嶋 紀一 (編) 老年学 朝倉書店

McAdams, D. P., & de St. Aubin, E. (1992). A theory of generativity and its assessment through self-report, behavioral acts, and narrative themes in autobiography. *Journal of Personality and Social Psychology, 62*, 1003-1015.

McCrae, R. R., Arenberg, D., & Costa, P. T., Jr. (1987). Declines in divergent thinking with age: Cross-sectional, longitudinal, and cross-sequential analysis. *Psychology and Aging 1*, 130-137.

McCrae, R. R., & Costa, P. T., Jr. (1984). *Emerging lives, enduring dispositions: Personality in adulthood*. Boston, MA: Little, Brown.

McFarland, R. A., Domey, R. G., Warren, B. A., & Ward, D. C. (1960). Dark adaptation as a function of age: I. A statistical analysis. *Journal of Gerontology, 15*, 149-154.

Meacham, J. A. (1983). Wisdom and the context of knowledge: Knowing that one doesn't know. In D. Kuhn, & J. A. Meacham (Eds.), *On the development of developmental psychology*: Contributions to human development (Vol. 8, pp.111-134). Basel, Switzerland: Karger.

Menec, V. H. (2003). The relation between everyday activities and successful aging: A 6-year lomgitudinal study. *Journal of Gerontology: Social Science, 58*, S74-S82.

Miles, C. C., & Miles, W. R. (1932). The correlation of intelligence scores and chronological age from early to late maturity. *American Journal of Psychology, 44*, 44-78.

Miller, R. B., Hemesath, K., & Nelson, B. (1997). Marriage in middle and later life. In T. D. Hargrave, & S. M. Hanna (Eds.), *The aging family: New visions in theory, practice, and reality* (pp.178-198). New York, NY: Brunner/Mazel.

Minkler, M., & Pasick, R. J. (1986). Health promotion and the elderly. In K. Dychtwald (Ed.), *Wellness and health promotion of the elderly* (pp.39-54). Rockville, MD: Aspen.

Mitscherlich, A. (1963). Auf dem Weg zur vaterlosen Gesellschaft. Ideen zur Sozialpsychologie. München, Deutschland: Piper Verlag. (ミッチャーリヒ, A. (著) 小見山 実 (訳) 父親なき社会——社会心理学的思考 新泉社)

望月 嵩 (1980). 現代家族の生と死 望月 嵩・木村 汎 (編) 現代家族の危機 (pp.2-22) 有斐閣

Montepare, J. M., & Lachman, M. E. (1989). "You're only as old as you feel": Self-perceptions of age, fears of aging, and life satisfaction from adolescence to old age. *Psychology and Aging, 4* (1), 73-78.

Morewitz, J. (1988). Evaluation of excessive daytime sleepiness in the elderly. *Journal of the American Geriatrics Society, 36*, 324-330.

森岡 清美・望月 崇 (1987). 新しい家族社会学 改訂版 培風館

Morrow, R. S., & Morrow, S.（1973）. The measurement of intelligence. In B. Wolman（Ed.）, *Handbook of general psychology*. Englewood Cliffs, NJ: Prentice-Hall.
村田 孝次（1989）. 生涯発達心理学の課題　培風館
Murstein, B. I.（1982）. Marital choice. In B. B. Wolman（Ed.）, *Handbook of developmental psychology*（pp.652-666）. Englewood Cliffs, NJ: Prentice-Hall.

N
内閣府（2016）. 平成28年版高齢社会白書（概要版）高齢者の健康・福祉（第1章第2節第3項）
永井 暁子（2011）. 結婚生活の経過による妻の夫婦関係満足度の変化　社会福祉, *52*, 123-131.
永井 宏達（2015）. 歩行機能向上によるフレイル予防　島田 裕之（編）　フレイル予防とリハビリテーション（pp.93-100）医歯薬出版
永野 重史（1978）. オールポート　詫摩 武俊（編）性格の理論（pp.129-152）誠信書房
長嶋 紀一（1990）. 精神機能の変化　長嶋 紀一・佐藤 清公（編著）老人心理学　建白社
中原 純（2016a）. 医学・社会学的サクセスフルエイジング　佐藤 眞一・権藤 恭之（編著）よくわかる高齢者心理学（pp.30-31）ミネルヴァ書房
中原 純（2016b）. 心理学的サクセスフルエイジング　佐藤 眞一・権藤 恭之（編著）よくわかる高齢者心理学（pp.32-33）ミネルヴァ書房
中原 純（2016c）. プロダクティブエイジング　佐藤 眞一・権藤 恭之（編著）よくわかる高齢者心理学（pp.28-29）ミネルヴァ書房
中村 榮太郎・木村 みさか・永田 久紀・宮尾 賢爾・小関 忠尚（1982）. 種々の生理機能にもとづく老化の指標としての生物学的年齢の推定（男子の場合）日本衛生学会誌, *36*, 853-862.
直井 道子（2004）. 高齢者の生きがいと家族　生きがい研究　第10号　長寿社会開発センター
National Advisory Eye Council（1983）. *Vision research: A national plan*. Washington, D. C.: U. S. Department of Health and Human Service.
National Center for Health Statistics（1981）. *Health characteristics of persons with chronic activity limitation*. Washington, D. C.: U. S. Government Printing Office.
Neimark, E. D.（1975）. Longitudinal development of formal operational thought. *Genetic Psychology Monographs, 91*, 171-225.
Neisser, U.（1976）. *Cognition and reality*. San Francisco, CA: W. H. Freeman.
Neugarten, B. L.（1966）. Adult personality. *Human Development, 9*, 61-73.
Neugarten, B. L.（1968）. The awareness of middle age. In B. Neugarten（Ed.）, *Middle age and aging*（pp.93-98）. Chicago, IL: University of Chicago Press.
Neugarten, B. L.（1969）. Continuities and discontinuities of psychological issues into adult life. *Human Development, 12*, 121-130.
Neugarten, B. L.（1974）. Age groups in American society and the rise of the young-old. *The Annals of the American Academy of Political and Social Science, 415*, 187-198.
Neugarten, B. L.（1976）. Adaptation and the life cycle. *Counselling Psychologist, 6*（1）, 16-20.
Neugarten, B. L., & Associates（Eds.）.（1964）. *Personality in middle and later life*. New York, NY: Atherton Press.
Neugarten, B. L., & Datan, N.（1973）. Sociological perspectives on the life cycle. In P. B. Baltes, & K. W. Schaie（Eds.）, *Life-span developmental psychology*（pp.53-69）. New York, NY: Academic Press.
Neugarten, B. L. & Hagestad, G. O. 1976 Age and the life course. In R.Binstock & E.Shanas（Eds.）

Handbook of aging and the social sciences. (pp.35-55) New York: Van Nostrand Reinhold.

Neugarten, B. L., Havighurst, R. J., & Tobin, S. S. (1961). The measurement of life satisfaction. *Journal of Gerontology, 16*, 134-143.

Neugarten, B. L., Havighurst, R. J., & Tobin, S. S. (1968). Personality and pattern of aging. In B. L. Neugarten (Ed.), *Middle age and aging* (pp.173-177). Chicago, IL: The University of Chicago Press.

Neugarten, B. L., Wood, V., Kraines, R., & Loomis, B. (1968). Women's attitudes toward menopause. *Vita Humana, 6*, 140-141.

西田 裕紀子（2002）．成人女性の世代性に関する研究（2）　日本教育心理学会発表論文集, *44*, 26.

西村 純一（1981）．主観的運動強度をめぐる諸問題　心理学評論, *24*（2）, 174-202.

西村 純一（1984）．機能年齢をめぐる諸問題　心理学評論, *27*（3）, 272-282.

西村 純一（1985）．成人の直立時動揺における年齢差と性差　老年社会科学, *7*, 109-120.

西村 純一・平沢 尚孝（1993）．現代学生にみる老いへの知識と態度　東京家政大学生活科学研究所研究報告, 第16集, 25-33.

西村 純一（1994）．成人発達の心理学　酒井書店

西村 純一（2005a）．サラリーマンの生きがいの構造——年齢差および性差の検討——　東京家政大学紀要, *45*, 209-214.

西村 純一（2005b）．サラリーマンの生きがいの対象の構造——年齢差と性差の検討——　立教大学社会学部応用社会学研究, *47*, 143-148.

西村 純一（2017）．生きがい再考：生きがいの構造，生きがいの相関者及び生きがいの年齢的変遷と男女差　生きがい研究, *23*, 48-71. 長寿社会開発センター

西村 昌記・石橋 智昭・山田 ゆかり・古谷野 亘（2000）．高齢期における親しい関係——「交友」「相談」「信頼」の対象としての他者の選択　老年社会科学, *22*（3）, 367-374.

西山 耕一郎（2017）．肺炎がいやならのどを鍛えなさい　飛鳥新社

野邊 政雄（1999）．高齢者の社会的ネットワークとソーシャルサポートの性別による違いについて　社会学評論, *50*（3）, 375-392.

野口 裕二（1991）．高齢者のソーシャルサポート—その概念と測定　社会老年学, *34*, 37-48.

Nuttall, R. L. (1972). The strategy of functional age. *Aging and Human Development, 3*, 149-152.

O

大日方 雅美（1994）．父親に関する研究動向　高橋 種昭・高野 陽・小宮山 要・大日方 雅美・新道 幸恵・窪 龍子（共著）父性の発達（pp.23-32）　家政教育社

Ochs, A. L., Newberry, J., Lenhardt, M. L., & Harkins, S. W. (1985). Neural and vestibular aging associated with falls. In J. E. Birren & K. W. Schaie (Eds.), *Handbook of the psychology and aging* (2nd ed., pp.378-399). New York, NY: Van Nostrand Reinhold.

岡田 猛（2005）．心理学が創造的であるために——創造的領域における熟達者の育成　下山 晴彦（編著）心理学論の新しいかたち（心理学の新しいかたち1）（pp.235-262）　誠信書房

岡本 祐子（2002）．成人女性のアイデンティティの危機と発達　岡本 祐子（編著）アイデンティティ生涯発達論の射程（pp.79-120）　ミネルヴァ書房

Okun, M. A., Stock, W. A., Haring, M. J., & Witter, R. A. (1984). The social activity/subjective well-being relation: A quantitative synthesis. *Research on Aging, 6*, 45-64.

Olsho, L. W., Harkins, S. W., & Lenhardt, M. L. (1985). Aging and the auditory system. In J. E. Birren, & K. W. Schaie (Eds.), *Handbook of the psychology of aging* (2nd ed., pp.332-377).

New York, NY: Van Nostrand Reinhold.

Olson, P. L., & Sivak, M. (1984). Glare from automobile rear-vision mirrors. *Human Factors, 26*, 269-282.

大内尉義 (2003). 何をもって老年症候群とするか 総合臨床, *52* (7), 2051-2053.

Ordy, J. M., Brizzee, K. R., Beavers, T., & Medart, P. (1979). Age differences in the functional and structural organization of the auditory system in man. In J. M. Ordy, & K. R. Brizzee (Eds.), *Sensory systems and communication in the elderly*. New York, NY: Raven Press.

Oromaner, M. (1977). Professional age and the reception of sociological publications: A test of the Zuckerman-Merton hypothesis. *Social Studies of Science, 7*, 381-388.

太田 壽城・芳賀 博・長田 久雄・田中 喜代次・前田 清・嶽崎 俊郎・関 奈緒・大山 泰雄・中西 好子・石川 和子 (2001). 地域高齢者のための QOL 質問表の開発と評価 日本公衆衛生学雑誌, *48*, 258-267.

Over, R. (1988). Does scholarly impact decline with age? *Scientometrics, 13*, 215-223.

Owens, W. A. (1953). Age and mental abilities: A longitudinal study. *Genetic Psychology Monographs, 48*, 3-54.

Owens, W. A. (1966). Age and mental abilities: A second adult follow-up. *Journal of Educational Psychology, 57*, 311-325.

P

Palmore, E. (1981). *Social patterns in normal aging: Findings from the Duke Longitudinal Studies*. Durham, NC: Duke University Press.

Palmore, E. (1982). Predictions of the longevity difference: A 25-year follow-up. *The Gerontologist, 22*, 513-518.

Palmore, E. (1988). *The facts on Aging Quiz*. New York, NY: Springer.

Palmore, E. (1998). *The facts on Aging Quiz* (2nd ed.). New York, NY: Springer.

Palmore, E. (1999). *Ageism: Negative and positive*. New York, NY: Springer. (パルモア, E. (著) 鈴木 研一 (訳) (2002). エイジズム 明石書店)

Pascual-Leone, J., & Goodman, D. (1979). Intelligence and experience: A neo-Piagetian approach. *Instructional Science, 8*, 301-367.

Peck, R. 1968 Psychological developments in the second half of life. In B. L. Neugarten (Ed.) *Middle age and aging* (pp.88-92) Chicago, IL: University of Chicago Press.

Pearlman, R. A., & Uhlmann, R. F. (1988). Quality of life in chronic disease: Perception of elderly patients. *Journal of. Gerontology, 43*, M25-M30.

Perlmutter, M. (1986). A life-span view of memory. In P. B. Baltes, D. L. Featherman, & R. Lerner (Eds.), *Life-span development and behavior* (Vol. 7, pp. 271-313). Hillsdale, NJ: Erlbaum.

Perlmutter, M. (1988). Cognitive potential throughout life. In J. E. Birren, & V. L. Bengston (Eds.), *Emergent theories of aging* (pp.247-268). New York, NY: Springer.

Perlmutter, L. C. (1989). Motivation. In L. W. Poon, D. C. Rubin, & B. Wilson (Eds.), *Everyday cognition in adulthood and late life*. Cambridge: Cambridge University Press.

Perlmutter, M., & Hall, E. (1992). *Adult development and aging* (2nd ed.). New York, NY: John Wiley & Sons.

Perret, E., & Regli, F. (1970). Age and the perceptual threshold for vibratory stimuli. *European*

Neurology, 4, 65-76.
Pfeiffer, E. (1975). A short portable mental status questionnaire for the assessment of organic brain deficit in elderly patients. *Journal of the American Geriatrics Society, 23*, 433-441.
Piaget, J. (1972). Intellectual evolution from adolescence to adulthood. *Human Development, 15*, 1-12.
Pillai, J. A., Hall, C. B., Dickson, D. W., Buschke, H., Lipton, R. B., & Verghese, J. (2011). Association of crossword puzzle participation with memory decline in persons who develop dementia. *Journal of the International Neuropsychological Society, 17*, 1006-1013.
Plude, D. J., & Hoyer, W. J. (1985). Attention and performance: Identifying and localising age deficits. In N. Charness (Ed.), *Aging and human performance* (pp.47-99). Chichester, West Sussex, UK: Wiley.
Poon, L. W. (1985). Differences in human memory with aging. In J. E. Birren, & K. W. Schaie (Eds.), *Handbook of the psychology of aging* (2nd ed., pp.427-462). New York, NY: Academic Press.
Poon, L. (1987). Learning. In G. L. Maddox (Ed.), *The encyclopedia of aging: A comprehensive resource in gerontology and geriatrics* (2 vols.). New York, NY: Springer. (マドックス, G. J. (編) エイジング大事典刊行委員会 (監訳) (1990). エイジング大事典　早稲田大学出版部)

R

Rabbit, P. M. A. (1965). An age-decrement in the ability to ignore irrelevant information. *Journal of Gerontology, 20*, 233-238.
Rabinowitz, J. C., Ackerman, B. P., Craik, F. I. M., & Hinchley, J. L. (1982). Aging and metamemory: The roles of relatedness and imagery. *Journal of Gerontology, 37*, 688-695.
Rackoff, N. S., & Mourant, R. R. (1979). Driving performance of the elderly. *Accident Analysis and Prevention, 11*, 247-253.
Reich, J. W., Zautra, A. J., & Hill, J. (1987). Activity, event transactions, and quality of life in older adults. *Psychology and Aging, 2*, 116-124.
Reichard, S., Livson, F., & Peterson, P. G. (1962). *Aging and Personality: A study of 87 old men.* New York, NY: John Wiley.
Reichard, S., Livson, F., & Peterson, P. G. (1968). Adjustment to retirement. In B. Neugarten (Ed.) Middle age and aging (pp.178-180). Chicago, IL: The university of Chicago Press.
Reinert, G. (1970). Comparative factor analytic studies of intelligence throughout the human life span. In L. R .Goulet, & P. B. Baltes (Eds.), *Life-span developmental psychology* (pp.468-484). New York, NY: Academic Press.
Reinke, B. J., Holms, D. S., & Harris, R. L. (1985). The timing of psychosocial changes in women's lives: The years 25 to 45. *Journal of Personality and Social Psychology, 48*, 1353-1364.
Rhodes, S. R. (1983). Age related differences in work attitudes and behavior: A review and conceptual analysis. *Psychological Bulletin, 93*, 328-367.
Riegel, K. (1973). Dialectic operations: The final period of cognitive development. *Human Development, 16*, 371-381.
Riley, M. W. (1979). Introduction. In M. W. Riley (Ed.), *Aging from Birth to death: Interdisciplinary perspectives* (pp.3-14). Boulder, CO: Westview.
Riley, M. W. (1985). Age strata in social systems. In R. H. Binstock, & E. Shanas (Eds.), *Handbook*

of aging and the social sciences (2nd ed. pp. 369-411). New York, NY: Van Nostrand Reinhold.

Riley, M. W., & Foner, A. (1968). *Aging and society* (Vol.1). New York: Russell Sage Foundation.

Roberts, R. W., & DelVecchio, W. F. (2000). The rank-order consistency of personality traits from childhood to old age: A quantitative review of longitudinal studies. *Psychological Bulletin, 126*, 3-25.

Roberts, P., & Newton, P. M. (1987). Levinsonian studies of women's adult development. *Psychology and Aging, 2*, 154-163.

Robinson, J. K. (1983). Skin problems of aging. *Geriatrics, 38*, 63-65.

Roodin, P. A., Rybash, J., & Hoyer, W. J. (1984). Affect in adult cognition: A constructivist view of moral thought and action. In C. Z. Malatesta, & C. E. Izard (Eds.), *The role of affect in adult development and aging* (pp.297-316). Beverly Hills, CA: Sage.

Root, N. (1981). Injuries at work are fewer among older employees. *Monthly Labor Review, 104*, 30-34.

Rosenman, R. H., Brand, R. J., Jenkins, D., Friedman, M., Straus, R., & Wurm, M. (1975). Coronary heart disease in the Western Collaborative Group study: Final follow-up experience of 8 1/2 years. *Journal of the American Medical Association, 233* (8), 872-877.

Rossi, A. S. (1980). Aging and parenthood in the middle years. In P. B. Baltes & Brim, Jr O. G. (Eds.) Life-span Development and Behavior (pp.137-205). Academic Press 東 洋・相木 恵子・高橋 恵子 (編集・監訳) 生涯発達の心理学 3巻 家族・社会 新曜社

Rowe, J. W., & Kahn, R. L. (1987). Successful aging. *The Gerontologist, 37* (4), 433-440.

Ryff, C., & Baltes, P. B. (1976). Value transition and development in women: The instrumentality-terminality sequence hypothesis. *Developmental Psychology, 12*, 567-568.

Rykken, D. E. (1987). Sex in the later years. In P. Silverman (Ed.), *The elderly as modern pioneers* (pp.125-145). Bloomington, IN: Indiana University Press.

S

Sabatini, P. P., & Labouvie-Vief, G. (1979). Age and professional specialization in formal reasoning. Paper presented at the 86th Annual Meeting of the Gerontological Society, Washington, D. C.

Salthouse, T. A. (1984). Effects of age and skill in typing. *Journal of Experimental Psychology: General, 113*, 345-391.

Salthouse, T. A. (1985). Speed of behavior and its implications for cognition. In J. E. Birren, & K. W. Schaie (Eds.), *Handbook of the psychology of aging* (2nd ed., pp.400-426). New York, NY: Van Nostrand Reinhold.

Salthouse, T. A., & Somberg, B. L. (1982). Isolating the age deficit in speeded performance. *Journal of Gerontology, 37*, 59-63.

Samuelsson, S. M., Alfredson, B. B., Hagberg, B., Samuelsson, G., Nordbeck, B., Brun, A., Gustafson, L., & Risberg, J. (1997). The Swedish Centenarian Study: A multidisciplinary study of five consecutive cohort at the age of 100. *International Journal of Aging and Human Development, 45*, 223-253.

Santrock, J. W. (1985). *Adult development and aging*. Dubuque, IO: William. C. Brown. (サントロック, J. W. (著) 今泉 信人・南 博文 (編訳) (1992). 成人発達とエイジング 北大路書房)

Santrock, J. W. (2010). A topical approach to life-span development (5th ed.) New York NY: McGraw-Hill.

Sakurai, H., Hanyu, H., Sato, T., Kanetaka, H., Shimizu, S., Hirano, K., KIkukawa, M., & Iwamoto, T. (2011). Vascular risk factors and progression in Alzheimer's disease. *Geriatrics and Gerontolology International, 11*, 211-213.

佐々木 直美 (2008). 適応理論とサクセスフルエイジング　下仲 順子・中里 克治 (編著)　高齢者心理学 (pp.123-140)　建帛社

笹沼 澄子 (1988). 聴覚　太田 邦夫 (監修) 老化指標データブック (p.151)　朝倉書店

佐竹 昭介 (2015). フレイルの一次スクリーニング　島田 博之 (編) フレイルの予防とリハビリテーション (pp.32-40)　医歯薬出版

佐藤 眞一・島内 晶 (2011). 高齢者の自動車運転の背景としての心理特性　国際交通安全学会誌, *35* (3), 59-68.

Savela, S. L., Koistinen, P., Stenholm, S., Tilvis, R. S., Strandberg, A. Y., Pitkälä, K. H., Salomaa, V. V., & Strandberg, T. E. (2013) Leisure-time physical activity in middle is related to old age frailty. *Journals of Gerontology. Series A: Biological Sciences and Medical Sciences, 68* (11), M1433-1438.

Scarmeas, N., Levy, G., Tang, M. X., Manly, J., & Stern, Y. (2001). Influence of leisure activity on the incidence of Alzheimer's disease. *Neurology, 57*, 2236-2242.

Schaie, K. W. (1965). A general model for the study of developmental problems. *Psychological Bulletin, 64*, 92-107.

Schaie, K. W. (1970). A reinterpretation of age-related changes in cognitive structure and functioning. In L. Goulet, & P. Baltes (Eds.), *Life-span developmental psychology: Research and theory* (pp.486-507). New York, NY: Academic Press.

Schaie, K. W. (1977-78). Toward a stage theory of adult cognitive development. *Journal of Aging and Human development, 8*, 129-138.

Schaie, K. W. 1980 Intelligence and problem solving. In J. E. Birren & R. B. Sloane (Eds.) *Handbook of mental health and aging*. Englewood Cliffs, NJ: Prentice-Hall.

Schaie, K. W. (1984). Historical time and cohort effects. In K. A. McCloskey, & H. W. Reese (Eds.), *Life-span developmental psychology: Historical and generational effects* (pp.1-15). New York, NY: Academic Press.

Schaie, K. W., & Gribbin, K. J. (1975). Adult development and aging. *Annual Review of Psychology, 26*, 65-96.

Schaie, K. W., & Hertzog, C. (1982). Longitudinal methods. In B. B. Wolman (Ed.), *Handbook of developmental psychology*. Englewood Cliffs, NJ: Prentice-Hall.

Schaie, K. W., & Hertzog, C. (1983). Fourteen-year cohort-sequential studies of adult intellectual development. *Developmental Psychology, 19*, 531-543.

Schaie, K. W., & Strother, C. R. (1968a). A cross-sequential study of age changes in cognitive behavior. *Psychological Bulletin, 70*, 671-680.

Schaie, K. W., & Strother, C. R. (1968b). The effect of time and cohort differences on the interpretation of age changes in cognitive behavior. *Multivariate Behavioral Research, 3*, 259-294.

Schaie, K. W., & Willis, S. L. (1986). Can decline in adult intellectual functioning be reversed? *Developmental Psychology, 22*, 223-232.

Schaie, K. W., Willis, S. L., Hertzog, C., & Schulenberg, J. E. (1987). Effects of cognitive training on primary mental ability structure. *Psychology and Aging, 2,* 233-242.

Schein, E. H. (1978). *Career dynamics: Matching individual and organizational needs.* Reading, MA: Addison-Wesley.（シャイン，E. H.（著）二村 敏子・三善 勝代（訳）(1991). キャリア・ダイナミクス　白桃書房）

Schiffman, S. S. (1987). Taste; Smell. In G. L. Maddox (Ed.), *The encyclopedia of aging: A comprehensive resource in gerontology and geriatrics* (2 vols.). New York, NY: Springer.（マドックス，G. J.（編）エイジング大事典刊行委員会（監訳）(1990). エイジング大事典　早稲田大学出版部）

Schluderman, E., & Zubek, J. P. (1962). Effect of age on pain sensitivity. *Perceptual Motor Skills, 14,* 295-301.

Schmeeckle, M., Giarusso, R., & Wang, Q. (1998). When being a brother or sister is important to one's identity: Life stage and gender difference. Paper presented at the annual meeting of the Gerontological Society of America, Philadelphia, PA.

Schonfield, D., & Robertson, B. A. (1966). Memory storage and aging. *Canadian Journal of Psychology, 20,* 228-236.

Schonfield, D., & Wenger, L. (1975). Age limitation of perceptual span. *Nature, 235,* 377-378.

Schroeder, D. H., & Costa, P. T., Jr. (1984). Influence of life event stress on Physical illness: Substantive effects or methodological flaws? *Journal of Personality and Social Psychology, 46,* 853-863.

Schroots, J. J. F., & Birren, J. E. (1990). Concepts of time and aging in science. In J. E. Birren, & K. W. Schaie (Eds.), *Handbook of psychology of aging* (3rd ed.). New York, NY: Academic Press.

Schulz, R. (1982). Emotionality and aging. *Journal of Gerontology, 37,* 42-51.

Scialfa, C. T., & Kline, D. W. (1988). Effects of noise type and retinal eccentricity on age differences in identification and location. *Journal of Gerontology, 43,* 91-99.

Scott, R. B., & Mitchell, M. C. (1988). Aging, alcohol, and the liver. *Journal of the American Geriatrics Society, 36,* 255-265.

Selby, P., & Griffiths, A. (1986). *A guide to successful aging.* Lancashire, UK: The Parthenon Publishing Group.（セルビー，P.・グリフィス，A.（著）矢野目 雅子・小林 博（訳）(1991). ガイドブック　上手に老いるには　岩波書店）

Seligman, M. E. P., & Csikszentmihalyi, M. (2000). Positive psychology: An introduction. *American Psychologist, 55,* 5-14.

Selye, H. (1936). A syndrome produced by diverse nocuous agents. *Nature, 138,* 32.

Selye, H. (1956). *The stress of life.* New York, NY: McGraw-Hill.

シニアプラン開発機構 (2002). 第3回　サラリーマンの生活と生きがいに関する調査

シニアプラン開発機構 (2007). 第4回　サラリーマンの生活と生きがいに関する調査

Shephard, R. J. (1982). *Physiology and biochemistry of exercise.* New York, NY: Praeger.

Shepard, L. A. (1989). Identification of mild handicaps. In R. L. Linn (Ed.), *Educational measurement* (3rd ed., pp 545-572). New York, NY: American Council on Education and Macmillan Publishing.（シェパード，L. A.（著）池田 央・藤田 恵璽・柳井 晴夫・繁桝 算男（訳編）(1992). 教育測定学 C.S.L. 学習評価研究所）

柴田 博 (1996). 高齢者の Quality of life (QOL)　日本公衆衛生雑誌, *43,* 941-945.

柴田 博 (2001). 疫学研究からみた長寿と食習慣 Geriatric Medicine, 39 (3), 389-394.
Shinar, D., McDowell, E. D., Rackhoff, N. J., & Rockwell, T. H. (1978). Field dependence and driver visual search behavior. Human Factors, 20, 553-559.
下仲 順子 (2002). 超高齢者の人格特徴 老年精神医学雑誌, 13, 912-920.
下仲 順子・中里 克治・石原 治・権藤 恭之・高山 緑 (1997). 加齢と心理機能の維持 (2)——老年期における創造性—— 日本老年社会科学会第 39 回大会要旨集, 69.
塩川 久子 (1975). 基準嗅覚検査に関する基礎的研究 日本耳鼻咽喉科学会会報, 78, 1258-1270.
白川 修一郎 (1999). おもしろ看護睡眠科学 メディカ出版
Shock, N. W. 1971 The Phisiolosy of aging. In C. B. Vedder Gerontology Springfield: Charles C. Thomas Publisher.
Siegler, I. C., George, L. K., & Okun, M. A. (1979). A cross-sequential analysis of adult personality. Developmental Psychology, 15, 350-351.
Simon, H. A., & Chase, W. G. (1973). Skill in chess. American Scientist, 61, 394-403.
Simonton, D. K. (1975). Age and literary creativity: A cross-cultural and transhistorical survey. Journal of Cross-Cultural Psychology, 6, 259-277.
Simonton, D. K. (1977). Creative productivity, age, and stress: A biographical time-series analysis of 10 classical composers. Journal of Personality and Social Psychology, 35, 791-804.
Simonton, D. K. (1984). Genius, creativity, and leadership: Historiometric inquiries. Cambridge, MA: Harvard University Press.
Simonton, D. K. (1985). Quality, quantity, and age: The careers of 10 distinguished psychologists. International Journal of Aging and Human Development, 21, 241-254.
Simonton, D. K. 1988 Age and outstanding achievement. Psychological Bulletin 104 : 251-267.
Simonton, D. K. (1989). The swan-song phenomenon: Last works effects for 172 classical composers. Psychology and Aging, 4, 42-47.
Simonton, D. K. (1990). Creativity and wisdom in aging. In J. E. Birren, & K. W. Schaie (Eds.), Handbook of the psychology of aging (3rd ed., pp.349-360). San Diego, CA: Academic Press.
Simpson, J. B. (1988). Simpson's contemporary quotations. Boston, MA: Houghton Mifflin.
Sinnott, J. D. (1982). Correlates of sex roles of older adults. Journal of Gerontology, 37, 587-594.
Sinnott, J. D. (1984). Postformal reasoning: The relativistic stage. In M. L. Commons, F. A. Richards, & C. Armon (Eds.), Beyond formal operations (pp.298-325). New York, NY: Praeger.
Sivak, M., Olson, P. L., & Pastalan, L. A. (1981). Effect of driver's age on nighttime legibility of highway signs. Human Factors, 23, 59-64.
Skre, H. (1972). Neurological signs in a normal population. Acta Neurologica Scandinavica, 48, 575-606.
Smith, A. D. (1980). Age differences in encoding, storage, and retrieval. In L. W. Poon, J. L. Fozard, L. S. Cermak, D. Arenberg, & L. W. Thompson (Eds.), New directions in memory and aging (pp.23-46). Hillsdale, NJ: Erlbaum.
Smith, G. J. W., & Meer, G. (1990). Creativity in old age. Creativity Research Journal, 3, 249-264.
Smolak, L. (1993). Adult development. Englewood Cliffs, NJ: Prentice-Hall.
Snowdon, D. A. (2001). Aging with grace: What nun study teaches us about leading longer, healthier, and more meaningful lives. New York, NY: Bentam Books. (スノウドン, D. A. (著) 藤井 留美 (訳) (2004). 100 歳の美しい脳——アルツハイマー病解明に手をさしのべた修

道女たち　DHC出版)

Soldatos, C. R., Kales, J. D., Scharf, M. B., Bixler, E. O., Kales, A. (1980). Cigarette smoking associated with sleep difficulty. *Science, 207*, 551-553.

Soldo, B. J., & Manton, K. G. (1985). Health status and service needs of the oldest old: Current patterns and future trends. *Milbank Memorial Fund Quarterly: Health and Society, 63* (2), 286-319.

Solnick, R. L. & Corby, N. (1983). Human sexuality and aging. In D. S. Woodruff, & J. E. Birren (Eds.), *Aging* (2nd ed., pp.202-224). Pacific Grove, CA: Brooks/Cole.

総務省統計局 (2016). 平成27年国勢調査：配偶関係，年齢，男女別15歳以上人口の割合

Spence, A. P. (1989). *Biology of human aging.* Englewood Cliffs, NJ: Prentice-Hall.

Spence, J. T., & Helmreich, R. L. (1978). *Masculinity and femininity: Their psychological dimensions, correlates and antecedents.* Austin, TX: University of Texas Press.

Spitzer, M. E. (1988). Taste acuity in institutionalized and non-institutionalized elderly men. *Journal of Gerontology, 43*, 71-74.

Squire, L. R. (1974). Remote memory as affected by aging. *Neuropsychologia, 12*, 429-435.

Starr, B. & Weiner, M. 1981 *The Starr-Weiner report on sex and sexuality in the mature years.* New York: McGraw-Hill.

Staude, J. R. (1981). *The adult development of C. G. Jung.* Boston, MA: Routledge & Kegan Paul.

Sternberg, R. J. (1985). *Beyond IQ: A triarchic theory of human intelligence.* New York, NY: Cambridge University Press.

Sterns, H. L., Barret, G. V., & Alexander, R. A. (1985). Accidents and the aging individual. In J. E. Birren, & K. W. Schaie (Eds.), *Handbook of the psychology of aging* (2nd ed., pp.703-724). New York, NY: Van Nostrand Reinhold.

Sterns, H. L., & Sanders, R. E. (1980). Training and education of elderly. In R. R. Turner, & H. W. Reese (Eds.), *Life-span developmental psychology* (pp.307-330). New York, NY: Academic Press.

Stewart, A. J., & Ostrove, J. M. (1988). Women's personality in middle age: Gender, history, and midcourse corrections. *American Psychologist, 53*, 1185-1194.

Strehler, B. L. (1962). *Time, cells and aging.* New York, NY: Academic Press.

Studenski, S., Perera, S., Patel, K., Rosano, C., Faulkner, K., Inzitari, M., Brach, J., Chandler, J. et al. (2011). Gait speed and survival in older adult. *Journal of the American Medical Association, 305*, 50-58.

杉井 潤子 (2006). 祖父母と孫との世代間関係――孫の年齢による関係性の変化――　奈良教育大学紀要, *55* (1), 177-189.

杉村 和美 (1995). ライフサイクル――男性と女性――　南 博文・やまだ ようこ（編）老いることの意味――中年期・老年期 (pp. 117-152) 金子書房

杉山 善朗・竹川 忠男・中村 浩・佐藤 豪・浦沢 喜一・佐藤 保則・斉藤 桂紀・尾谷 正孝 (1981a). 老人の「生きがい」意識の測定尺度としての日本版PGMの作成 (1)　老年社会科学, *3*, 57-69.

杉山 善朗・竹川 忠男・中村 浩・佐藤 豪・浦沢 喜一・佐藤 保則・斉藤 桂紀・尾谷 正孝 (1981b). 老人の「生きがい」意識の測定尺度としての日本版PGMの作成 (2)　老年社会科学, *3*, 70-82.

住田 幸次郎 (1969). 創造性と知能　桂 広介・他（監修）知能と創造性（児童心理学講座5, pp.128-136）金子書房

Super, D. E. (1957). *The psychology of careers: An introduction to vocational development.* New

York, NY: Harper.
鈴木 はる江（1989）．感覚機能の加齢変化　朝長 正徳・佐藤 昭夫（編）脳・神経系のエイジング（pp.135-159）　朝倉書店
鈴木 竜太（2014）．組織内キャリア発達における中期のキャリア課題　日本労働研究雑誌，No.653, December, 35-44.

T

田畑 治・星野 和実・佐藤 朗子・坪井 さとみ・橋本 剛・遠藤 英俊（1996）．青年期における孫・祖父母関係評価尺度の作成　心理学研究, *67* (5), 375-381.
橘 覚勝（1971）．老年学　誠信書房
高橋 一公（2014）．生涯発達心理学の理論　高橋 一公・中川佳子（編著）　生涯発達心理学15講（pp.27-39）　北大路書房
立木 孝（1986）．聴力障害　老年精神医学, *3*, 162-166.
玉野 和志・前田 大作・野口 裕二・中谷 陽明・坂田 周一・Liang, J.（1989）．日本の高齢者の社会的ネットワークについて　社会老年学, *36*, 27-36.
田中 俊也（2008）．熟達者と初学者　多鹿 秀継（編著）学習心理学の最先端　あいり出版
丹野 宏昭（2010）．高齢者のQOLに果たす友人関係の機能　対人社会心理学研究, *10*, 125-129.
Tavris, C. A., & Offir, C. (1977). *The longest war: Sex differences in perspective.* New York, NY: Harcourt Brace Jovanovich.
Terracciano, A., McCrae, R. R., Brant, I. J., & Costa, P. T., Jr. (2005). Hierarchical linear modeling analyses of the NEO-PI-R scales in the Baltimore Longitudinal Study of Aging. *Psychology and Aging, 20* (3), 493-506.
Thomas, J. C., Waugh, N. C., & Fozard, J. L. (1978). Age and familiarity in memory scanning. *Journal of Gerontology, 33*, 528-533.
Thornbury, J. M., & Mistretta, C. M. (1981). Tactile sensitivity as a function of age. *Journal of Gerontology, 36*, 34-39.
戸張 幾生（1976）．老人の眼疾患（その1）老人の視力について　日本の眼科, *47*, 161-165.
戸張 幾生（1984）．視機能の変化　村上 元孝（監修）新老年病学（pp.514-517）　南江堂
東京都監察医務院（編）（2012）．東京都23区内における孤独死統計：世帯分類別異常死統計調査
東京都立大学体育学研究室（1989）．日本人の体力標準値（第4版）　不昧堂
Tomlinson-Keasey, C. (1972). Formal operations in females form eleven to fifty-four years of age. *Developmental Psychology, 6*, 364.
朝長 正徳（1988）．脳・神経系　太田 邦夫（監修）老化指標データブック（pp.109-110）　朝倉書店
Tornstam, L. (1989). Gero-transcendence: A Meta-theoretical reformulation of the disengagement theory. *Aging: Clinical and Experimental Research*, 1, 55-63.
Tornstam, L. (1997). Gero-transcendence: The contemplative dimension. *Journal of Aging Studies*, 11, 143-154.
Tornstam, L. (2005). *Gerotranscendence: A developmental theory of positive aging.* New York, NY: Springer.（トーンスタム，L.（著）冨沢 公子・タカハシ マサミ（訳）（2017）．老年的超越：歳を重ねる幸福感の世界　晃洋書房）
Treat, N. J., Poon, L. W., & Fozard, J. L. (1981). Age, imagery, and practice in paired-associate learning. *Experimental Aging Research, 7*, 337-342.
Troll, L. E., & Bengtson, V. L. (1982). Intergenerational relations throughout the life span. In B. B.

Wolman (Ed.), *Handbook of developmental psychology* (pp.890-911). Englewood Cliffs, NJ: Prentice-Hall.
Troll, L. E. & Parron, E. M. (1981). Age changes in sex roles amid changing sex roles: The double shift. In C. Eisdorfer (Ed.), *Annual Review of Gerontology and Geriatrics, 2*, 118-143. New York, NY: Springer.
Tulving, E. (1972). Episodic and semantic memory. In E. Tulving, & W. Donaldson (Eds.), *Organization of memory* (pp.381-403). New York, NY: Academic Press.
Turner, B. F. (1979). The self concept of older women. *Research on Aging, 1*, 464-480.
Turner, B. F. (1982). Sex-related differences in aging. In B. B. Wolman (Ed.), *Handbook of developmental psychology* (pp.912-936). Englewood Cliffs, NJ: Prentice-Hall.
Turner, B. F. (1987). Mental health and the older woman. In G. Lesnoff-Caravaglia (Ed.), *Handbook of applied gerontology* (pp.201-230). New York, NY: Human Science Press.

U

上田 敏（1998）．目で見るリハビリテーション医学（p.3）東京大学出版会
U. S. Census Bureau (2003). *Statistical abstract of the United States*. Washington, D. C.: Government Printing Office.

V

Valenzuela, M. J. (2008). Brain reserve and the prevention of dementia. *Current Opinion in* Psychiatry, *21*, 296-302.
Van Hoose, W. H., & Worth, M. R. (1982). *Adulthood in the life cycle*. Dubuque, IA: William C. Brown. Cited in Cavanaugh, J. C. (1990).
VanLaningham, J., Johnson, D. R., Amato, P. (2001). Marital happiness, marital duration, and the U-shaped curve: Evidence from a five-wave panel study. *Social Force, 78* (4), 1313-1341.
Verghese, J., LeValley, A., Derby, C., Kuslansky, G., Katz, M., Hall, C., Buschke, H., Lipton, R. B. (2006). Leisure activities and the risk of amnestic mild cognitive impairment in the elderly. *Neurology, 66*, 821-827.
Verrillo, R. T. (1982). Effects of aging on the suprathreshold responses to vibration. *Perception & Psychophysics, 32*, 61-68.
Verrillo, R. T., & Verrillo, V. (1985). Sensory and perceptual performance. In N. Charness (Ed.), *Aging and human performance* (pp.1-46). Chichester, West Sussex, UK: Wiley.

W

和田 修一（1990）．老人の幸福感　無藤 隆・高橋 惠子・田島 信之（編）発達心理学入門Ⅱ　青年・成人・老人（pp.149-161）　東京大学出版会
Wagenaar, W. A., & Groeneweg, J. (1990). The memory of concentration camp survivors. *Applied Cognitive Psychology, 4*, 77-87.
若林 満（1988）．組織内キャリア発達とその環境　若林 満・松原 敏浩（編）組織心理学（pp.230-261）　福村出版
Warrington, E. K., & Sanders, H. I. (1971). The fate of old memories. *Quarterly Journal of Experimental Psychology, 23*, 432-444.
Weale, R. A. (1986). Senescence and color vision. *Journal of Gerontology, 41*, 635-640.

Webb, W. B. (1975). *Sleep: The gentle tyrant.* New York, NY: Spectrum.
Wechsler, D. (1958). *The measurement and appraisal of adult intelligence* (4th ed.). Baltimore, MD: Williams & Wilkins.
Wechsler, D. (1972). 'Hold' and 'don't hold' tests. In S. M. Chown (Ed.), *Human ageing: Selected readings.* Harmondsworth, Middlesex, UK: Penguin.
Weg, R. B. (1983). The physiological perspective. In R. B. Weg (Ed.), *Sexuality in the later years: Roles and behavior* (pp. 39-80). New York, NY: Academic Press.
Welford, A. T. (1958). *Aging and human skill.* London: Oxford University Press.
Welford, A. T. (1977). Motor performance. In J. E. Birren, & K. W. Schaie (Eds.), *Handbook of the psychology of aging* (pp.450-496). New York, NY: Van Nostrand Reinhold.
Welford, A. F. (1982). Motor skills and aging. In J. A. Mortimer, F. J. Pirozzolo, & G. J. Malletta (Eds.), *Advances in neurogerontology, Vol.3, The aging motor system* (pp.152-187). New York, NY: Praeger.
Whitbourne, S. K. (1985). *The aging body: Physiological changes and psychological consequences.* New York, NY: Springer.
Williams, S. A., Denney, N. W., & Schadler, M. (1983). Elderly adults' perception of their own cognitive development during the adult years. *International Journal of Aging and Human Development, 16,* 147-158.
Willis, S. L., Blieszner, R., & Baltes, P. B. (1981). Intellectual training research in aging: Modification of performance on the fluid ability of figural relations. *Journal of Educational Psychology, 73,* 41-50.
Willis, S. L., & Schaie, K. W. (1986). Training the elderly on the ability factors of spatial orientation and inductive reasoning. *Psychology and Aging, 1,* 239-247.
Willits, F. K., & Crider, D. M. (1988). Health rating and life satisfaction in the later middle years. *Journal of Gerontology: Social Sciences, 43,* 172-176.
Woodruff-Pak, D. S. (1988). *Psychology and aging.* Englewood Cliffs, NJ: Prentice-Hall.
Woodruff-Pak, D. S. (1989). Aging and intelligence: Changing perspectives in the twentieth century. *Journal of Aging Studies, 3* (2), 91-118.
Woollacott, M. H., Shumway-Cook, A., & Nashner, L. M. (1982). Postual reflexes and aging. In J. A. Mortimer, F. J. Pirozzolo, & G. J. Maletta (Eds.), *Advances in neurogerontology, Vol.3, The aging motor system* (pp.98-119). New York, NY: Praeger.
Wright, L. L., & Elias, J. W. (1979). Age differences in the effects of perceptual noise. *Journal of Gerontology, 34,* 704-708.

Y

安村 誠司（2004）．高齢者の健康，長寿とライフスタイル　下仲 順子・中里 克治（編著）高齢者心理学（pp.21-40）　建帛社
Yates, F. E. (1982). Senescence from the aspect of physical stability. Paper presented at the International Research Symposium. Metaphors in the Study of Aging. University of British Columbia, Vancouver, BC, Canada. June 1982.
矢富 直美（1980）．老人の記憶　井上 勝也・長嶋 紀一（編）　老年心理学（pp.81-99）　朝倉書店
吉田大介（2015）．フレイルの有病率と危険因子　島田裕之（編）フレイルの予防とリハビリテーション（pp.8-14）　医歯薬出版

索 引
人名索引

A-Z

Ackerman, B. P. 89
Akiyama, H. 205
Alexander, R. A. 72
Anastasi, A. 96
Arenberg, D. 90
Arlin, P. K. 104
Asso, D. 53
Atkinson, R. C. 77, 78
Avioli, L. V. 49
Baddeley, A. D. 77, 79
Balin, A. K. 43
Baltes, P. B. 189
Bandura, A. 145
Barbaro, H. E. 125
Barnes-Farrell, J. L. 37
Baror, O. 50
Barron, F. 114
Barsalou, L. W. 92
Bart, P. 52
Bartoshuk, L. M. 67, 69
Basseches, M. 111
Baylor, A. M. 47
Beavers, T. 65
Benjamin, B. J. 44
Bergman, M. 66
Bernsten, D. 93, 94
Berry, R. E. 195
Bilash, I. 67, 68
Blakeslee, S. 129
Blanchard-Fields, F. 93, 94
Blieszner, R. 102
Blumenfeld, V. G. 66
Booth-Kewley, S. 129
Bootzin, R. R. 179
Borkan, G. A. 35, 36
Botwinick, J. 14, 80, 88

Boxenbaum, H. J. 36
Brant, L. J. 127
Brim, O. 189
Brizzee, K, R. 65
Broverman, I. 146
Bruce, P. R. 88
Buell, S. J. 54, 55
Burr, J. A. 209
Busse, E. 52
Caird, W. K. 81
Campbell, A. 52
Cantor, M. H. 204
Carstensen, L. L. 229, 230
Cascardo, D. 66
Cavanaugh, J. C. 172, 173, 190, 219, 220
Chase, W. G. 161
Chown, S. M. 98
Choy, D. 59
Comfort, A. 46
Connidis, I. A. 202, 205
Cooper, R. M. 67, 68
Corby, N. 52
Cornelius, S. W. 102, 105
Corso, J. F. 14, 71
Cosh, J. A. 70, 71
Costa, P. T. 176, 220
Coyne, A. C. 88
Craik, F. I. M. 89
Csikszentmihalyi, M. 229
Cumming, C. W. 206
Curcio, C. A. 55
Currey, J. D. 49
Cutler, S. 15
Damon, A. 36, 113
Darrow, C. N. 143
Dash, B. 66
Datan, N. 23

Daune, A. 62
Davies, L.. 205
Deems, D. 69
DelVecchio, W. F. 126
Diamond, J. 191
Dillingham, A. E. 75
Dittmann-kohli, F. 56, 102, 108
Dixon, R. A. 56, 88, 108
Dohr, J. H. 114
Donders, F. 62
Doty, R. L. 69
Douglas, E. B. 15
Elias, J. W. 64, 90
Ellicott, A. M. 145
Epstein, S. 124
Erber, J. T. 82
Ericsson, K. A. 160-162
Erikson, J. M. 140, 201, 207
Evans, R. I. 137
Exton-smith, A. N. 49
Farrow, B. J. 147
Feld, S. 146
Feldman, R. M. 66
Fitzgerald, J. M. 93, 94, 147
Flavell, J. H. 87
Foley, J. M. 147
Foner, A. 14, 15
Forbess, L. A. 114
Frank, S. J. 146
Frey, K. A. 53
Frieze, I. H. 198
Furukawa, T. 36
Garn, S. M. 49
George, L. K. 13, 124
Giarusso, R. 203
Goodman, D. 104

Gordon, C.　147
Gould, R.　3
Goulet, L. R.　101, 112
Gray, R. H.　52
Green, E. J.　55
Greenough, W. T.　55
Gribbin, K. J.　35
Griffiths, A.　50, 63, 66, 67, 172, 173
Grove, G. L.　43
Gurin, G.　146
Haan, N.　104, 147
Hagestad, H. O.　23
Haight, B. K.　138
Hall, E.　110, 138
Hanna-Pladdy, B.　185
Harkins, S. W.　66
Harris, R. L.　145
Hashtroudi, S.　92
Hauri, P.　179
Havighurst, R. J.　206
Hayes, J. R.　161
Hayslip, B., Jr.　139, 140
Helmreich, R. L.　146
Henry, W. E..　206
Hershey, D.　36
Hess, T. M.　93
Hinchley, J. L.　89
Hirsh, M. J.　60
Hofland, B. F.　102
Holiday, S. G.　107
Holms, D. S.　145
Horn, J. L.　112
Hornblum, J.　7
Horner, K. L.　116
Hoyenga, K. B.　146
Hoyenga, K. T.　146
Hubbard, R.　147
Hubert, H.　14
Huyck, M. H.　146
Hyde, J. S.　147
Jonson, M. A.　59
Kales, A.　179
Kannel, W.　14
Katzman, R.　56

Kaufert, P. A.　52
Kausler, D.　14
Kenney, R. A.　44
Klein, E. B.　143
Kliegel, R.　102
Klingman, A. M.　43
Kohlberg, L.　104
Kohn, R. R.　48
Koistinen, P.　181
Koplowitz, H.　104
Korn, A.　114
Koss, E.　69
Kraines, R.　52
Krammer, J. J.　88
Krampe, R. T.　160
Krauss, I.　14-16
Kuhn, D.　104
Lachman, M. E.　37
Langer, J.　104
Larson, D. M.　125
Larson, R.　14
Lebo, C. P.　66
Lebowitz, B.　125
Lee, T. R.　202
Lenhardt, M. L.　66
Lerner, R. M.　113
Levine, B.　92
Levitt, H.　66
Liang, J.　204
Lindenberger, U.　112, 113
Linderhokm, H.　50
Lipsitt, L. P.　8月10日
Livson, F. B.　131, 147
Loomis, B.　52
Lovelace, E. A.　89
Lowenfeld, I. E.　63, 146
Madden, D. J.　64
Maddox, G. I.　15, 52, 207
Malletta, G. J.　48
Manton, K. G.　15
Margulis, M. K.　66
Markley, R. P.　88
Marsh, G. R.　89
McAdams, D. P.　201

McCrae, R. R.　220
McDowell, E. D.　64
McFarland, R. A.　63
Medart, P.　65
Meer, G.　114
Miller, R. B.　194
Minkler, M.　171
Mistretta, C. M.　70
Mitchell, M. C.　174
Montepare, J. M.　37
Morewitz, J.　179
Morrow, R. S.　96
Morrow, S.　96
Mortimer, J. A.　48
Murphy, D. M.　147
Neimark, E. D.　104
Neisser, U.　96
Nesselrode, J. R.　8, 11, 28, 30, 105
Newton, P. M.　145
Norris, A. H.　35
Nuttall, R. L.　21
Ochs, A. L.　46
Offir, C.　145
Okun, M. A.　124, 219
Olsho, L. W.　66
Olson, P. L.　64
Ordy, J. M.　65
Oromaner, M.　117
Ostrove, J. M.　126
Over, R.　117
Overton, W.　7
Palmer, A. M.　103
Panek, P. E.　139, 140
Parron. E. M.　147
Pascal-Leone, J.　104
Pasick, R. J.　171
Pastalan, L. A.　64
Pearce, K. A.　103
Pereta, S.　180, 181
Perret, E.　70
Peterson, P.　131
Pfeiffer, E.　14
Pillai, J. A.　185
Phyllis, D. E.　147

人名索引　265

Pirozzolo, F. J.　48
Pitkälä, K. H.　181
Pitrowski, M. J.　37
Rabinowitz, J. C.　89
Rackhoff, N. S.　64
Rasinski, K.　59
Redell, R. C.　66
Reedy, M. N.　147
Reese, H. W.　8-10, 28, 30
Reger, S. N.　66
Regli, F.　70
Reinert, G.　105
Reinke, B. J.　145
Renner, V. J.　21
Rhodes, S. R.　15
Riegel, K.　104
Riley, M. W.　10, 14, 15
Roberts, P.　145
Roberts, R. W.　126
Robertson, B. A.　82
Robinson, J. K.　52
Rockwell, T. H.　64
Root, N.　16, 75
Rossi, A. S.　198
Rubin, D. C.　93, 94
Rybash, J.　109, 111
Ryff, C.　147
Rykken, D. E.　52
Sakurai, H.　184
Salomaa, V. V.　181
Salthouse, T. A.　47
Santos, J. F.　147
Schadler, M.　88
Schell, D.　26
Schieber, F.　62
Schiffman, S. S.　14
Schluderman, E.　71
Schmeeckle, M.　202, 203
Schroeder, D. H.　176
Schroots, J. J. F.　36, 37
Schulenberg, J. E.　88, 103
Scogin, F. R.　88
Scott, R. B.　174
Sekuler, R.　59
Selby, P.　50, 63, 66, 67,
　172, 173
Seligman, M. E.　229
Shephard, R. J.　51, 96
Shiffrin, R. M.　77, 78
Shock, N. W.　54, 61, 64
Siegler, I. C.　124
Simon, H. A.　161
Sinnott, J. D.　104, 147
Skre, H.　70
Sloane, R. B.　100
Smith, A. D.　84, 114
Soldatos, C. R.　179
Soldo, B. J.　15
Solnick, R. L.　52
Somberg, B. L.　47
Spence, A. P.　60, 146
Spirduso, W. W.　47
Spiro, A.　105
Spitzer, M. E.　67
Starr, B.　14
Staude, J. R.　133
Staudinger, U. M.　112,
　113
Stellar, S.　69
Stenholm, S.　181
Sterns, H. L.　73, 102
Stewart, A. J.　126
Stobin, S. S.　130
Storandt, M.　80
Strandberg, A. Y.　181
Strandberg, T. E.　181
Strother, C. R.　98, 100
Tavris, C. A.　145
Tesch-Römer, C.　160
Thomas, J. C.　64
Thornbury, J. M.　70
Tilvis, R. S.　181
Tomlinson-Keasey, C.
　104
Towell, P. A.　146
Treat, N. J.　84
Valenzuela, M. J.　183
Van Hoose, W. H.　198
VanLaningham, J.　194
Vedder, C. B.　54
Veroff, J.　146
Verrillo, R. T.　70, 72
Verrillo, V.　72
Wang, H. H.　36
Wang, Q　203
Waugh, N. C.　64
Webb, W. B.　179
Weg, R. B.　53
Weiffenbach, J. M.　67, 69
Weiner, M.　14
Welford, A. F.　47, 48
Welford, A. T.　47
Wellman, H. M.　87
West, R. L.　88
Whitbourne, S. K.　69-71
Wiley, J.　113
Williams, F. L.　195
Willis, S.　7, 102, 103, 105,
　110
Winslow, L.　59
Wittlinger, R. P.　86
Wood, V.　52
Worth, M. R.　198
Wright, L. L.　64
Wright, M.　84
Yates, F. E.　36
Zonderman, A. B.　125
Zubek, J. P.　67, 68, 71

あ行

アイスドルファー
　(Eisdorfer, C.)　67
アイスナー（Eisner, A.)
　64
アイゼンク（Eysenck, H. J.)
　129, 130
アインシュタイン，A.
　161
秋山弘子　204
浅川達人　202
麻生　誠　5
アチュリー（Atcley, R. C.)
　207
アブラ（Abra, J.)　114,
　117

有地　亨　199
アルポー（Alpaugh, K.）
　115
アントヌッチ（Antonucci, T. C.）　187, 188, 189, 190, 204, 205
池田　央　32
石井眞治　196
石原　治　62, 215
井島由佳　152
石村貞夫　223
稲葉昭英　194
井上勝也　62
猪飼道夫　50
入来正躬　64
岩井紀子　194
岩原昭彦　158
イングリス（Inglis, J.）　81
ヴァーギーズ（Verghese, J.）　184
ウィール（Weale, R. A.）　61
ウィリアムス（Williams, S. A.）　88
ウィリッツ（Willits, F. K.）　219
ウーラコット（Woollacott, M. H.）　46
ウェクスラー（Wechsler, D.）　97, 98, 100
上田　敏　215
ウェルフォード（Welford, A. T.）　156, 157
ウェンガー（Wenger, L.）　79
ウォリントン（Warrington, E. K.）　86
ウッドラフ＝パク（Woodruff-Pak, D. S.）　98, 104, 105, 173
エクセルロード（Axelrod, S.）　70
エリオット，T. S.　161
エリクソン（Erikson, E. H.）　3, 4, 109, 132, 134-140, 142, 143, 145, 152, 154, 190, 201, 207
エレイン（Elain, Z.）　91
遠藤英俊　182
オーウェンス（Owens, W. A.）　98
大内尉義　170
太田壽城　215
大日方雅美　199
オールポート（Allport, G. W.）　121
岡田　猛　159, 161
岡本祐子　201
オデン（Oden, M. H.）　98

か行

ガードナー（Gardner, H.）　161
カーン（Kahn, R. L.）　165, 167, 187, 188, 189, 190
藤山英男　160
春日キスヨ　196
カステンバウム（Kastenbaum, R.）　131, 132
ガットマン（Guttman, D.）　146
カニンガム（Cunningham, W.）　21, 42, 105
神谷美恵子　221
河合千恵子　205
河合隼雄　134
ガンジー，M.　161
神田健郎　46
キヴニック（Kivnick, H. Q.）　135, 138
ギッティングス（Gittings, N. S.）　60, 61
木下彩栄　184
木村　汎　193
キャヴァノー（Cavanaugh, J. C.）　13, 20, 22, 29, 34, 45, 53, 60, 67, 68, 71-73, 85-88, 94, 104, 124, 134, 142, 143, 145, 147
キャッテル（Cattell, R. B.）　6-7, 100, 111
キャメロン（Cameron, P.）　217
キャンプ（Camp, C. J.）　88, 89
ギルフォード（Guilford, J. P.）　114, 115
串崎幸代　201
楠見　孝　158
葛谷雅文　56, 57
クライダー（Crider, D. M.）　219
クライン（Kline, D.）　59, 62, 65
クラマー（Kramer, D. A.）　104
蔵本　築　51
クリスティン・ホークス（Hawkes, K.）　202
クレイク（Craik, F. I. M.）　82, 83
クレイトマン（Clayton, V.）　4, 107, 109
グレッグ（Gregg, V.）　35, 77, 82, 84, 88
グレンヴェーグ（Greneweg, J.）　92
グロスマン（Grossman, J. L.）　83
黒田耕誠　196
クロッソン（Crosson, C. W.）　115
コーエン（Cohen, L. D.）　70
コーガン（Kogan, N.）　105
コールマン（Coleman, P. D.）　54-56
小杉正太郎　176
コスタ（Costa, P. T. Jr.）　36, 114, 122, 124, 125, 127, 131
コスニク（Kosnik, W.）

59
コズマ（Kozma, A.） 218
小林江里香 204, 205
権藤恭之 126
コンラッド（Conrad, H. S.） 97

さ行

サーストン（Thurstone, L.） 96
サイアルファ（Scialfa, C. T.） 61, 65
サイモントン（Simonton, D. K.） 115-118
サヴェーラ（Savela, S. L.） 180, 181
佐々木直美 131
笹沼澄子 66
佐竹昭介 56, 58
佐藤眞一 72
佐藤 進 214, 215, 216, 217
サバティニ（Sabatini, P. P.） 105
サミュエルソン（Samuelsson, S. M.） 149
サンダース（Sanders, H. I.） 86, 102
サントロック（Santrock, J. W.） 33, 45, 106, 113
シヴァク（Sivak, M.） 64
ジェームズ（James, W.） 44
塩川久子 69
シシレリィ（Cicirelli, V. G.） 105
シナー（Shinar, D.） 64
柴田 博 173, 213, 214
島内 晶 72
島田博之 57
島田裕之 58
下仲順子 114, 131, 147, 148
シモン（Simon, T.） 95

シャイエ（Schaie, K. W.） 4, 14, 26, 29, 35, 83, 98-101, 103-106, 130-132, 134
シャイン（Schein, E..H.） 152-154, 158
ジャキッシュ（Jaquish, G. A.） 114
ジャネ（Janet, P.） 44
シューベルト，F. 118
シュルツ（Schulz, R.） 219
ジョーンズ（Jones, H. E.） 97
ショーンフィールド（Schonfield, D.） 79, 82
ジョンソン（Johnson, V. E.） 14
白川修一郎 179
スーパー（Super, D. E.） 152
スカーミアス（Scarmeas, N.） 184
杉井潤子 201
杉原陽子 204
杉村和美 201
杉山善郎 221
スクワイヤー（Squire, L. R.） 79, 86, 87
鈴鴨よしみ 216
鈴木はる江 68, 72
鈴木竜太 155
スタンバーグ（Sternberg, R. J.） 110, 111
ステュデンスキ（Studenski, S） 180, 181
ストーンズ（Stones, M. J.） 218
ストラビンスキー, I. 161
ストレーラー（Strehler, B. L.） 41
スノウドン（Snowdon, D. A.） 183
スピアマン（Spearman, C.） 96
住田幸次郎 114

スモラク（Smolak, L.） 3, 7, 25, 26, 31
セリエ（Selye, H.） 174, 175
セレラ（Cerella, J.） 79
ソルトハウス（Salthouse, T. A.） 158

た行

ターナー（Turner, B. F.） 145-147
ターマン（Terman, L. M.） 96
高橋一公 141
立木 孝 66
橘覚 勝 3, 6
田中俊也 160, 161
ダネット（Dunnette, M. D.） 152
田畑 治 201
玉野和志 205
タルヴィング（Tulving, E.） 79, 85
丹野宏昭 203
チェザーリ（Cesari, M.） 180
チャン（Chang, M.） 180
チャンドラー（Chandler, M. J.） 107
ディアリ（Dearly, I. J.） 119, 120
デニー（Denney, N. W.） 88, 102, 103
デニス（Dennis, W.） 116, 117
出村慎一 214, 215, 216, 217
テラッチアーノ（Terracciano, A.） 127
ドール（Doll, R.） 173
トーンスタム（Tornstam, L.） 141, 142, 207
戸張幾夫 60
朝長正徳 53-55, 135
朝長梨枝子 135

トロル（Troll, L. E.） 147

な行

直井道子 221
永井宏達 180
永井暁子 194
中川佳子 141
中里克治 131
長嶋紀一 48, 68, 69
永野重史 121
中原　純 165
中村榮太郎 35
那須宗一 42
西田裕紀子 201
西村純一 4, 5, 17, 21, 46, 50, 152, 222, 223, 224, 225, 226, 227, 228
西村洲衞男 134
西村昌記 202, 205
西山耕一郎 186
ニューガーテン（Neugarten, B. L.） 4, 23, 52, 106, 217
ネイル（Neil, C.） 91
野口裕二 204
野邊政雄 205

は行

バーク（Burke, D. M.） 85
ハートツォーグ（Hertzog, C.） 88, 103, 105
バーリック（Bahrick, H. P.） 86
パールマン（Pearlman, R. A.） 214
パールムッター（Perlmutter, M.） 24, 35, 82, 84, 87, 88, 90, 96, 107, 109-111, 114, 124, 126, 135, 136, 142, 143, 145, 146, 207, 217, 219
バーロン（Bearon, L. B.） 219
バウアー（Baugher, D.） 156
ハヴィガースト（Havighurst, R. J.） 3, 4, 130
長谷川明弘 221
長谷川和夫 6, 41
長谷川眞理子 202
波多野誼余夫 158, 159
バトラー（Butler, R. N.） 12, 138, 203, 208, 209
ハリス（Harris, L.） 14, 15
ハルチュ（Hultsch, D. F.） 82, 84, 88
バルテス（Baltes, P. B.） 7-11, 28, 30, 56, 99-102, 105, 108-113, 147
パルモア（Palmore, E.） 12-14, 205, 206
バレット（Barret, G. V.） 72, 84
バロータ（Balota, D. A.） 89
ハワード（Howard, D. V.） 85
ピアジェ（Piaget, J.） 7, 104, 111
ピータース（Peters, L.） 85
ピカソ，P. 161
樋口恵子 202
ビネー（Binet, A.） 95
ビューラー（Bühler, C.） 3, 4
ヒューリッカ（Hulicka, I. M.） 83
ビュール（Buell, S. J.） 54-56
平沢尚孝 17
ヒル（Hill, R. D.） 229, 230
ビレン（Birren, J. E.） 4, 7, 14, 21, 35-37, 42, 64, 83, 97, 99, 105, 115
フィスク（Fisk, M.） 178
プーン（Poon, L.） 15, 78, 84, 88, 89
フェランズ（Ferrans, C. E.） 214
フォークマン（Folkman, S） 175, 176, 178
フォーブス（Forbes, W. F.） 36, 72
フォザード（Fozard, J. L.） 60, 61, 64-66, 84
深瀬裕子 201
深谷太郎 204
福地義之助 51
福永哲夫 49
福原俊一 216
藤田綾子 202
藤原武弘 191, 195, 196
ブラウン（Brown, K. S.） 36
フリーズ（Frieze, I. H.） 145, 146
フリード（Fried, L. P.） 56
フリードマン（Friedman, M.） 128, 129
フリン（Flynn, J.） 119
プルード（Plude, D. J.） 64
古川俊之 35
古谷野亘 215, 218, 221
フロイト（Freud, S.） 3, 4, 7, 132-134, 161
ベイレイ（Baykey, N.） 98
ペック（Peck, R.） 139
ベリー（Berry, M.） 88, 89
ベルヴィル（Bellville, J. W.） 72
ベングストン（Bengtson, V. L.） 147
ホイヤー（Hoyer, W. J.） 14, 64, 109
ホームズ（Holmes, T. H.） 176, 177

ホール（Hall, G. S.）　3
ホーン（Horn, J. L.）　6, 100-102
ホグ（Hogue, C. C.）　75
星　薫　85
星野　命　34
堀　薫夫　4, 5, 6
ボルグ（Borg, G.）　50

ま行

グラハム，M.　161
マースタイン（Murstein, B. I.）　190
マーチン（Martin, P.）　149
マーラント（Mourant, R. R.）　72
前田尚子　202
マクレイ（McCrae, R. R.）　36, 114, 122, 125, 127, 131
マサニ（Masani, P. A.）　82
増井幸恵　126, 127, 149
マスター（Master, W. H.）　14
増本康平　229
松尾　睦　159, 160, 162
松原敏浩　153
松本　恍　62
丸島令子　201
ミーチャム（Meacham, J. A.）　107
ミチャーリッヒ（Mitscherlich, A.）　198
村田孝次　9, 11, 12, 86, 139, 144
メネック（Menec, V. H.）　206
モーツァルト，W. A.　161
望月　嵩　10, 191-193
森岡清美　10

や行

ヤーキース（Yerkes, R. M.）　97
安村誠司　173, 174
矢富直美　80, 85
ユング（Jung, C. G.）　3, 4, 128, 132-134, 146
吉田大介　57

ら行

ラーソン（Larson, R.）　219
ライチャード（Reichard, S.）　130, 131
ライヒ（Reich, J. W.）　219
ラザルス（Lazarus, R. S.）　175, 176, 178
ラッコフ（Rackoff, N. S.）　72
ラビット（Rabbitt, P. M. A.）　64
ラブーヴィー＝ヴィエフ（Labouvie-Vief, G.）　3, 15, 26, 102, 104, 105
リップル（Ripple, R. E.）　114
リボー（Ribot, T. A.）　86
ルーディン（Roodin, P. A.）　109
レイ（Rahe, R. H.）　176, 177
レヴィンソン（Levinson, D. J.）　143, 145, 155
レヴィンソン（Levinson, M. H.）　3, 132, 142-144
レーマン（Lehman, H. C.）　115-117
ロー（Rowe, J. W.）　165, 167
ローゼンマン（Rosenman, R. H.）　128, 129
ロートン（Lawton, M. P.）　214, 217, 218
ローレンス（Laurence, M. W.）　82, 84
ロバートソン＝チャボ（Robertson-Tchabo, E. A.）　90, 115

わ行

ワーゲナール（Wagenaar, W. A.）　92
若林　満　151, 153, 155
和田修一　217

事項索引

A-Z

PGC モラール尺度　217
QOL　213
　　──の構成要素　214

あ行

アイデンティティ（心理社会的発達）　8, 135, **137**, 140, 145, 153-155, 201
　　──拡散　137
　　存在的──　139
安定期（レヴィンソン）　**142**-145
安定期（退職過程）　207
安定モデル（成人発達）　7
安楽椅子型（パーソナリティ類型）　130
生きがい　221
　　──対象　221
　　──対象の構造　225
　　──のパラドックス　226
生きがい感　221
　　──の構造　223
移行期（レヴィンソン）⇒危機　142-145, 155
1次的活動（社会活動）　206
1次的評価（ストレス認知）　175
1次的老化　21, **42**
一定確率成功モデル（創造性）　117
居眠り　179
意味記憶　79, **85**
飲酒　172, **174**, 179
受け身的-依存型（パーソナリティ類型）　130, **132**
運動　16, 47, 50-53, 61, 172, **173**, 181, 183
　　──介入　180
運動機能　45-47, 50, 51, 73, 179, 180
運動強度の知覚　50
運動調節系の加齢変化　45
エイジング　i, ii, 3, 5-7, 12, 13
　　──のパラドックス　230
　　サクセスフル・──　165
　　プロダクティブ・──　**208**, 209
　　ポジティブ・──　**230**, 231
永続的記憶　**85**, 86

栄養　56-58, 68, 120, 170, **172**, 173, 185
エピソード記憶　**79**, 92
円熟型（パーソナリティ類型）　**130**, 131
横断系列デザイン　30
横断的研究　14, 27, 60, 89, **96-99**, 101, 103, 115, 122, 126
横断的デザイン　**27**, 30, 97
奥行知覚　61
おばあさん仮説　202
親になること　198
温度感覚の加齢変化　70
オンライン的意識 ⇒システム的意識　87-89

か行

外見の加齢変化　43
外向性（パーソナリティ特性）　123
外向性（ユング）　133
外部妥当性（尺度）　25
開放性（パーソナリティ特性）　114, **122-125**, 127, 128, 149
拡散的思考（知能・知恵）⇒収束的思考　114, 115, 123, 149
学習の加齢変化　89
下降・離脱・退職段階（キャリア）　155
過去を使って英知を培うこと　231
家族のライフサイクル　191
可塑性　i, **103**
　　神経学的──　**55**, 56
　　知能の──　95, **101**-103
可塑的モデル（脳）　55
活動理論 ⇒離脱理論　131, **205**, 206
カフェイン ⇒睡眠　179
空の巣症候群　52
加齢　6, 10, 21, 29, 57, 157, 171
　　異常──　56
　　社会的──　37
　　正常──　55, 56, 200
加齢変化の自覚　44
感覚記憶　77, **79**, 80
　　──の加齢変化　79
感謝する姿勢を持つ ⇒ポジティブ・エイジング　231

完全性（老年期の自我発達）　138
簡素化（認知活動）　106
眼調節力の加齢変化　62
管理職になりたくない症候群　⇒キャリア危機　155
危機　16, 23, **135**-137, 139, 140, 143-145, 154, 230
気質　123, **126**
喫煙　14, 51, 57, 67, 129, **172-174**
技能学習の加齢変化　89, **90**
機能年齢　**35**, 36
基本的効果（測定データ）　⇒交絡　19, 20
基本的信頼（心理社会的発達）　135, **136**, 140, 141
記銘　82
キャリア　151
　──危機　**153-155**
嗅覚の加齢変化　69
教育期　**191**, 192
業績　**114-117**, 131, 138, 157, 162, 163
きょうだい関係　190, **202**
勤勉（心理社会的発達）　134, **137**
筋力・骨格筋の加齢変化　48
薬　67, 72, 170, 171, **179**
訓練された認知能力　102
訓練されていない認知能力　102
経験的要件（生産性）　156
継続理論（パーソナリティ類型）　131
系列的研究　**99-101**, 103, 115
系列的デザイン　27, **29**, 30, 99
結晶性知能　⇒流動性知能　ⅰ, 7, 85, 100, 101, **111**, 112, 114
健康関連 QOL の構成要素　216
健康寿命　56, 57, 167, **169**, 180, 181, 182
健康増進　169, **171**, 172, 231
健康な性格　129
言語学習の加齢変化　89
言語性得点（知能検査）　⇒動作性得点　97
5因子モデル（パーソナリティ特性）　122
後期キャリア段階　155
行動観察法　31
更年期　8, 42, **52**, 193, 200
　　男性の──　**53**, 200
幸福な老い　ⅱ, **165**, 167, 205-207, 213, 217
交絡（データ）　⇒基本的効果　**20**, 25, 27,

29, 30, 98, 99
高齢化　4, **6**, 12, 72, 200, 217
高齢期における意義をみいだすこと　⇒ポジティブ・エイジング　230
高齢者の不慮の事故　72
声の加齢変化　44
語音弁別能力の加齢変化　66
呼吸器系の加齢変化　51
個性化（ユング，発達段階論）　**133**, 134
コホート効果（データ）　⇒交絡　19, **20**, 24-27, 30, 89, 98-101
孤立死（孤独死）　**210**, 211
孤老期　193, **194**

さ行

再認　**81**-83, 86, 87, 89
作動記憶　78, **80**
参加者の脱落　⇒縦断的研究　**29**, 99
3次的老化　43
三層モデル（知能）　**108**, 109
ジェンダー　145
支援を提供し，支援を受けることにより成長を促すこと　⇒ポジティブ・エイジング　231
視覚情報処理の加齢変化　64
色覚の加齢変化　61
資源（学習・認知）　83, 84, 108, 176, 178, 230, 231
自己嫌悪型（パーソナリティ類型）　131
仕事世界参入段階（キャリア発達）　152
仕事の量と質　114, **116**
システム的意識　⇒オンライン的意識　**87**, 88
時代差デザイン　27, **29**
実験法　31
質問紙法　**31**, 34
自伝的記憶　92
自動車の運転事故　72
自発性（心理社会的発達）　135, 136
自分自身と他者を許すこと　⇒ポジティブ・エイジング　231
社会情動的選択性理論　⇒エイジングのパラドックス　230
社会的コンボイ　187
社会的再適応評定尺度　**176**, 177

社会的時間 ⇒歴史的時間　22, **23**, 37
社会的年齢　21, **22**, 37
尺度の信頼性　**25**, 32
尺度の選択　24, **25**
尺度の妥当性　25
収束的思考（知能・知恵）　⇒拡散的思考　114
縦断系列デザイン　30
縦断的研究　14, 29, 30, 35, 60, 65, 89, 95, **97-99**, 103, 115, 122, 126
縦断的デザイン　**27**, 29, 30, 99
主観的幸福　214-**217**, 220, 221, 229
主観的年齢　36
熟成　6
熟達化　i, 73, **157-162**
　　──の10年ルール　161
　　創造的──　159
　　定型型──　158
　　適応的──　**158**, 159
　　手続的──　158
熟達者の特徴　159
熟達を促す要因　160
手段的サポート　⇒情緒性サポート　202, 204, **205**
純音聴力の加齢変化　65
生涯の視点　6, **10**-12, 21, 22, 34
生涯にわたる関係の強化　⇒ポジティブ・エイジング　231
生涯にわたる変化　**5**, 6, 10
生涯発達モデル　8
情緒的サポート　⇒手段的サポート　202, **204**, 208
触覚の加齢変化　69
情報処理モデル　77
初期キャリア段階　152
職務遂行能力　**156**, 157, 162
自律（心理社会的発達）　**136**, 143
視力の加齢変化　59
事例研究法　34
神経系脱落モデル　54
神経症性（パーソナリティ特性）　**122**, 124, 125, 128
進行性（老化）　41
新婚期　**191**, 192
寝室　⇒睡眠　179

人生回顧　**138**, 140
心臓血管系の加齢変化　51
身体活動量　48, **180**, 181
身体の加齢変化の勾配　45
振動感覚の加齢変化　70
親密性（心理社会的発達）　135, **137**, 138, 140, 190
信頼（心理社会的発達）　135, **136**, 139, 140
信頼性（尺度）　**25**, 32
心理学的年齢　**21-23**, 36
心理社会的危機　139, **154**
心理社会的発達段階説　4, **134**
心理的幸福　217
睡眠　54, 170, 172, 173, **178**, 179, 216
　　──障害　54, 170, 172, 173, **178**
巣立ち　15, 195, **199**
ストレス　50, 56, 57, 129, 130, 132, 148, 172, **174-179**, 174
　　──説（老化）　42
　　──対処　122, 128, 129, 149, 175, 176, **178**, 187
　　──耐性　128, **175**
　　──の認知評価　175
生活時間　**23**, 192
生活習慣病を予防する　183
生活年齢　**19-23**
生活満足度　ii, 205, 206, 213-**217**
　　──尺度　217
誠実性（パーソナリティ特性）　122, **123**, 127, 128, 148, 149
生殖系の加齢変化　52
生殖性（心理社会的発達）　135, **138**-140, 144, 154, 201
成人発達のモデル　7
生態学的妥当性（尺度）　25, **26**
生体の防衛的な知覚体制　50
成長　3, **5**, 10, 41, 55, 56, 137, 144, 161, 201, 222, 231
　　認知的──　**104**, 110
成長・空想・探索の段階　152
生物学的欠陥　157
生物学的年齢　**21**-23, 35, 36
生物学的要件（生産性）　156
世代継承性　201
宣言的記憶　79

漸成原理　136
専門性　107-**109**, 118, 153, 154
想起　44, **82**, 79, 94
早期離職現象　152
装甲型（パーソナリティ類型）　131
装甲 - 防衛型（パーソナリティ類型）　132
創造的熟達化　159
測定時期効果（データ）⇒交絡　19, **20**, 26, 27, 30, 99
組織内キャリア　151-153, 155, 158

た行

体型の加齢変化　45
対象者の選択（研究法）　24
退職　13, 15, 16, 23, 126, 131, 153, 155, 157, 177, 193-195, 199, 200, **207**-209, 223, 227
退職過程　**207**, 208
体制化方略（記憶）　84
タイプ A 性格（パーソナリティ類型）　**128**-130
タイプ B 性格（パーソナリティ類型）　**128**-130
タイプ C 性格（パーソナリティ類型）　**129**-130
多次元性（発達）　10
妥当性（尺度）　**25**, 26, 32, 115
楽しい会話（脳の活性化）　183
多方向性（発達）　10
短期記憶の加齢変化　80
短期貯蔵庫　**77**, 78, 81
知恵　i, 95, **106**-109, 113, 139, 141, 144, 198, 202, 229
父親の育児・家事参加　198
窒息事故　73
チャンク処理（認知）　105
中期キャリア段階　154
中期キャリアの危機　154
聴覚の加齢変化　65
長期記憶の加齢変化　81
長期貯蔵庫　78
長寿者の性格特徴　147
調和性（パーソナリティ特性）　122, **123**, 127, 128, 148, 149
陳腐化（職務）　90, **162**, 163
痛覚の加齢変化　71

定型的熟達化　158
適応的熟達化　**158**, 159
溺死　73
適度な運動　52, **183**
テスト法（研究法）　25, 31, **32**
手続き的記憶　79
手続き的熟達化　158
転倒事故　73
伝統的モデル（成人発達）　7
統合（心理社会的発達）　5, 135, 139, **140**
統合（認知）　79, 104-**109**
統合型（パーソナリティ特性）　132
統合的な思考スタイル　105
動作スピード・反応時間の加齢変化　47
動作性得点（知能検査）⇒言語性得点　**97**, 100
動体視力　61
遠い過去の記憶　86
特性（パーソナリティ）　114, **121**-124, 126-128, 145, 146, 148, 149, 220, 230
特性論（パーソナリティ）⇒類型論　**121**-124, 134

な行

内向性（ユング）　133
内在性（老化）　41
内部妥当性（尺度）　25
2 次的活動（社会活動）　206
2 次的評価（ストレス認知）　175
2 次的老化　43
二重プロセスモデル（情報処理）　**108**, 110
認識的意識　87
認知症　13, 14, 53, 55, 56, 182-185, 200
　　──発症のリスク　184
認知発達　5, 26, **104**-106
認知的プラグマティクス　**112**, 113
認知的メカニクス　**112**, 113
年齢規範　23
年齢効果（データ）⇒交絡　**19**, 25, 26, 30, 89, 98, 99
年齢段階　8, **23**
年齢 - 地位　23
年齢調整死亡率　185
脳神経系の加齢変化　41, **53**
脳の予備能　182, **183**

274　索　引

は行

パーソナリティ　13, 16, 114, **121**-149, 176, 207, 217, 220
　――類型　**128**, 130, 132, 133
　――と幸福感　217, **220**
配偶者の選択　190
排出期　**191**, 193
廃用萎縮　49
白鳥の歌現象　**118**, 119
発達課題　4, 136, 137, 139, 140, 192
発達研究のデザイン　**26**, 27
母親の負担　198
バランスの良い食事　183
バランス保持反応の加齢変化　46
反復練習　160
否定的固定観念　4
非統合型（パーソナリティ類型）　132
非標準的要因（生涯発達モデル）　**8**, 9
皮膚の加齢変化　43
標準安定性（パーソナリティ）　**124**, 126, 128
標準年齢的要因（生涯発達モデル）　**8**, 9
夫婦関係　139, **190**-194, 202
　――満足度　194
夫婦のコミュニケーション　194
不可逆的減少モデル（成人発達モデル）　7
普遍性（老化）　41
フラッシュバルブ記憶　93, **94**
フリン現象　**119**, 120
プロダクティブ・アクティビティ　209
プロダクティブ・エイジング　**208**, 209
憤慨型（パーソナリティ類型）　131
分化－統合（発達）　5
平均寿命　16, **167**, 169, 194
方略（認知）　28, 72, 78, **83**, 84, 88, 105, 110, 111, 158
歩行速度　57, **180**, 181
ポジティブ・エイジング　**230**, 231
補償付き減少モデル（成人発達モデル）　7
ポスト形式的思考　**104**, 109, 111
骨と関節の加齢変化　49

ま行

学ぶのに遅すぎるということはない　231

味覚の加齢変化　**67**-68
明暗順応の加齢変化　63
メタ記憶　86, **87**, 111
　――の加齢変化　86
面接法　31, **33**
毛髪の加齢変化　43
ものわすれチェック　183

や・ら行

薬物依存　170, 174
有害性（老化）　41
有機体－環境相互作用（発達）　**11**, 12
友人関係　126, 190, 193, **202**, 203, 219
養育期　**191**, 192
よく考えられた実践　⇒熟達　160
ライフコース　**11**, 22, 23, 131
ライフサイクル　**10**, 191
ライフサイクル（ユング）　4, **132**-134
ライフサイクル（レヴィンソン）　**142**, 144
離婚・再婚　195
離脱理論　⇒活動理論　131, **206**, 207, 219
流動性知能　⇒結晶性知能　84, **100**, 101, 102, 110, **111**, 112, 114
両性具有性　**146**, 147
類型論（パーソナリティ）　⇒特性論　121, **128**
歴史的時間　⇒社会的時間　22, **23**
レミニセンス・バンプ（記憶）　94
練習効果　**29**, 99, 102
老化　5-7, 10, 14, 21, 27, 3, 536, **41**-47, 49-53, 56, 63, 67, 69, 185, 205, 206, 217
老化学説　42, **43**
老人性遠視　59
老人性縮瞳　**59**-61
老人性難聴　66
老親の世話　200
老人問題　7
老成化　37
老年学　3, 4, 6, 7, 12, 27, 213-217, 230
老年期　100, 101, 108, 109, 112, 122, 128, 130-132, 135, 136, 138-140, 143, 193, **194**, 201, 205
老年症候群　170, **171**
老年的超越　**141**, 149, 207
ワーキングメモリ　80

著者紹介
西村純一（にしむら じゅんいち）医学博士
東京家政大学人文学部教授
東京大学大学院教育学研究科修士課程修了（1973 年）

主要著作物
生きがい再考：生きがいの構造，生きがいの相関者及び生きがいの年齢的変遷と男女差
　　生きがい研究，*23*, 48-71．（2017 年 長寿社会開発センター）
これから心理学を学ぶ人のための研究法と統計法（分担執筆；2016 年 ナカニシヤ出版）
教育心理学エッセンシャルズ［第 2 版］（編著；2010 年 ナカニシヤ出版）　他

成人発達とエイジングの心理学
2018 年 3 月 20 日　　　初版第 1 刷発行　　　定価はカヴァーに
　　　　　　　　　　　　　　　　　　　　　　表示してあります

著　者　西村純一
発行者　中西　良
発行所　株式会社ナカニシヤ出版
〠 606-8161　京都市左京区一乗寺木ノ本町 15 番地
　　　　　　　Telephone 075-723-0111
　　　　　　　Facsimile 075-723-0095
　　　　Website http://www.nakanishiya.co.jp/
　　　Email iihon-ippai@nakanishiya.co.jp
　　　　　　　郵便振替　01030-0-13128

装幀＝白沢　正／印刷・製本＝亜細亜印刷株式会社
PSYCHOLOGY OF ADULT DEVELOPMENT AND AGING
Copyright © 2018 by J. NISHIMURA
Printed in Japan
ISBN978-4-7795-1236-0 C3011

本書のコピー，スキャン，デジタル化等の無断複製は著作権法上での例外を除き禁じられています。本書を代行業者等の第三者に依頼してスキャンやデジタル化することはたとえ個人や家庭内の利用であっても著作権法上認められておりません。